Eugen Bohny
Memoiren
Ein Schweizer im Dienste der Sowjetunion

Großvater Jean Bohny mit Enkeln Eugen und Vera, circa 1909

Eugen Bohny
Memoiren - ein Schweizer im Dienste der Sowjetunion

Dieses Projekt wird unterstützt durch
Gemeinde Pregny-Chambésy, Genf
Bohny Papier AG

Reihe:
Schweizer in der Welt – Svizzeri nel mondo
Suisses dans le Monde – The Swiss Abroad

Museum der Schweizer im Ausland
18, chemin de l'Impératrice
1292 Pregny-Genève
www.penthes.ch

Infolio éditions
CH-1124 Gollion
www.infolio.ch

Umschlag: Anne-Catherine Boehi, Infolio éditions
Illustration: Musée des Suisses dans le Monde
Umbruch: Editions de Penthes

ISBN: 978-2-88474-675-5

Picknick mit Freunden (Diener trägt Geldbörse um den Hals)

Eugen in Schuluniform mit Mutter
im Kaukasus 1912

Mutter Eugenie auf der Krim

Inhaltsverzeichnis

VORWORT

Der vorliegende Tatsachenbericht wurde erstmals im Jahre 1950 in einer bekannten Schweizer Tageszeitung publiziert. Er hat damals großes Aufsehen erregt, stammte er doch aus der Feder eines in Rußland geborenen Schweizers und berichtete über eine Geschichtsperiode, über die bei uns damals nur wenig bekannt war. Die Veröffentlichung erfolgte seinerzeit ohne Angabe des Autorennamens. Die Gründe dazu sind im Vorwort der Redaktion umschrieben, die hier auszugsweise zitiert seien:

»Wir haben unsere Leser in verschiedenen Ausgaben unserer Zeitung darauf hingewiesen, daß wir mit dem Abdruck eines großen Tatsachenberichtes, der von einem Schweizer stammt, der nahezu 40 Jahre lang in Rußland verbrachte, beginnen werden. Der Bericht schildert vor allem das tägliche Leben in der Sowjetunion, und die Bürgschaft für die Zuverlässigkeit der Angaben übernimmt einer der Unsern – ein Schweizer. Es ist üblich, derartige Publikationen mit irgendeinem Pseudonym zu versehen. Es ist selbstverständlich, daß wir den Mann, den wir genau kennen, in diesen Zusammenhängen nicht nennen können. Wir wollen unsererseits von der Fiktion eines Pseudonyms absehen. Der Bericht erscheint also ohne Verfassernamen, und jeder, der ihn liest, wird begreifen, daß wir mit guten Gründen so vorgingen. Über die bisherigen Darstellungen hinaus, die wir vor allem dem Ausland verdanken, wird der Tatsachenbericht eines Schweizers auch neue Aspekte und einen neuen Begriff von der inneren Struktur der Sowjetunion geben...«

Die erste Publizierung erfolgte zur Zeit des Koreakrieges. Europa stand noch stark unter dem Trauma des Zweiten Weltkrieges und der vielen Gräßlichkeiten, die durch das Naziregime verübt worden waren. Daß in der Sowjetunion Methoden praktiziert wurden, die denen der Nationalsozialisten betreffend Mißachtung der Menschenrechte in nichts nachstanden, wurde von vielen nicht wahrgenommen. Der Tatsachenbericht sollte diesen Umstand verdeutlichen und dazu beitragen, vorhandene unkritische Verherrlichung der kommunistischen Weltanschauung und Methoden abzubauen.

Der Verfasser, Eugen Bohny, ist im Jahre 1961 in der Schweiz gestorben. Es war lange der Wunsch seiner Söhne, seine Memoiren als Buch aufzulegen.

Das Buch beschreibt die schlimmste Periode der russischen Geschichte. Der Autor erlebte die Russische Revolution aus der Sicht eines Menschen, welcher der ehemals besitzenden Klasse angehörte. Diese wurde, effizienter noch als dies in der Französischen Revolution mit dem Adel geschah, mit Stumpf und Stiel ausgerottet. Die vorrevolutionären Zustände waren sicher für viele Russen auch nicht ideal; das feudalistische, auf Bewahrung der Macht einiger Weniger ausgerichtete System unter einem schwachen Herrscher verlangte direkt nach einer Revolution.

Es drängt sich beim Lesen dieses Lebensberichtes aber unweigerlich die Frage auf, welche Entwicklung Rußland wohl genommen hätte, wenn anstelle der Sowjets die damals vorhandenen liberalen Kräfte Sieger geblieben wären. Die nachrevolutionäre Entwicklung, vor allem durch den Diktator Stalin bestimmt, hat die russischen Menschen umgeformt und zu blinden Befehlsempfängern gestempelt. Hungersnöte, hervorgerufen durch Zwangsumsiedlungen ganzer Bevölkerungsgruppen und die Einführung der Kolchosen–Planwirtschaft, haben Millionen von Menschen das Leben gekostet. Liquidationen und Deportationen von unbequemen, den Machthabern nicht genehmen Menschen waren an der Tagesordnung. Selbst Parteimitglieder, auch solche der ersten Stunde, zählten später zu den Opfern der Stalin-Ära. Der Erlebnisbericht spiegelt diese Zeit wieder. Bohny hat sie, ohne Parteimitglied zu sein, in hoher Beamtenstelle erlebt und überlebt.

Hitlers Einmarsch in die Sowjetunion im Jahre 1940 weckte bei einem beträchtlichen Teil der russischen Bevölkerung Freude und Begeisterung. Die deutschen Soldaten berichteten, wie sie teilweise wie Befreier empfangen wurden. Zu Beginn des Feldzuges wäre es, nach Aussagen vieler später ins Ausland emigrierter russischer Kriegsgefangener und Flüchtlinge, möglich gewesen, eine Gegenrevolution durchzuführen, die der deutschen Armee einen Sieg über die teilweise demoralisierten Sowjets erleichtert hätten. Die folgende Schreckensherrschaft der Nationalsozialisten mit ihrem Untermenschen-Denken, den Massenexekutionen und Judenverfolgungen hat diese Hoffnung sehr schnell zerstört und auch die anfangs positiv eingestellten Kräfte demobilisiert. Stalin hat die Einstellung der Bevölkerung in den besetzten Gebieten und diejenige der gefangenen Militärs sehr wohl gekannt und sich nach Kriegsende auch fürchterlich an ihnen gerächt.

Vor dem Zweiten Weltkrieg war der Kommunismus als Staatsform auf die Sowjetunion beschränkt. Durch den großen Expansionsdrang Stalins verschwand eine große Zahl von Ländern nach Kriegsende hinter dem eisernen Vorhang, ihre Bevölkerung kam unfreiwillig in den Genuß des Kommunismus. Unter Stalins Nachfolgern lüftete sich der eiserne Vorhang nicht. In allen kommunistischen Ländern wurde der Alltag durch staatliche Planwirtschaft, Partei und Geheimpolizei gesteuert. Zwar hat man in den letzten Jahren auf Liquidationen à la Stalin verzichtet. Dissidente, Andersdenkende und Religiöse wurden aber nach wie vor verfolgt und bekämpft. Daß der KGB dabei auch andere Mittel einsetzte, wie zum Beispiel den Einsatz der Psychiatrie, sind hinreichend bekannt.

Heute ist die Sowjetunion Geschichte wie auch die Revolution von 1917 und Stalins Tod 1953. Nach Perestrojka und Glasnost ist das Sowjetreich zerbrochen und Moskau ist jetzt die Hauptstadt der Russischen Föderation, eines semipräsidentiellen Regierungssystems. Die Ukraine wie auch andere Sowjetrepubliken haben sich abgespalten und bilden eigene Staaten. Doch noch immer haben diese Länder mit dem Erbe von Lenin und Stalin zu kämpfen. Der »neue Mensch«, den diese Diktatoren heranzüchten wollten, hat Eigenschaften hervorgebracht, die sich so leicht nicht wieder entfernen lassen. Die Kräfte, die das Sowjetsystem während siebzig Jahren gestützt und zu dem gemacht haben, was es war, sind immer noch präsent.

Wir haben den Text des Verfassers so belassen, wie er war, und nur kleine sprachliche Korrekturen angebracht, denn unser Vater war damals erst wenige Jahre in der Schweiz und sein Deutsch stark von russischen Satzkonstruktionen beeinflußt. Am inhaltlichen Teil haben wir keine Veränderungen vorgenommen. Die im Text immer wieder auftauchenden russischen Behördennamen haben wir in ihrer damaligen Form belassen. Sie haben sich im Laufe der Zeit verändert. Am Beispiel der sowjetischen Geheimpolizei sei dies verdeutlicht: Zu Beginn hieß sie Tscheka, dann GPU, wechselte zu NKWD und wurde bis zum Ende der Sowjetunion KGB genannt.

Schönenberg, Juni 2012
Eugen L. Bohny (jr.)
Alexander Bohny

Eugen Bohny 1936 in Moskau

Iwan Bohny, Vater, Architekt Zar Nikolaus III., vor 1914

DIE RUSSISCHE REVOLUTION ERLEBT

Meine Jugend im zaristischen Rußland

Mein Großvater Jean Bohny, ein unternehmungslustiger Schweizer aus Basel, war im 19. Jahrhundert nach Rußland ausgewandert. Er und seine Nachkommen blieben Schweizer Bürger. Dieser Tatsachenbericht wäre wohl nie zustande gekommen, wenn wir die Treue zu unserem Vaterland gegen russische Pässe eingetauscht hätten.

Unser Familiensitz war in Moskau, wo ich auch meine Jugendzeit verbrachte. Die eigenartige Schönheit dieser großen Stadt war einmalig in ganz Europa, und wer heute durch die Straßen von Moskau geht, wird nirgends mehr auch nur einen Bruchteil des Fluidums von damals finden. Allein schon der Kreml, der bis zur Revolution für jedermann offenstand, und wo ich als Kind mit meinen Kameraden oft spielte, ist ohne Vergleich. Beim Eintritt durch die Spasskie-Vorota (»Retter Tor«) wurde jeder von der Mystik der jahrhundertealten Bauwerke fasziniert. Die ganze frühere Planung Moskaus war willkürlich entstanden. Das Zentrum bildete der Kreml, und um diesen erweiterte sich die Stadt im Laufe von Jahrhunderten ringförmig.

Moskau war das kaufmännische Zentrum Rußlands, ganz im Gegensatz zu Petersburg, der modernsten Beamtenstadt Rußlands. Mit der Revolution von 1918 wurde Moskau zur Hauptstadt auserwählt, und man begann mit der Modernisierung dieser alten Stadt. So wurde in Moskau der Ochotni-Riad, der früher auf der linken und rechten Seite nur aus einstöckigen, kleinen Kaufläden bestand (in denen man aber z.B. waggonweise Kaviar kaufen konnte), in prachtvolle, modernste »amerikanische« Hochhäuser verwandelt. Aber man muß nur in die Gassen des Arbatreviers kommen, das eigentlich nicht weit von dort entfernt liegt, um die heute noch sichtbaren Spuren der früheren Bauart der Stadt erkennen zu können. Der Umbau von Moskau in eine moderne Stadt wurde der alten Planung wegen sehr erschwert. Um aus Moskau eine moderne Stadt zu machen, mußten die alten Gebäude verschwinden. Infolge der eigenartigen Bauweise, die russischen Kirchen oft mitten in der Straße zu erbauen – wodurch der wachsende Verkehr behindert war –, mußte man »aus technischen Gründen« auch die Kirchen abtragen.

In diesem alten Moskau lebten wir. Mein Vater war Architekt, und durch seine erfolgreiche Tätigkeit kam er an den Zarenhof von Nikolaus II (sein Bild ist in der Jubiläumsausgabe »Dreihundert Jahre Zarenfamilie Romanoff« verewigt). Meine Studien erfolgten im besten Gymnasium Moskaus, dem »Floeroff«. Die Jugendzeit verlief friedlich und unbeschwert, mit Ausnahme eines einzigen Ereignisses, das mir, obwohl ich noch ein kleiner Junge war, heute noch, nach fast fünfundvierzig Jahren, unvergeßlich in Erinnerung geblieben ist. Wir wohnten an der Petrowka-Straße, gegenüber dem heute so berühmten Parktheater »Ermitage«. Ganz in unserer Nähe war die Gendarmerie-Kaserne.

Es geschah im Jahre 1905, zur Zeit der ersten mißlungenen Revolte, die nach dem unglücklichen Russisch-Japanischen Krieg ausbrach. Fast jeden Abend weilte ich im Herrenzimmer meines Vaters und bewunderte mit kindlichem Erstaunen seine schönen architektonischen Zeichnungen. Vom Fenster des im Parterre gelegenen Zimmers konnten wir direkt die Petrowka-Straße überblicken. Die Dämmerung hatte schon eingesetzt, und tiefes Schweigen, wie immer um diese Zeit, erfüllte die Straßen. Plötzlich ertönte ein dumpfes Grollen, das immer mehr anschwoll und mich zum Fenster lockte. Durch die Scheiben erblickte ich eine ungeheure Menschenmasse, die sich fast schweigend, aber drohend von der Sadowaja-Straße in Richtung Kaserne heraufwälzte. Arbeiter, jung und alt, Männer und Frauen, mit grimmigen, entschlossenen Gesichtern, füllten die Straße. Man hörte einzelne Rufe wie »gebt uns Arbeit, gebt uns Brot!«

Unerwartet fielen Schüsse aus der Kaserne. Angstschreie ertönten, und die Masse drängte ein wenig zurück. Daraufhin begannen einzelne wütend die Latten aus den Zäunen zu reissen, Steine aus der Straße zu wühlen und diese gegen die Kaserne zu schleudern. Auf einmal zerschmetterte ein Stein unser Fenster. Inzwischen waren meine Eltern zu mir geeilt und zogen mich schleunigst ins hintere Zimmer zurück. Alles, was ich noch hörte, war Pferdegetrappel. Wie ich später erfuhr, waren es Kosaken, die aus dem Hof der Gendarmerie herausgeritten waren und die Menge mit Lanzen und Peitschen auseinandertrieben. Beeindruckend war nicht nur allein der grausame Zwischenfall, sondern zum ersten Mal begegnete ich damals der revoltierenden Masse Mensch, die viele Jahre später den Alltag Rußlands beherrschen sollte.

Nach Vollendung meines dreizehnten Lebensjahres ergaben sich in meiner Familie bedeutende Veränderungen, die mein späteres Leben entscheidend beeinflussen sollten: Meine Eltern wurden geschieden. Ich wurde meiner Mutter zugesprochen, und meine um zwei Jahre jüngere Schwester kam zum Vater. Meine Mutter verheiratete sich wieder mit einem Großgrundbesitzer der Ukraine und zog zu ihm. Ich blieb alleine in Moskau zurück, um meine Studien zu vollenden, und wohnte bei einem Lehrer des Gymnasiums. Nur meine dreimonatigen Sommerferien verbrachte ich jedes Jahr bei meiner Mutter.

Das erste Mal wurde ich von meinem Stiefvater in Moskau abgeholt. Wir fuhren mit dem Schnellzug über Kiew in die Ukraine bis zur kleinen Station Kawuni im Cherson-Gebiet, wo wir in der Nacht eintrafen. Dort erwartete uns bereits ein Vierspänner mit prachtvollen Pferden sowie ein Extrareiter mit einer Pechfackel, der uns den Weg beleuchten mußte. Die mondlosen ukrainischen Nächte sind so dunkel, daß man die Hand nicht vor den Augen sieht.

Mutter Eugenie, 1881, Bild handkoloriert

Mit den ersten Sonnenstrahlen erreichten wir nach dreißig Kilometern Fahrt den Landsitz meines Stiefvaters. Für mich, der ich noch nie aus Zentralrußland herausgekommen war, gab es eine Fülle von neuen Eindrücken. Statt graue, verschmutzte, ungepflegte Dörfer wie in Zentralrußland, in einer trostlosen, öden Landschaft gelegen, sah ich hier nun saubere, schmucke kleine

Häuschen, alle weiß getüncht, sogar von kleinen Blumengärten umgeben, und eine farbenfreudig, sauber angezogene und freundliche Bevölkerung. Die wogenden Getreidefelder bildeten eine ganz andere Landschaft als der mir gewohnte kalte Anblick des Nordens.

In der Nähe des Dorfes Feoderowka lag der riesige Besitz meines Stiefvaters. Gleich einer Burg dominierte das herrliche Herrenhaus die ganze Gegend. Überwältigt von meinen Eindrücken konnte ich mir damals nicht vorstellen, daß ich wenige Jahre später alles dem Erdboden gleichgemacht vorfinden würde. Ebenso erfreulich war das Wiedersehen mit meiner Mutter, denn ich sah sie strahlend und glücklich, so wie ich sie nie zuvor in ihrer ersten Ehe gesehen hatte. Der Grund hierfür war leicht ersichtlich, denn mein Stiefvater war ein Mensch von höchster Kultur, ein richtiger Barin, wie man früher diese Art von Menschen in Rußland genannt hat. Er trug meine Mutter auf Händen. Genau so, wie ich damals nicht ahnen konnte, daß wenige Jahre später das liebliche äußere Bild der Landschaft zerstört sein würde, ebensowenig sprach dafür, daß dieses Glück zur selben Zeit durch den grausamen Tod meines Stiefvaters zerstört werden sollte. Aber damals lagen die schlimmen Zeiten noch fern, und ich genoß alljährlich meine Ferien in dieser wunderbaren Gegend.

Die erste und die zweite Revolution

Bei Ausbruch des Ersten Weltkrieges im Jahre 1914 zog mein Stiefvater als Oberst in den Krieg, und es begannen neue Zeiten. Der nationalistische Enthusiasmus der ersten Tage und Monate verebbte bald, und es begann an allem zu mangeln. Alle Männer waren an der Front, und die Kriegsereignisse brachten nichts Erfreuliches für das schwerleidende Volk. Die gleichen, früher so höflichen ukrainischen Bauern zeigten jetzt uns gegenüber eine feindliche Haltung, und ohne Schutz war es gefährlich, auf dem Gute meines Stiefvaters zu leben. Aus diesen Gründen sandte er uns einige leicht verwundete Kosaken, die einen längeren Erholungsurlaub von der Front bekamen.

Nikolaus III., letzter russischer Zar

In Moskau aber stand es schon viel schlimmer. Zar Nikolaus II. mußte abdanken, und die Monarchie brach in Trümmer. Das Volk begann zu manifestieren. Aus dem jahrhundertealten russischen Emblem »für Gott, Zar und Vaterland« wurde der Zar ausgelöscht. Am Schluß, im Februar 1917, kam es zur blutlosen Revolution, so genannt, weil dieser Umsturz tatsächlich fast unblutig verlief. Wieder, wie im Jahre 1905, sah ich die Moskauer Straßen voller Proletariat, das jetzt aber schon durch verschiedene Organisationen nicht extremer Art organisiert war. Nicht nur die Armen, sondern auch der Mittelstand und die Intelligenz, ja sogar sehr wohlhabende Menschen verfielen den revolutionären Ideen. Niemand ahnte wohl damals, daß diese erste, fast dilettantisch anmutende Revolution zu den schrecklichen Ereignissen des bolschewistischen Oktober-Umsturzes von 1918 führen sollte. Aber diese fatalistische Einstellung war auch begreiflich. Rußland stand im aussichtslosen Krieg. Das jahrelang andauernde Ringen hatte die Bevölkerung und das Land ausgeblutet. Das Volk war kriegsmüde.

Mein Schulkamerad im Gymnasium, Mitja Martinoff, mit dem ich acht Jahre gemeinsam auf einer Schulbank verbracht hatte, war der einzige aus unserem Gymnasium, der diesen revolutionären Enthusiasmus nicht teilen konnte. Nicht weil er persönlich irgendwelche reaktionäre Einstellung gehabt hätte, aber er war der Sohn des bekannten Gendarmerie-Obersten Martinoff, Vorsitzender der Moskauer Ochranka (der zaristischen Geheimpolizei), und damit ist alles gesagt. Dieselben Kameraden, die früher seine Freundschaft gesucht hatten, wandten sich jetzt in den ersten Tagen der Februar-Revolution von ihm ab. Es gelang ihm noch, mit seiner Familie der Rache des Volkes zu entgehen, indem sie schleunigst aus Rußland flohen, sein Vater hatte geahnt, zu welchen Ereignissen diese Tage führen würden.

Wieder war es ein kleiner Zwischenfall, der mir besonders im Gedächtnis haften blieb. Ich war mit meinem Freunde Mitja oft zusammen gewesen, des öfteren auch bei ihm, wo ich ein herrliches Ölbild seiner Stiefmutter bewunderte, das im Audienzzimmer des Obersten hing. In den Tagen, da die revolutionierende Masse natürlich als erstes Objekt ihrer Wut alle inneren Räumlichkeiten der Ochranka zertrümmerte, sah ich auf dem

Twerskoy-Bulevard, schräg gegenüber dem Puschkin-Denkmal, dieses in Fetzen zerrissene und zertrampelte Gemälde im Schmutze der Straße liegen.

Die weiteren Ereignisse spielten sich in großer Schnelligkeit ab. Das, was sich das Volk von der Revolution erhofft hatte, konnte die erste Regierung Kerenskys niemals erfüllen. Es waren nur zwei Wünsche, die sofort in Erfüllung hätten gehen sollen: erstens der Friede und zweitens die Aufteilung des Großgrundbesitzes. Aber die Verpflichtungen der Kerensky–Regierung gegenüber den Alliierten zwangen diese, den Krieg weiterzuführen. Was den zweiten Punkt anbelangte, die Verteilung des Großgrund-Besitzes, so stand die Regierung aus rein demokratischer Überzeugung auf dem Standpunkt, daß eine solche Forderung nicht allein von ihr, sondern durch allgemeinen Volksentscheid herbeigeführt werden sollte. Dazu wollte man auch noch das Ende des Krieges abwarten.

Das waren die Gründe, weshalb die Regierung im Oktober 1918 gestürzt wurde. Genosse Trotzki schloß nachher sofort – ohne die Alliierten zu fragen – im Namen der bolschewistischen Regierung einen Separatfrieden mit Deutschland ab. Die Bauern bekamen nicht nur das erwartete Land, sondern gleichzeitig das Recht, den gesamten Besitz der früher herrschenden Klassen auszuplündern. Der bolschewistische Oktober-Umsturz war erfolgreich, weil diese beiden Forderungen, Frieden und Land, sofort erfüllt wurden.

Im Frühjahr 1917 bekam ich mein Diplom und verabschiedete mich von meinem Vater, den Großeltern und meiner Schwester. Ich beabsichtigte, im Herbst in Moskau meine Studien an der Hochschule aufzunehmen und reiste wie immer in die Ferien zu meiner Mutter in die Ukraine. Damals wußte ich nicht, daß ich Moskau erst nach vielen Jahren wiedersehen würde. Die Reise in die Ukraine war dieses Mal schrecklich. Die verwahrlosten Züge waren überfüllt mit Flüchtlingen und Militär. Die Ordnung schien zusammengebrochen, bei den Zugsverspätungen handelte es sich nicht um Stunden, sondern um Tage. Das Telegramm, das ich meiner Mutter sandte, kam glücklicherweise rechtzeitig an, mein Zug aber mit vierundzwanzig Stunden Verspätung. Der auf mich wartende Kutscher in Kawuni hatte schon jegliche Hoffnung aufgegeben, daß ich ankommen würde.

Es war noch nicht ein Jahr verflossen seit meinem letzten Aufenthalt in der Ukraine. Wie hatte sich das Bild auch dort verändert! Ich erkannte nicht einmal die früher so stille und saubere kleine Station Kawuni wieder. Den kleinen Wartesaal, der vollgestopft mit zerlumpten Frontsoldaten war, konnte man nicht betreten. Umwälzungen an der Front begannen. Alle Anstrengungen Kerenskys, diese Front zu halten, mißlangen. Die Masse flutete heimwärts. Gerade diese demoralisierten Soldaten aber waren es, die ein Jahr später den bolschewistischen Umsturz ermöglichten.

Mein Stiefvater war aber immer noch an der Front. Die Situation im Lande verschärfte sich täglich, und die von meiner Mutter mit Bangen erwartete Rückkehr ihres Mannes erfolgte nun endlich. Die weiteren Kriegsereignisse überstürzten sich. Bald besetzten die Deutschen die Ukraine. Bei uns wurde ein österreichisches Regiment einquartiert. Der Regimentskommandeur, ein netter, älterer Wiener, befreundete sich derart mit meinem Stiefvater, daß man es kaum für möglich gehalten hätte, daß sie noch vor wenigen Wochen als Feinde gekämpft hatten. An diesem kleinen Beispiel sah ich, wie normalerweise friedliche Menschen durch »höhere Politik« gegeneinander aufgehetzt werden.

Durch die strenge Besatzungsmacht verschwanden die in der Revolution entstandenen chaotischen Zustände. Unter deutschem Schutz wurde in der Stadt Kiew, die zur Hauptstadt der Ukraine bestimmt wurde, eine autonome ukrainische Regierung gebildet, zu deren Haupt General Skoropadski, Nachfolger eines ukrainischen Hetmans, gewählt wurde. Das alles aber stürzte zusammen wie ein Kartenhaus mit dem Zusammenbruch Deutschlands, das seine Truppen aus Rußland zurückziehen mußte. Petljura, ein ukrainischer Sozialist, bildete die neue Regierung der Ukraine, seine Taten trugen aber keinesfalls zu Ruhe und Ordnung im Lande bei.

Jetzt begann für uns die Zeit der vollkommenen Anarchie. An ein weiteres Verbleiben auf unserem Landgut war nicht mehr zu denken. Mein Stiefvater beschloß, vorläufig in die 40 km weiter entfernt liegende kleine Stadt Owidiopol zu übersiedeln. Unsere Familie hatte sich inzwischen durch die Geburt meines Stiefbruders Wowa und den Zuzug meiner Großmutter mütterlicherseits aus Moskau vergrößert.

Mit unseren besten Pferden, mehreren Wagen mit ausgewähltem Hausmobiliar zogen wir, einer Karawane gleich, nach unserem neuen Zufluchtsort, in der Hoffnung, bald wieder auf das Gut zurückkehren zu können. Das Landgut wurde samt Hundert Stück Vieh, Schafherden usw. unserem alten Verwalter überlassen. Dieser wurde später ermordet, und wir sollten den Besitz nie mehr zurückerhalten.

Das Leben in Owidiopol war entsetzlich. Abgesehen davon, daß fast wöchentlich irgendeine Bande die Stadt besetzte, war das nächtliche Leben gleich einem Belagerungszustand. Die schwache städtische Miliz war den Banditen gegenüber machtlos. Gerade zu dieser Zeit sollte ich zum ersten Mal in meinem Leben Zeuge von Massenmord werden. Durch reinen Zufall gelang es, einen Teil der Banditen, die die Stadt unsicher machten, einzufangen und der Miliz auszuliefern. Die Meldung darüber verbreitete sich blitzartig, und in Kürze versammelte sich eine große Volksmenge vor der Miliz, die die sofortige Auslieferung der 27-köpfigen Bande forderte und dies auch erreichte. Der

Grund dafür war das berechtigte Mißtrauen des Volkes gegen die bestechliche Stadtmiliz.

Unser Haus lag in der Nähe des Stadthauses, und hinter unserem Garten war ein großer, freier Platz, auf einer Seite von einer ziemlich hohen Mauer abgeschlossen. Ausgerechnet an diese Stelle schleppte die erregte Menge die gefesselten Banditen. Man stellte sie an die Wand und wählte aus der Menschenmenge einige Richter aus. Einer von ihnen las aus den mitgeführten Akten die Schandtaten dieser Banditen vor.

Eugen links vorne, Mutter zweite von links mit Tochter Vera,
Großvater stehend in der Mitte

Ganz besonders erinnere ich mich an einen etwa zwanzigjährigen Mann, der unter anderem beschuldigt wurde, eine ältere, arme Frau, die in einem Keller lebte, des Nachts überfallen zu haben. Er forderte von ihr Geld. Da sie nichts besaß, fesselte er sie an den Tisch und stellte eine brennende Kerze auf den Schemel unter ihre nackten Füsse. Ein Leugnen war zwecklos. Die Überfallene wurde ihm, gestützt von zwei Männern, gegenübergestellt. Unerwartet fand die alte Frau plötzlich die Kraft, sich von den zwei Männern loszureissen. Sie stürzte sich wütend auf den Burschen und biß ihn kräftig in die Nase und brach dann zusammen. Blutüberströmt und kreideweiß stand der junge Verbrecher vor seinem Opfer.

Das Verhör und Urteil, entschieden durch Handmehr, dauerte nicht lange. Alle 27 Männer wurden zum Tode verurteilt. Aber wer sollte das Urteil vollstrecken? Aus der Menge fand sich niemand.

Der Zufall wollte es, daß ein junger ukrainischer Petljura-Offizier vorbeiritt. Er sprang von seinem Pferd und kam neugierig auf die Menschenmenge zu. Als er vom Vorhaben erfuhr, konnte man in seinem Gesicht die Freude ablesen, obwohl er eigentlich nichts Sadistisches an sich hatte. Mit einem Satz stand er vor den Verurteilten, zog seinen Karabiner vom Rücken und wandte sich zu einem in der ersten Reihe stehenden Verurteilten. Diesen, ein älterer, abstoßend aussehender Mann, fuhr er an: »Stell dich an die Wand und mach dein letztes Gebet.« Darauf steckte er ihm den Gewehrlauf in den Mund und schoß. Der Körper sackte sofort zusammen, als ob er keine Knochen besessen hätte, und blieb als unförmige, kleine Masse am Boden liegen. Mit rauher Stimme begann der Offizier zu zählen, wobei er bei 93 begann. Seine Tötungsbuchhaltung mußte demnach bei 92 aufgehört haben. Ich stand dort, und obwohl ich diesem entsetzlichen Schauspiel entgehen wollte, konnte ich mich nicht fortbewegen. Meine Beine waren wie gelähmt. Dieses Erlebnis hat mich so aufgewühlt und verstört, daß ich tagelang nichts essen konnte.

Inzwischen hatten die Sowjets durch den Oktober-Umsturz die Macht in Moskau an sich gerissen. Meine Mutter sorgte sich um meine Schwester in Moskau. Wir zerbrachen uns den Kopf, wie wir das Mädchen zu uns in die Ukraine bringen könnten. Eine Reise dorthin wäre für jeden von uns vollkommen undurchführbar und lebensgefährlich gewesen. Nur ein einfacher Mensch aus dem Volke konnte diese noch wagen.

Unser treuester Diener, Fjodor, anerbot sich, diese Aufgabe zu übernehmen. Er verkleidete sich, indem er eine abgerissene Soldatenuniform anzog. Mit einem Bündel auf dem Rücken verschwand er ins Ungewisse. Diese Reise dauerte mehr als zwei Monate, und seine Abenteuer, wie er die ukrainisch-sowjetischen Fronten zweimal durchquerte, hätten ein ganzes Buch gefüllt. Er kam aber alleine zurück. Die Großeltern wollten meine Schwester nicht der Gefahr der Reise aussetzen. Dieser Entscheid, obwohl für uns schmerzlich, war richtig. Meine Großeltern und Schwester konnten wenig später, dies erfuhr ich allerdings erst einige Jahre danach, den ersten und letzten Zug ins Ausland besteigen und Rußland verlassen.

Fjodor war es, der meinem Stiefvater klarmachte, welch schreckliche Gefahr das Vorrücken der Sowjetarmee für uns bedeutete. Sie war damals schon ganz in unserer Nähe. Deshalb entschloß sich mein Stiefvater, meine Mutter mit dem kleinen Sohn, die Großmutter und Fjodor nach Odessa zu senden, wo er ein Haus besaß. Dies war, wenigstens vorläufig, die einzige Chance, den Bolschewisten zu entgehen.

Ich blieb mit meinem Stiefvater allein in Owidiopol zurück. Jeden Tag sah man schon deutlicher aus dem Verhalten der bei uns lagernden ukrainischen Regimenter, daß die Tage der ukrainischen Regierung gezählt waren.

An einem frühen Morgen, ganz unerwartet für alle, sahen wir von ferne, wie sich langsam eine Kette von kleinen Punkten der

Stadt näherte. Die ukrainischen Truppen erkannten darin sofort die Sowjets und flohen Hals über Kopf aus der Stadt, welche von den Roten ohne einen Schuß abzugeben besetzt wurde. Unsere erste Bekanntschaft mit den neuen Besatzern waren Hausdurchsuchungen, Wegnahme aller Männerkleidung und Konfiskation aller Pferde. Einige Tage später wurden mein Stiefvater und ich bei einer neuerlichen Durchsuchung arretiert.

Aus völlig unbekannten Gründen schleppte man uns, ohne uns zu verhören, per Bahn in eine andere kleine Stadt namens Balta. Dort steckte man uns in eine Zelle, wo bereits zehn Gefangene auf dem Boden lagen. Zu diesem Zwecke hatte man ein Zimmer im zweiten Stock des einzigen Hotels im Orte ausgewählt, wo jetzt das Stabsquartier der Roten eingerichtet war.

Im Hofe und vor unserer Tür standen bewaffnete Rotarmisten, aber auch hier kümmerte sich kein Mensch um uns. Kein einziges Mal in den zwei Wochen, die wir dort verbrachten, hat man uns verhört. Einmal am Tag schob uns der Wächter eine alte, abgebröckelte, emaillierte Waschschüssel voll mit undefinierbarer Brühe in die Zelle.

Verzweifelt sassen wir Tag für Tag dort, bis eines Tages, es war gegen Abend an einem heißen Frühsommertag, von ferne Schüsse ertönten. Wir drängten uns sofort an das einzige Fenster des Zimmers, von wo aus wir die Hügel der Umgebung gut sehen konnten. Wieder sah ich die Kette der langsam vorrückenden Truppen. Eigentümlicherweise folgte der ersten Kette eine zahlenmässig viel größere und in noch weiterer Entfernung eine dritte, eine eigentliche Menschenmasse. Wie wir nachher erfuhren, war die erste Kette eine ukrainische Bande unter Führung des Atamans Sabolotni, die zweite bestand aus Bauern der Umgebung, bewaffnet mit Mist- und Heugabeln und die dritte waren Familienangehörige, ja sogar Frauen und Kinder der

Bauern, die nach erfolgreichem Überfall die Beute nach Hause schleppen sollten.

Das waren die charakteristischen Zustände in der Ukraine in der Ära der ersten »Bolschewiki«. Diese hatten damals nur die Herrschaft über die Städte inne. Sie wurden von den ukrainischen Bauern mit allen Mitteln bekämpft. Diesen wurde ihr Wunsch nach dem Land der Großgrundbesitzer zwar erfüllt, trotzdem war ihnen der Kommunismus etwas Fremdes und Feindseliges. Die ukrainischen Bauern waren von jeher Antisemiten, und für sie war Jude und Kommunist ein untrennbarer Begriff. Die gottlose Einstellung der Kommunisten war der zweite Grund der antisowjetischen Haltung.

Mit unerwarteter Geschwindigkeit näherte sich die erste Linie der Stadt. Die Schiesserei vernahm man schon auf den Straßen. Sogar vom Balkon unseres Hauses ertönte Maschinengewehrfeuer. Die Dunkelheit setzte plötzlich ein, wie es in der Ukraine der Fall ist. Gleichzeitig verstummten die Schüsse und es ward totenstill.

Wir Gefangenen wußten genau, was das zu bedeuten hatte, da auch in unserem Hause alles wie ausgestorben schien. Die Sowjets waren geflohen, und die Stadt war von den heranrückenden Truppen besetzt. Was sollten wir tun? Ein Verbleiben im Hause wäre gefährlich gewesen. Wir mußten annehmen, daß uns die unbekannte Bande als zurückgebliebene Kommunisten behandeln würden, da wir ja im Hause des Sowjetstabs eingesperrt waren. Wir suchten nach einem Ausweg, stellten aber fest, daß ein Herausspringen aus dem zweiten Stock in den Hof unmöglich war. So brachen wir mit vereinten Kräften die Tür auf und fanden eine Möglichkeit, über das Dach in den angrenzenden Hof zu verschwinden, wo wir auch die Nacht verbrachten.

Merkwürdige Geräusche, Schreie, Hilferufe und Gejohle auf den Straßen liessen uns kein Auge schliessen. Am frühen Morgen wurde an die Holztüre gehämmert. Eine Menge Bauern, dabei auch einige ukrainische Banditen, schleppten uns zum Stabe ihres Atamans, der sich in der Töchterschule der Stadt etabliert hatte.

Was wir auf dem Wege dahin sahen, erklärte uns die Geräusche dieser Nacht. Auf beiden Seiten der Straße lagen Hunderte von halbnackten Leichen. Die meisten Wunden rührten von Beilen her, welche die plündernden Bauern aus dem eroberten Zeughaus gestohlen hatten. Die ukrainische Hitze beschleunigte die Verwesung, und ein unbeschreiblicher Gestank erfüllte bereits die Straßen. Dies alles störte die plündernden Banditen in keiner Weise. Wir wurden Zeugen eines der schrecklichsten Pogrome. Die Mehrheit der Einwohner von Balta waren Juden, und sie waren auch die Opfer der Banden.

In Kürze standen wir vor dem Ataman Sabolotni, der wie ein friedlicher junger Mann, merkwürdigerweise in alter russischer Studentenuniform, auf dem Sessel der früheren Direktorin der Töchterschule saß. Auf dem Balkon standen zwei Maschinengewehre. Eine Menge bewaffneter Banditen, anscheinend seine Leibgarde, machten einen bedeutend weniger friedlichen Eindruck. Wir erwarteten eigentlich ein Verhör, aber auch diesmal sollte es nicht dazu kommen, denn wieder ertönten vereinzelt Schüsse in der Ferne. Vom Balkon sprang ein Bandit zum Ataman und flüsterte ihm etwas ins Ohr. Im nächsten Augenblick verschwand dieser samt Leibgarde und Maschinengewehren, und wir blieben alleine zurück. Schnell näherte sich uns die Schiesserei. Ehe wir uns versahen, war die Schule von Rotarmisten umzingelt. Die geflohenen Bolschewisten hatten Verstärkung geholt und die Stadt zurückerobert.

Zu unserem Unglück war unter den einrückenden Soldaten kein einziger, der bestätigen konnte, daß wir nur durch Gewalt in den Stab des Atamans geschleppt worden waren und mit diesem nichts zu tun hatten. Diese Rotarmisten waren alles Kursanten-Juden, Angehörige einer politischen Militärschule der damaligen Sowjets aus der Station Birsula. Die Wut dieser jungen Leute war nach dem soeben erfolgten Pogrom nur zu begreiflich. Da die Banditen restlos geflüchtet waren, liessen sie ihre Wut an uns aus, indem sie mit wildem Geschrei auf uns losgingen und planlos in unsere Gruppe hineinschossen.

Auf dem Platz erschien zu unserem Glück der Kommandant, bei dem wir noch die vergangene Nacht in Gefangenschaft gesessen hatten. Er erkannte uns sofort und stellte daraufhin das weitere Morden ein. Nur sechs von uns waren am Leben geblieben. Der Kommandant befahl, mit den Räumungsarbeiten augenblicklich zu beginnen. Uns sechs beauftragte er, in drei Gruppen aufgeteilt Bahren zu holen und nach Verwundeten Ausschau zu halten. Diese sollten in die am Rande der Stadt gelegene Staatsklinik eingeliefert werden. Jeder der Gruppen wurde ein Rotarmist als Wache zugeteilt.

Mein Stiefvater und ich fanden eine auf der Straße liegende, schwer verwundete Rotarmistin. Auch Frauen standen in den Reihen der kämpfenden Sowjets. Wir brachten sie in die Klinik, während unsere Bewachung vor der Kliniktüre auf uns wartete. Die Bahre stellten wir im Operationssaal nieder, wo sie von einem alten Arzt sofort übernommen wurde. Kurz nach Betreten des Spitals stellten wir fest, daß noch ein hinterer Ausgang vorhanden war, der direkt zu einem großen Gemüsegarten führte. Ohne ein Wort zu wechseln war uns die einmalige Fluchtchance sofort klar geworden. Blitzschnell liefen wir unter dem Schutze der Bäume und Sträucher davon. Keine halbe Stunde war vergangen, und wir befanden uns außerhalb der Stadt.

Da standen wir nun. Noch schwer atmend von der Flucht überlegten wir unsere Lage. Welch herrliches Gefühl, nach all dem Erlebten wieder frei und noch am Leben zu sein! Wir hatten die Hoffnung bereits aufgegeben, lebend aus diesen Wirren herauszukommen. Durch die Aufregungen hatten wir ganz vergessen, daß wir zwei Tage lang keinen Bissen zu uns genommen hatten. Der Hunger machte sich nun energisch bemerkbar als Anzeichen des neuerwachten Lebenswillens.

Jetzt aber hieß es, uns in Sicherheit zu bringen. Wir benützten einen schmalen Pfad durch die Felder, um uns soweit als möglich vor Nachtanbruch aus dem Bannkreis der Stadt zu entfernen. Die Gegend war uns völlig unbekannt. Nach etwa zwei Stunden gelangten wir an eine Ausweichstelle der Einspurbahn Balta – Birsula. Zu unserem Glück waren außer einem alten Weichenwärter weder Zug noch Bahnangestellte dort. Da nicht daran zu denken war, die weitere Flucht in unseren Kleidern fortzusetzen, die trotz den erlittenen Strapazen jedem klarmachten, wer wir waren, sprachen wir den alten Wärter an. Es war nicht allzu schwer, ihn zu überreden, unsere Kleider gegen ein paar alte, zerlumpte Fetzen einzutauschen. Befriedigt über dieses Geschäft zeigte uns der Alte bereitwillig eine Fluchtmöglichkeit. In der Nähe befand sich ein größeres Waldgebiet, in dem sich ein Kloster befand. Seiner Meinung nach würden wir dort Aufnahme finden.

In der Morgendämmerung sichteten wir aus der Ferne die kleine Kuppel eines Bauernklosters. Am Ende unserer Kräfte erreichten wir dieses schließlich und wurden sofort aufgenommen. Bald stellten wir fest, daß es nur sechs Mönche beherbergte, die in schwerer Tages- und Nachtarbeit ihr Leben fristeten, während ein Dutzend andere Männer ins Kloster geflüchtete Offiziere waren, die sich hier versteckt hielten.

Ein paar Wochen lang halfen auch wir den Mönchen bei ihrer Arbeit. Die Offiziere teilten uns mit, daß sie die Absicht hätten, das Kloster in Kürze zu verlassen, um die Arbeit als Holzfäller in den großen Wäldern aufzunehmen. Sie befürchteten, daß die Sowjets ihren Aufenthalt im Kloster erfahren könnten und damit das Leben der Mönche in Gefahr wäre.

Wir gingen mit ihnen und stiessen bei den Holzfällern im Walde auf eine größere Zahl verkleideter Offiziere, die, wie sich herausstellte, in Verbindung mit der geheimen Untergrundbewegung der damals in Gründung befindlichen weißen Armee standen. Durch diese Verbindung waren wir ständig auf dem laufenden über die Situation.

So sah die Lage damals aus: Das bolschewistische Petersburg wurde unter der Führung des Generals Judenitsch bedroht. Von den Uralsteppen her rückten die Kosaken des Atamans Dutoff vor, und ganz Sibirien lag in den Händen des Admirals Koltschak. In der Ukraine waren ständige Aufstandsbewegungen von Führern wie Machno, Sabalotni und anderen, und die Sowjets fühlten sich dort schon unsicher. Eine Menge von Offizieren gründeten Widerstandsbewegungen und bewaffneten sich, so auch unsere Gruppe.

Eines Tages erhielten wir den Befehl, zum Angriff überzugehen. Unsere Aufgabe war es, die Bahnlinie Birsula – Jelisawetgrad, die für die Truppen- und Gütertransporte der zurückflutenden Sowjettruppen benutzt wurde, durch Sprengung unbrauchbar zu machen. Dies gelang uns auch verhältnismässig leicht, weil der Angreifer durch das Überraschungsmoment immer im Vorteil ist. Es dauerte nicht lange, und die Kommunisten zogen sich aus der Ukraine zurück. Schließlich konnten wir in tagelangen Märschen Odessa erreichen. General Denikin gründete mit Unterstützung der Alliierten die sogenannte »freiwillige weiße Armee«, die jetzt im Kampf auf Tod und Leben (sic) mit der Sowjetmacht stand.

Meine Mutter hatte in der Zeit des bolschewistischen Regimes in Odessa fürchterlich gelitten. Wir fanden sie krank im Bett liegend. Sie war vor kurzem aus den Kellern des Tscheka-Gebäudes befreit worden, wo sie einige Monate lang eingekerkert war. Jede Nacht schleppte man sie zum Verhör, weil die Kommunisten glaubten, daß ihr unser Versteck bekannt sei. dasselbe Schicksal ereilte unseren Diener Fjodor, der im gleichen Gefängnis untergebracht war. Nach der Flucht der Bolschewisten wurden die überlebenden Gefangenen befreit. Unser Diener Fjodor war es, der meine kranke Mutter in einer Zelle fand und sie heimbrachte. Sie hatte uns vor wenigen Monaten als eine blühende, gesunde Frau verlassen. Die Zeit der Inhaftierung hatte genügt, um aus ihr eine ausgehungerte, leidende Frau mit weißen Haaren zu machen. Ganz besonders erschreckte uns der apathische Ausdruck ihrer Augen.

Lange mußten wir unsere Mutter pflegen, bis sie einigermassen wieder zu Kräften kam. Es war nicht zuletzt mein herziger kleiner Stiefbruder Wowa, der ihr neuen Lebensmut gab und der das Zimmer seiner Mutter, die er so lange nicht gesehen hatte, nicht verlassen wollte.

In der weißen Armee bis zum Zusammenbruch

Durch alle Erlebnisse während der Revolution, alle Schicksalsschläge, die ich mitgemacht hatte, erkannte ich, daß der einzige Weg, um mich und meine Familie zu retten, mein Eintritt in die weiße Armee sei. Ich folgte dem Aufruf General Denikins, der freiwillige Kämpfer suchte. Für meinen Stiefvater war sein Eintritt eine Selbstverständlichkeit. Nach kurzer Ausbildung in einer Offiziersschule wurde ich einem Panzerzug zugeteilt, dessen Kommandeur mein Stiefvater war, und wir rollten der Front entgegen.

Anton Ivanovich Denikin, 1872-1947

Die Siege der weißen Armee und der allgemeine Enthusiasmus der Bevölkerung der befreiten Gebiete machten den Feldzug zum schnellen Vormarsch gegen das Zentrum Rußlands. Aber je sicherer der rasche, vollständige Sieg erschien, desto grotesker wurden die Zustände hinter der Front. Abgesehen von Korruption und Skrupellosigkeit der nachrückenden Machthaber, die in Saufgelagen und Orgien endeten, war immer deutlicher zu erkennen, daß die Befreiung vom Bolschewismus zur Wiederherstellung der alten Ordnung und der Monarchie benutzt werden sollte. Die früheren Herren liessen wieder die Bauern und

Arbeiter ihre Macht erkennen. Hinter der Front bildeten sich neue Banden, und derselbe Ataman Machno, der früher auch gegen die Sowjets gekämpft hatte, verbreitete eine neue Parole: »Schlagt die Roten, bis sie weiß werden und schlagt die weißen, bis sie rot werden.« Die beurlaubten Frontkämpfer sahen die skandalösen Zustände hinter der Front. Sowjetagenten wiegelten die Bevölkerung auf. Die Kriegsgefangenen, die mit uns zusammen schon als überzeugte Anhänger gekämpft hatten, wurden durch diese Mißstände demoralisiert.

Solange wir siegen konnten, ging es trotz dieser Zustände noch weiter, aber eine Niederlage, selbst eine unbedeutende, konnte die weiße Armee nicht überleben. Wir standen fast vor Moskau, als wir eben diese Niederlage erlitten, die den siegreichen Feldzug stoppte und uns zur Umkehr zwang. Es dauerte nicht lange, und die weiße Armee erkannte, daß die einzige Rettung die Emigration ins Ausland war. Die militärischen Aufgaben meines Stiefvaters bestanden darin, mit seinem Panzerzug den Rückzug eines Teils der Armee in Richtung Odessa zu decken. In der Nähe von Jelisawetgrad entwickelte sich ein größeres Gefecht. Durch die Explosion einer Granate wurde mein Stiefvater, zu dem ich eine innige Beziehung hatte, getötet und ich schwer verwundet.

Mein Bewußtsein erlangte ich erst in Odessa bei meiner Mutter wieder, wohin mich meine Kameraden gebracht hatten. Dort erst wurde mir ärztliche Behandlung zuteil. Es war der harte, ungewöhnlich kalte Winter 1919, in dem am Ende des Rückzuges etwa 70'000 Angehörige der weißen Armee in Odessa Zuflucht gefunden hatten mit der einzigen Hoffnung, per Schiff das Ausland zu erreichen. Von Widerstand gegen die Roten war keine Rede mehr. Die Panik war allgemein, und es genügten ein paar hundert Bolschewiken, die sich mit den in der Stadt versteckten Widerstandskämpfern vereinigten, um die Stadt zu erobern.

Im Hafen spielten sich fürchterliche Szenen ab, da nur für eine begrenzte Anzahl von Flüchtlingen Schiffsraum vorhanden war. Die Zurückgebliebenen waren dem Haß der nun schon in Massen auftauchenden Bolschewisten ausgesetzt.

Es ist mir noch heute unbegreiflich, daß eine Handvoll entschlossener Kämpfer, abgerissen und mit mangelhafter Ausrüstung, diese Armee, ausgerüstet mit den letzten Errungenschaften der damaligen Kriegstechnik, in panikartige Flucht schlagen konnte. Mein gefallener Stiefvater hatte noch beizeiten und für den höchsten Notfall durch seine Freunde auf einem Schiff eine Kajüte für uns alle reservieren lassen. Obwohl meine Mutter durch den Tod meines Stiefvaters innerlich gebrochen war, unternahm sie doch den Versuch, das Schiff zu erreichen. In Eile wurden die nötigsten Sachen zusammengepackt. Da ich mich noch kaum bewegen konnte, mußte ich mit Unterstützung unseres Dieners schrittweise, mich immer wieder an den Mauern haltend, den Hafen erreichen. Schrecklich sahen die Straßen Odessas aus. Überall lagen Leichen, und man hörte wilde Schiessereien. Daß wir den Hafen überhaupt erreicht haben, grenzte an ein Wunder. Wir kamen aber zu spät, denn die letzten Schiffe hatten bereits den Hafen verlassen. An eine Rückkehr in die Stadt war gar nicht zu denken. Unser treuer Fjodor war es, der uns alle damals gerettet hat. Er brachte uns zu einem Freund, einem Hafenarbeiter, der in der Nähe eine kleine Wohnung bewohnte und uns aufnahm. Damit verschwand für uns jegliche Möglichkeit, den Sowjets zu entgehen.

Unter falschem Paß

Schon am nächsten Tag stellte sich aber heraus, daß ein Verbleiben unserer Familie wegen der Nachbarn unmöglich war. Es begann die Zeit der Denunziation. Wir vereinbarten mit unserem Gastgeber, daß ich allein als Kranker noch einige Zeit bei ihm bleiben dürfe, und Fjodor ging auf Erkundigung aus, wo meine Familie untergebracht werden könnte. Es zeigte sich, daß eine Rückkehr meiner Mutter in unser Haus unmöglich war. Dieses war bereits vom Proletariat besetzt und unser Mobiliar aufgeteilt. Zu dieser Zeit ging eine Massenumsiedlung der früheren besitzenden Klasse vor sich, die damals schon den Spottnamen »frühere Menschen« erhielten.

Unserem guten Fjodor gelang es, in einem Haus eine kleine, verlassene Wohnung, die glücklicherweise noch von niemandem besetzt war, aufzustöbern. So blieb ich bei meinem Gastgeber alleine zurück. Praktisch war ich aber ein Gefangener, weil ich mich nicht einmal am Fenster zeigen konnte, ohne meinen Wirt und mich in Gefahr zu bringen. Die Suchaktion nach versteckten Weißgardisten erreichte zu dieser Zeit ihren Höhepunkt. Die Wut der Tscheka war diesmal noch größer als in der Zeit der ersten Bolschewiki. Sie wollte ihre Position von Anbeginn an durch rigoroseste Maßnahmen gegen alle ihre Feinde sicherstellen. Es war ein Befehl des Revolutionskomitees (REVKOM) erlassen worden, daß sich sämtliche Angehörigen der weißen Armee innert 24 Stunden beim Militärkommando zu melden hätten. Es war klar, daß Nichtfolgeleistung mit dem Tode bestraft würde.

Abgesehen von den Drohungen und Repressalien der Machthaber, die in den Kerkern der Tscheka in der Marasli-Straße (früher eine der vornehmsten Bourgeoisie-Straßen) wüteten, begann eine schreckliche Hungersnot. Das Geld hatte als Zahlungsmittel jede Bedeutung verloren.

Der gute, alte zaristische Rubel, der in den letzten Kriegsjahren gewisse Abwertungen erlitten hatte, wurde durch den Kerenskirubel ersetzt. Zentralrußland annullierte nach der Oktoberrevolution auch diese Scheine, und das neue Sowjetpapiergeld hatte praktisch überhaupt keine Kaufkraft. Alle wurden zu Millionären, ohne aber auch nur ein Stück Brot kaufen zu können. Die Ukraine prägte ihr eigenes Geld, das in der Zeit der weißen Armee ebenfalls ungültig wurde. Auch die Denikin Regierung besaß eine eigene »Valuta«, die sogenannte Kolokoltschiki, die jetzt auch wertlos geworden war.

Zu dieser Zeit kursierte folgender Witz: In der städtischen Verwaltung unter Denikin waren in leitender Stellung ein Baron Schilling und ein gewisser Herr Stempel tätig. Auf die Frage, wieviel Valuta die Regierung Denikin eigentlich besässe, sagte man: »Nur einen Schilling, aber auch der ist mit dem Stempel versehen.«

Die einzigen Wertobjekte waren noch Gegenstände wie Bekleidungsstücke, Gold und Schmuck, die man unter der Hand bei den Bauern, die eigens zu diesem Zwecke auf den Nowi-Bazar in Odessa kamen, gegen Lebensmittel eintauschen konnte. Seit der kommunistischen Machtübernahme war praktisch der gesamte Privat- und Wirtschaftshandel in den Städten auf Jahre hinaus verschwunden. Die von der Regierung zugeteilten Rationen von beispielsweise zwei verfaulten Heringen und einigen hundert Gramm Mais pro Kopf im Monat waren natürlich auch nicht geeignet, die fürchterliche Hungersnot zu lindern. Die Menschen starben vor Hunger wie die Fliegen, und oft sah man frühmorgens am Trottoirrand herausgelegte Leichen, die dann wie Kehricht wegtransportiert wurden.

Eugen Bohny, 1925 in Odessa

Meine ohnehin schon schlimme Situation verschlimmerte sich durch die Erkrankung an Flecktyphus dramatisch. Diese Epidemie war eine der größten, die damals die Ukraine heimsuchte. Beim Verwundetentransport hatte die Verseuchung der Bahre mit Läusen, den besten Trägern dieser Krankheit, genügt, um mich anzustecken. Meine Verwundung war noch nicht ausgeheilt, als sich hohes Fieber einstellte. Zuerst glaubte ich, daß sich meine Wunde verschlimmerte. Man verständigte meine Mutter, und diese sorgte dafür, daß ein befreundeter Arzt »zufällig« am Abend anwesend war. Nur meinem starken Herzen war es zuzuschreiben, daß ich am Leben blieb.

Nach einigen Wochen besserte sich mein Zustand. Kurze Zeit darauf gab mir mein Gastgeber »durch die Blume« zu verstehen, daß die Terrormaßnahmen einen derartigen Umfang angenommen hätten, daß er meinen weiteren geheimen Verbleib bei sich nicht mehr verantworten könne. Mein Weiterleben verdankte ich daraufhin unserem Arzt, der mich, auf seinen Wunsch hin, bei sich aufnahm. Aber auch bei ihm war an einen längeren Unterschlupf nicht zu denken. Wir beschlossen, daß ich aus dieser terrorisierten Stadt verschwinden müsse.

Aus der Zeit der ersten Bolschewiki war uns bekannt, daß es auf dem Lande verhältnismässig sicher war. Wieder war es unser lieber Fjodor, der mir die Gelegenheit zur Flucht verschaffte. Einige Tage lang suchte er unter den Bauern am Nowi-Bazar nach einem Zuverlässigen, der mich in seiner Kutsche aus der Stadt herausbringen würde. Endlich glaubte er, den Richtigen gefunden zu haben, der das Risiko gegen ein angemessenes Entgelt auf sich nehmen wollte. An einem schönen Frühlingsmorgen, so gegen vier Uhr, erschien in unserer Straße an der Wohnung des Arztes ein typisches ukrainisches zweipferdiges Gespann, »Arba« genannt. Der Bauer hatte die Arba halb voll mit Heu geladen, auf dem er selbst saß. außerdem waren noch einige Säcke mit Gegenständen auf dem Wagen, die er gegen seine Lebensmittel am Nowi-Bazar eingetauscht hatte. Damit niemandem meine Flucht auffallen konnte, nahm ich von meiner Mutter, die mich zum Abschied beim Arzt aufsuchte, in dessen Wohnung Abschied.

Man kann sich vorstellen, welche Gefühle uns beide bewegten. Meine Mutter mußte allein mit ihrem kleinen Sohn und der Babuschka (Großmutter) zurückbleiben, hilflos und von Feinden umgeben. Die Erinnerung an ihre schreckliche Kerkerzeit stand vor unseren Augen. Wer gab die Garantie, daß sich dies nicht wiederholen würde? Es war mir unmöglich, bei ihr zu bleiben und sie zu beschützen. Mein Verbleiben hätte sie in eine noch größere Gefahr gebracht. Mein Fluchtunternehmen war für mich lebensgefährlich, und das wußte auch meine Mutter. Einen anderen Ausweg gab es aber nicht. Ich mußte meine ganze Kraft zusammennehmen, um ihr meinen Schmerz nicht zu zeigen, denn wir beide wußten nicht, ob wir uns je wiedersehen würden. Fjodor nahm mit mir zusammen auf dem Gefährt platz, und in Gedanken sah ich meine Mutter hinter der Portiere am Fenster stehen. Ich durfte mich ja nicht einmal umdrehen, um ihr ein letztes Mal zu winken. Wir fuhren durch die Straßen der noch schlafenden Stadt. Es war nun an der Zeit, daß ich mich im Heu versteckte, wobei mir Fjodor behilflich war. Dies war unbedingt notwendig, weil Kontrollen am Rande der Stadt durchgeführt wurden. Da die Einfahrtskontrollen schärfer waren als die Ausfahrtskontrollen, hatte ich die leise Hoffnung, unentdeckt durchzukommen.

Im Arbeitervorort Peresip stieg Fjodor aus und verabschiedete sich von mir, um zu meiner Mutter zurückzukehren. Mein Bauer machte es sich vorsichtigerweise auf meinem mit Heu bedeckten Körper bequem und schloß sich einer Karawane heimkehrender Bauern an. So kamen wir langsam aus der Stadt heraus. Am Stadtrand erreichten wir die berüchtigte Kontrolle. Obwohl ich innerlich und äußerlich zitterte, versuchte ich, mäuschenstill am Boden zu liegen und belauschte das Gespräch: »Von wo bist Du, und was hast Du da auf Deinem Wagen?« – Der Bauer, der diese Genossen ja kannte, wußte, wie man mit diesen Herren umgeht. Mit gleichgültiger Stimme, scheinbar uninteressiert seine Antwort: »Na, was kann ich Euch schon sagen! Wer ich bin, seht ihr ja: Auf keinen Fall ein Bourgeois. Und was ich bei mir führe, seht ihr ja selbst – gar nichts habe ich!« – Zu unserem Glück war die Fahrzeug-Schlange ziemlich groß. Um diese gründlich zu untersuchen, wären Stunden vergangen, wozu die Roten weder Lust noch Geduld hatten. So ließ man uns weiterziehen.

Wenig später kroch ich aus dem Heu heraus, und es begann eine endlose Fahrt ins Ungewisse, da ich soweit wie möglich von Odessa entfernt eine Unterkunft finden wollte. Das Wetter war herrlich, nur der dauernd aufwirbelnde Staub, ganz besonders von den vorderen Wagen, wirkte auf die Dauer lästig. Wie es sich bald herausstellte, sollte mir gerade dieser Staub von Nutzen sein, weil ich nach kurzer Zeit nicht mehr von den Kutschern unterschieden werden konnte, so staubbedeckt waren wir alle. Nachdem es in der Nacht zu gefährlich war, setzten wir die Reise nur tagsüber fort. So kamen wir nach drei Tagen in eine deutsche Kolonie namens Kassel.

Seit Jahrhunderten versuchten die Regenten, Rußland zu europäisieren. So wurde deutschen Bauern Land geschenkt, und sie konnten auf russischem Boden eigene Dörfer erbauen. Noch vor Zar Peter dem Großen wurden unter anderem in Moskau ein ganzes deutsches Stadtviertel, die »Nemezkaja-Sloboda« aufgebaut, wo eine große Zahl unternehmungslustiger Ausländer, hauptsächlich deutschstämmige, eine neue Heimat fanden.

Die ukrainischen Steppen in dem früheren Chersonsky-Gebiet mit ihrem außergewöhnlich fruchtbaren Land, waren zu wenig bevölkert und hatten keine richtige landwirtschaftliche Kultur. Deshalb siedelte seinerzeit Katharina die Große deutsche Bauern in diesem Gebiet an, in der Hoffnung, daß die ukrainischen Bauern die Sitten, Gebräuche und vor allem die landwirtschaftlichen Methoden der Ansiedler annehmen würden.

Diese Niederlassungen wurden zum wahren Paradies für die ukrainische Landwirtschaft, blieben aber begrenzt auf das jeweilige Ansiedlungsgebiet. Selbst in nächster Nähe liegende ukrainische Dörfer haben fast gar nichts von diesen Einwanderern angenommen. Erstaunlicherweise erhielten sich die Gebräuche der Ansiedler noch nach Hunderten von Jahren. Nicht einmal die russische Sprache hatten sie angenommen, nur die Männer beherrschten diese durch den Militärdienst. Man spürte sofort den Deutschen heraus, und dies, obwohl bereits Generationen von ihnen in Rußland geboren waren. Selbstverständlich waren diese Kolonisten größtenteils Gegner der Sowjets, da sie von diesen nur Schaden erwarten konnten.

In Kassel machte ich die Bekanntschaft des Dorflehrers, Herrn Kessler, dem ich meine Lage anvertraute. Er gab mir ein Empfehlungsschreiben für eine kleine, weiter im Lande liegende Ansiedlung, genannt Obenauer Chutora. Diese bestand aus einer einzigen, großen Familie Obenauer, die, obwohl Bauern, wie Großgrundbesitzer lebten. Für mich war dies vorläufig ein idealer Zufluchtsort. Diesmal machten aber die neuen Machthaber nicht den Fehler, den sie zur Zeit der ersten Besetzung der Ukraine gemacht hatten, sondern begannen, auch die Landgemeinden kommunistisch zu erziehen. Es wurden dazu Revolutionskomitees gebildet, die sich aus den ärmsten Schichten der Bevölkerung rekrutierten. Diese unterdrückten mit totaler Unterstützung der Sowjets alle anderen Bauern, und ganz besonders die reichen.

Mit der Zeit zeigte es sich, daß für mich ein dauernder Verbleib unmöglich wurde. Nicht nur ich allein wurde dort als Flüchtling beherbergt. Eine große Zahl ehemaliger Weißgardisten, welche durch Flucht von Bessarabien aus ins Ausland entkommen wollten, hielten sich geheim in fast allen deutschen Ansiedlungen auf. Den Bolschewisten war dies bekannt, und es gelang ihnen, einige dieser Flüchtigen abzufangen und deren Aufenthaltsort zu erfahren. Als Folge wurden Strafexpeditionen in die Dörfer gesandt. Sie wurden durchkämmt; die Rache richtete sich nicht nur gegen die gefangenen Flüchtlinge, sondern auch gegen alle, die ihnen Unterschlupf gewährt hatten. Aus diesem Grunde mußte ich, versehen mit Empfehlungsschreiben der Familie Obenauer, von einer Siedlung zur anderen wandern. Zum Schluß erkannte ich, daß es doch leichter war, in einer Großstadt unterzutauchen als auf dem Lande. Die Zeiten hatten sich eben geändert, und so faßte ich den Entschluß, nach Odessa zurückzukehren. Dabei spielte natürlich mein Heimweh eine entscheidende Rolle sowie die Sorge um meine Mutter, von der ich monatelang ohne Nachricht war.

Meine Rückreise gestaltete sich äußerst schwierig, nachdem sie in unendlichen Etappen vor sich gehen mußte. Ein Vorwärtskommen war für mich nur dadurch möglich, daß ich jeweils einen zufällig vorbeifahrenden Bauern um Mitfahrgelegenheit ansprach. Des öfteren wurde ich in einem Dorf von den Behörden nach meinen Papieren gefragt. Kein Mensch in Rußland besaß mehr einen Paß, da diese von den Sowjets als ungültig erklärt wurden. gemäß kommunistischer Lehre wurde das Paß-System als Sklavenabzeichen gebrandmarkt. Jahre später aber änderte die Regierung ihre Einstellung und führte ihr eigenes Paß-System ein, nur in noch viel strengerer Form als jemals zur Zarenzeit.

In der ersten Zeit aber galt als Ausweis eine Bestätigung der Sowjetmiliz, auf der nichts weiter als der Name und das Geburtsdatum stand, so daß eine Kontrolle über die Richtigkeit vollkommen unmöglich war. Fjodor besorgte mir noch vor meiner Abreise aus Odessa einen solchen »Ausweis«. Er tauschte ihn auf dem schwarzen Markt gegen ein Paar Hosen. Ausgestellt war er auf den Namen »Sachaschewsky«, unter welchem ich nun lebte. Auf meiner Rückreise mußte ich der Stadtgrenz-Kontrolle Odessas auf jeden Fall entgehen. So legte ich die letzten Kilometer zu Fuß zurück. Bei Anbruch der Dunkelheit gelangte ich dann an die Peripherie Odessas. Durch Hinterhöfe, kleine Gassen und Schrebergärten erreichte ich langsam das Stadtzentrum.

Obwohl ich mit Odessa sehr vertraut war, konnte ich es jetzt fast nicht wiedererkennen! Schmutzige, schlecht beleuchtete, fast ausgestorbene Straßen, auf denen dann und wann Passanten auftauchten, deren elendes Aussehen und verängstigtes Benehmen mich sehr erschreckte. Dunkle Häuserblocks, fast nirgends ein beleuchtetes Fenster, machten Odessa zur Geister-stadt. Hie und da sah man auch Rotarmisten in Gruppen oder einzeln.

Was für eine Stadt war Odessa doch vor der Revolution ge-wesen! Moderne, schön ausgebaute Straßen mit beleuchteten Gebäuden. Alle Straßen voll duftender Akazienbäume. Auf den Trottoirs elegant gekleidete Menschen, die die Kaffeehäuser bis in die Nacht hinein mit Leben erfüllten. Die Hauptstraßen waren voller Geschäfte, deren beleuchtete Schaufenster die Straßen zusätzlich mit Licht erfüllten. Eine Menge russischer Miet-droschken belebten einst den Verkehr dieser wunderschönen Stadt, die man als »Klein-Paris« bezeichnete. Odessa war damals im wahrsten Sinne des Wortes international, und fast alle Sprachen waren dort zu hören.

Von all der einstigen Pracht war nun nichts mehr vorhanden. Besorgt und deprimiert von dem, was ich jetzt zu sehen bekam, ging ich in Richtung der Nowaj-Straße, in der meine Mutter seinerzeit untergekommen war. Fragen über Fragen stellten sich mir: Wohnt meine Mutter noch dort? Wie geht es ihr? Kann ich unbemerkt ins Haus eintreten? Ist die Wohnung vielleicht von Fremden besetzt? Ich mußte das Risiko auf mich nehmen und den Versuch machen, unbemerkt ins Haus zu gelangen. Vor-sichtshalber stand ich noch eine Weile an der Ecke der Nowaj-Straße und beobachtete das Haus. Es lag dunkel und wie aus-gestorben da. Das Eingangstor war aber noch nicht geschlossen, obwohl es schon sehr spät war.

Endlich entschloß ich mich einzutreten und stand vor der Wohnungstüre meiner Mutter. Eine unheimliche Stille herrschte auf der Treppe. Leise klopfte ich an die Türe – keine Antwort. Nach einiger Zeit klopfte ich ein zweites Mal und vernahm Geräusche, die darauf schliessen liessen, daß die Wohnung be-wohnt war. Und dann endlich hörte ich die verängstigte Stimme meiner Mutter: »Wer ist denn da, was wollen Sie wieder von uns? Wir haben nichts, und hier sind nur Frauen.« Mit leiser Stimme antwortete ich: »Ich bin es, Mamotschka« – und endlich konnte ich sie in meine Arme schliessen.

Ich erkannte meine Mutter nicht wieder, so hatte sie sich verändert. Wenn ich ihr auf der Straße begegnet wäre, ich hätte sie nicht erkannt und wäre an ihr vorbeigegangen. Anstelle der Dame der Gesellschaft stand nun ein altes, in Fetzen gehülltes Mütterchen vor mir. Es war mir nicht klar, ob dies eine notwendige Maskerade war oder ob das Elend schon solche Ausmaße angenommen hatte!

Mein kleiner Stiefbruder und die Großmutter schliefen schon. Eine kleine Petrollampe war die ganze Beleuchtung. Meine Mutter gab mir ein Zeichen, in die Küche zu kommen, da sie sich in ihrer eigenen Wohnung nicht zu sprechen getraute, nicht einmal im Flüsterton. Die Küche hatte keine angrenzenden Nachbarwohnungen, und da war die einzige Möglichkeit, miteinander zu sprechen, ohne belauscht zu werden.

Bis zum frühen Morgen sassen wir dort, und ich erfuhr, was meine Familie in der Zwischenzeit durchgemacht hatte. Abgesehen von der schrecklichen Hungersnot, die auch meine Angehörigen betroffen hatte, war meine Mutter unter dauernder Tscheka-Kontrolle. Merkwürdigerweise suchte man nicht nur mich, sondern hauptsächlich meinen verstorbenen Stiefvater. Etliche Male waren die Tschekisten des Nachts bei uns zu Hause erschienen. Sie quälten meine Mutter unter Drohungen, den Zufluchtsort meines Stiefvaters und mir mitzuteilen. Glücklicherweise war der Geheimpolizei mein richtiger Familienname nicht bekannt. Man suchte mich als Sohn meines Stiefvaters, unter dessen Namen.

Unsere verzweifelte Situation vermochte die Wiedersehensfreude nicht zu trüben. Meine Mutter hatte schon jegliche Hoffnung auf ein Wiedersehen aufgegeben. Gerade daß es doch dazu kam, gab uns allen neuen Lebensmut und neue Kräfte. Nicht nur wir, sondern viele Menschen aus ganz verschiedenen Schichten hatten die Hoffnung nicht aufgegeben, daß eine Befreiung von den Bolschewiken kommen würde. Diese trügerische Hoffnung sollte noch Jahre andauern. Da Odessa bekanntlich am Schwarzen Meer liegt, erwartete man dort eine Invasion. Man hoffte, daß die in der Emigration lebenden Reste der weißen Armee mit Unterstützung der Alliierten kämen. Diese Umstände trugen dazu bei, daß dauernd Gerüchte im Umlauf waren. Dementsprechend lebte man nur für das Heute und entschloß sich nicht zu einer Tat auf längere Sicht.

An ein Verbleiben im Hause meiner Mutter war nicht zu denken, und so hieß es für mich, ein neues Versteck zu finden. Meine Mutter hatte eine ausgezeichnete Idee. Vor kurzem hatte sie erfahren, daß ein Bekannter unserer Familie, der früher Gymnasiallehrer in Karskoie-Selo bei Petersburg war, nach Odessa geflohen war und sich kurz vor dem Zusammenbruch der weißen Armee eigenmächtig zum persischen »Generalkonsul« gemacht hatte.

Schon früh am Morgen suchte meine Mutter den »Konsul« auf. Ungeduldig, nervös und besorgt um meine Mutter saß ich versteckt zu Hause, den kleinen Bruder auf dem Schoß, und tröstete meine weinende Babuschka. Die Arme erzählte mir von dem schrecklichen Leben, welches sie während meiner Abwesenheit führen mußten. So erfuhr ich auch, daß uns unser guter, treuer Fjodor vor kurzem verlassen mußte, um in sein Heimatdorf zurückzukehren. Es war nur zu begreiflich, daß er nicht mehr als unser Diener figurieren durfte. Die Kommunisten zwangen ihn durch ihre Parole »wer nicht arbeitet, bekommt nichts zu essen«, eine Arbeit zu suchen. So mußte er uns verlassen. Ob er sein wohlverdientes Glück in seinem Dorf gefunden hat? Wir wissen es nicht, denn wir haben ihn weder wiedergesehen, noch je wieder von ihm gehört.

Endlich kam meine Mutter zurück und brachte die freudige Nachricht, daß ich beim Konsul wohnen könne. Auch in dieser Nacht war in unserem Quartier der Strom abgestellt, so daß ich die Dunkelheit benützte, um unbemerkt aus dem Haus zu verschwinden. Die Villa, in der ich von nun an leben sollte, lag ganz im Stadtzentrum auf der Deribas-Straße.

Ohne Mühe gelang es mir, unbemerkt in die Wohnung des »Konsuls« zu gelangen. Da man mich erwartete, war die Türe geöffnet. Dahinter stand die komische Gestalt eines Asiaten in russischer Uniform mit einem Gewehr in der Hand. Ich glaubte, in eine Falle geraten zu sein, da ich ihn für einen Rotgardisten hielt. Das Mißverständnis klärte sich aber sogleich auf, da im Foyer der Herr »Konsul« erschien. Mein Erstaunen war um so größer, da ich hier eine unzerstörte, sehr luxuriös eingerichtete Villa in voller Beleuchtung vorfand, die mit Antiquitäten und Perserteppichen ausgestattet war.

Ich kannte Herrn Meffert, den selbsternannten persischen Generalkonsul von Odessa, aus den Zeiten der weißen Armee, als er des öfteren bei uns zu Hause Gast war, ein liebenswürdiger, schon etwas älterer Herr, sehr intelligent und sprachgewandt. Mit seiner Frau, einer jungen Petersburgerin hatte er ein kleines Töchterchen. Zur Zeit der ersten Revolution zog er Odessa dem hungergeplagten Petersburg vor. Einer seiner Freunde war im persischen Konsulat tätig. Durch ihn wurde er mit dem persischen Konsul Emir Sadé bekannt und später sogar befreundet, da beide gerne einen guten Tropfen zu sich nahmen. Emir Sadé erkannte die Lage der weißen Armee rechtzeitig und fand es am besten, vorläufig zu verschwinden. Aber er glaubte damals nicht, daß diese Reise für immer sein würde. So gab er seinem Freund Meffert die Schlüssel seiner Villa und bat ihn, diese während seiner Abwesenheit zu beschützen. Er übergab ihm auch ein Schreiben, aus dem hervorging, daß Herr Meffert als sein Bevollmächtigter in der Villa verbleiben sollte. Meffert bezog die Villa einige Tage vor dem Zusammenbruch der weißen Armee.

Ich konnte ihn jetzt fast nicht wiedererkennen. Um mein Erstaunen zu begreifen, darf man nicht vergessen, daß Odessa in der Zwischenzeit zu einer Stadt der Bettler geworden war. Nun stand auf einmal Herr Meffert im Cut mit prachtvollen Goldringen an den Händen und einer Perle in der Krawatte vor mir! In so einem Aufzug hatte ich ihn nicht in Erinnerung. Er forderte mich auf, in seinen Salon zu kommen, wo seine Frau mit einem wundervollen Kaffee aufwartete. Den Duft von Kaffee hatte ich ja schon längst vergessen. Der Salon war dem eines Gesandten würdig. Herr Emir Sadé hatte Geschmack. Zwei Flecken an den Wänden ließen darauf schließen, daß dort Gemälde gehangen hatten. Besonders wertvolle, wie ich erfuhr, denn Sadé hat sie mit ins Ausland genommen.

Herr Meffert erzählte mir kurz seine Geschichte. Er hatte, wie damals viele andere, die Absicht, ins Ausland zu emigrieren. Die Freundschaft mit Emir Sadé sowie seine Vollmacht für das verwaiste Konsulat haben jedoch seinen Abenteuerdrang geweckt. Auch war er der Meinung, daß es sich bei der Revolution bloß um eine kurzfristige Episode handle und die Roten bald wieder das Feld räumen würden. So packte er die Gelegenheit beim Schopf. Es gelang ihm erstaunlicherweise, bei den Genossen des Revolutionskomitees von Odessa als Konsul Persiens anerkannt zu werden. Damals wurde die Sowjetunion von fast keinem Lande der Welt anerkannt (auch von der Schweiz nicht).

So gelang es ihm einige Jahre lang, die Genossen an der Nase herumzuführen. Zum Schluß bildete er sich sogar selbst ein, er könne erreichen, daß Teheran die Sowjetregierung anerkenne.

Seine Zusammenarbeit mit den russischen Amtsstellen, vor allem mit dem REVKOM führte zu ganz grotesken Verhältnissen. Die kommunistische Einstellung sah damals in jedem ausländischen Diplomaten den Prototyp des Bourgeois. Die Sowjet-Karikaturisten stellten diese mit allen Attributen der Gesellschaftsklasse dar. So wurde zum Beispiel Monsieur Chamberlain (der britische Regierungschef späterer Zeit) nur mit Zylinderhut gezeichnet. Sie beschimpften die ausländischen Kapitalisten als ihre Todfeinde. Sobald sie aber etwas von ihnen erhofften, wurden deren Vertreter zu »Personae gratae« erklärt.

Dem Herrn »Konsul« wurde erlaubt, sich eine eigene Leibwache zu halten. Dafür stellte Herr Meffert den Sohn einer verarmten Perserfamilie an, der von der REVKOM bewaffnet wurde. Der »Konsul« spielte seine Rolle meisterhaft. Er verstand sogar mit den politischen Kommissären sehr gut umzugehen, und durch sein Auftreten erreichte er bei ihnen, was er wollte.

Ich werde nie vergessen, wie der Herr »Konsul« in seiner Diplomatenkleidung, mit der Melone auf dem Kopf, gefolgt von seiner bewaffneten Leibgarde, durch die Straßen Odessas zog. Die Passanten, im Vergleich mit ihm wie Bettler aussehend, sahen erschrocken auf diesen Vertreter des Kapitalismus, den sie so gut von den Sowjetkarikaturen her kannten. Es wäre so, als wenn in Zürich auf der Bahnhofstraße ein halbnackter Häuptling in vollem Kriegsschmuck daherkäme!

Auf jeden Fall war mein Leben bei Herrn Meffert gesichert. Jedoch war auch er nicht allmächtig, und da ich keine Dokumente besaß, durfte ich sein Haus nicht verlassen.

Legalisierung

Monatelang blieb die Situation unverändert. Es zeigte sich aber, daß unsere Hoffnung auf ein Abtreten der Bolschewisten mehr und mehr illusorisch wurde. Ich fand es an der Zeit, mich zu

legalisieren. Da die Regierung gerade zu dieser Zeit eine allgemeine Registrierung aller in Odessa lebender Ausländer
verkündete, wollte ich durch das Schweizer Konsulat in Odessa
versuchen, einen entsprechenden Ausweis zu erhalten. Da aber
die Eidgenossenschaft wie gesagt keine diplomatischen Beziehungen zur Sowjetunion unterhielt, konnte ich nichts
erreichen, denn das Konsulat war geschlossen.

Gerade zu dieser Zeit unternahm Herr Meffert aber eine Reise
nach Moskau und versprach, dort meine Papiere durch den
Vertreter des Internationalen Roten Kreuzes in Ordnung bringen
zu lassen. Zu Ehren dieser Organisation sei gesagt, daß ich
wenige Monate später meinen Schweizer Paß erhielt, ausgestellt
in Riga, das damals als Hauptstadt Lettlands ein Schweizer
Konsulat besaß.

Nun meldete ich mich zur Registrierung beim Einwohneramt des
Odesser Revkoms an. Über ein Jahr hatte ich die Mauern der
Villa nicht verlassen! Abgesehen davon, daß mich meine Mutter
hie und da besuchen kam, war ich nur mit der Familie Meffert
zusammen. Erstmals riskierte ich jetzt, die Straße zu betreten
und sah Odessa endlich auch bei Tageslicht. Alles, was man mir
über die schlimmen Zustände in der Stadt erzählt hatte, wurde
von der Wirklichkeit noch übertroffen.

In den überfüllten, provisorisch eingerichteten Amtsräumen der
Inotdel, schickte man mich von einem Zimmer ins andere. Es
schwirrten derartig viele Leute herum, daß man nicht wußte, wer
nun Besucher und wer Beamter war. Es war schwierig, den
Zuständigen zu finden. Schließlich gelangte ich doch ans Ziel und
betrat ein Zimmer, in dem die sogenannte Registrierung
durchgeführt wurde. Eine durchtrieben aussehende Frau nahm
mir den Paß ab, und ich konnte durchs Schalterfenster beobachten, wie dieser neugierig von irgendeinem Vorgesetzten
untersucht wurde. Dieser Genosse war ohne Zweifel ein

prominenter Vertreter der Tscheka. Ich wartete mit Bangen auf den Entscheid, wohl wissend, daß mir mein Schweizerpaß wenig helfen würde, falls die Sowjets den geringsten Verdacht gegen mich hegten.

Nach langem Hin und Her, wahrscheinlich wurde mein Familienname mit den schwarzen Listen verglichen, streckte man mir einen Fragebogen zum Ausfüllen zu. Zu meinem Glück suchte man mich unter dem Namen meines Stiefvaters und nicht unter meinem eigenen! Wenn ich jetzt aber diese Fragen wahrheitsgemäß ausgefüllt hätte, so wäre dies einem Todesurteil gleichgekommen.

Ich sollte beantworten, woher ich stamme, wer meine Eltern wären, was ich vor und während der Revolution gemacht, wo ich in der Zeit der Denikin-Armee gelebt und was ich bis dato gemacht habe! Um aus diesem Fragebogen-Wirrwarr herauszukommen, halfen mir wahrscheinlich meine jungen Jahre. Ich beantwortete die für mich unausfüllbaren Stellen mit: »Zu jung, um in irgendwelcher Armee gewesen zu sein.« So bekam ich meinen Sowjetausweis, in dem meine Anerkennung als Ausländer bestätigt wurde. Auch dieses Papier bedeutete für mich noch lange keinen Schutz, doch war es eine Legalisierung meiner Person. Jedenfalls war ich nun kein »Sachaschewsky« mehr.

Da wir jetzt schon seit langem nur vom Verkauf der von meiner Mutter geretteten Schmuckstücke lebten, was natürlich nicht auf unabsehbare Zeit reichen konnte, drängte sich jetzt die Frage auf, was ich tun sollte. Meine jugendlichen Träume, mich gleich meinem Vater als Architekt ausbilden zu lassen, mußte ich jetzt aufgeben. Erstens glaubte damals niemand an einen Wiederaufbau, und zweitens wurde mir nach einem Besuch in der neu eröffneten Fakultät für Architektur der Sowjet-Hochschule klar, daß die rote Professur außerstande war, eine fachmännische Ausbildung durchzuführen. Ich hätte eventuell nach Moskau gehen können, um diese Studien zu absolvieren, aber ich konnte meine Mutter nicht alleine lassen. Dann war es uns auch nicht möglich, nach Moskau zu übersiedeln, da wir keine Unterkunft gefunden hätten. Dazu kam die Arbeitslosigkeit in diesem Beruf.

Die Bolschewisten standen jedoch im Begriff, das riesige russische Reich zu erforschen und zu exploitieren und propagierten deshalb Ausbildungen, die dem späteren Aufbau der Sowjet-Industrie dienen sollten. Diese technischen Zukunftsmöglichkeiten interessierten mich, und so faßte ich den Entschluß, meine Studien im neugegründeten Forschungsinstitut in Odessa zu beginnen und mich zum Geologen ausbilden zu lassen.

Der Eintritt in die Hochschule war aus politischen Gründen ziemlich schwierig. Schon damals wurden, später in geradezu grotesker Form, zukünftige Studenten nach ihrer Abstammung und politischen Einstellung geprüft. Die allgemeine Mittelschulbildung war mehr oder weniger nebensächlich. Kinder von Priestern, Adeligen, Großgrundbesitzern, ehemaligen Offizieren geschweige denn Angehörigen der weißen Armee wurden in keine Sowjet-Hochschule aufgenommen. Die Jugend wollte aber lernen; was konnte sie dafür, daß sie den Regierenden als unzuverlässig erschien? Und so suchten einige dieser Unglücklichen nach Auswegen. Das nachstehende Zeitungsinserat ist typisch dafür. Solche und ähnliche konnte man noch viele Jahre lang in Sowjetzeitungen lesen:

EINE ERKLÄRUNG:
Ich, der Unterzeichnete, Sohn des Popen X, erkläre hiermit, daß ich mit meinem Vater jegliche Beziehungen abgebrochen habe. Seine Einstellung und Tätigkeit verachte ich und verurteile diese als schädlich für unser neues Sowjet-Rußland.
Der Unterzeichnete

Durch dieses schamlose Dokument konnte man sich möglicherweise eine Chance verschaffen, als Student in die rote Hochschule aufgenommen zu werden. Glücklicherweise gehörte ich als Sohn eines Architekten zu keiner der angeführten Kategorien. Meine Tätigkeit in der weißen Armee verheimlichte ich aus guten Gründen und wurde Student.

Abgesehen vom technischen Unterricht, dem ich mit großem Interesse folgte, war damals etwa ein Drittel des Studienplanes – in späteren Jahren noch mehr – dem politischen Unterricht gewidmet. Die Studentenschaft setzte sich größtenteils aus Söhnen von Proletariern zusammen. Diese Jungen konnten begreiflicherweise keine Mittelschulbildung aufweisen. Trotzdem wurden sie aufgrund ihrer Abstammung und politischen Einstellung zum Studium zugelassen. Es gab unter ihnen auch solche, die mehr oder weniger Analphabeten waren. Gerade diese Studenten waren aber die aufmerksamsten und willigsten Zuhörer des politischen Unterrichts. Der technische Teil war für sie zwar unerhört schwer, und doch wurden sie später, ohne Rücksicht auf ihre mangelhaften technischen Kenntnisse, als Spezialisten beim Wiederaufbau eingesetzt. Der politische Unterricht stellte alle früheren Ideale und meine ganze Weltanschauung auf den Kopf.

Während meiner ersten Studienzeit lebte ich noch bei Herrn Meffert. Mit der Zeit vergaß ich ein wenig die latent vorhandenen Gefahren und wurde unvorsichtig, da ich meine Mutter einige Male in ihrer Wohnung besuchte. So ein Leichtsinn! Irgendein Nachbar denunzierte meine Mutter, worauf sie verhaftet wurde. Das sollte eine neue Schreckenszeit für uns alle werden. Die arme, alte Babuschka blieb mit meinem kleinen Bruder Wowa allein. Frau Meffert half uns, wo sie nur konnte, indem sie Lebensmittel brachte und die Großmutter unterstützte.

Ich mußte mich wieder in Mefferts vier Wänden verkriechen und verließ das Haus nur, um direkt in die Universität zu gehen. Dabei konnte ich nie wissen, ob man mich nicht plötzlich auch verhaftete. Meine Mutter war ja meinetwegen abgeholt worden. Auch ihre Widerstandskraft könnte gebrochen werden. Man suchte mich ja immer noch unter dem Namen meines Stiefvaters. Als ich von der Verhaftung meiner Mutter erfuhr, war mein erster Gedanke, mich sofort freiwillig bei der Tscheka zu stellen, um meine Mutter dadurch zu befreien. Herr Meffert überzeugte mich aber, daß dieser Schritt Wahnsinn wäre, weil ich dadurch meiner Mutter nicht helfen würde, sondern der Geheimpolizei vielmehr auch den Beweis lieferte, daß sie mich wissentlich versteckte. Zudem hätte ich auch seine Familie in große Gefahr gebracht, der ich doch zu großem Dank verpflichtet war.

Drei Monate lang dauerte die Inhaftierung meiner armen Mutter. Es gab nur eine Möglichkeit, um festzustellen, ob sie überhaupt dort inhaftiert war. Diese Methode blieb bis zum Zweiten Weltkrieg üblich: durch Übergabe eines Lebensmittelpaketes. Wurde es angenommen, wußte man, daß die gesuchte Person bei der Tscheka inhaftiert war. Wurde die Annahme solcher Pakete plötzlich verweigert, gab es dafür nur zwei Erklärungen: Entweder war der Arrestant nach Sibirien (oder Archangelsk) verschickt worden oder einfach nicht mehr am Leben.

Ganz unerwartet bekam Meffert die Nachricht von der Entlassung meiner Mutter aus der Haft. Es sei ihr aber unmöglich, mich bei ihm aufzusuchen. Die Gefahr bestand, daß sie noch weiter beobachtet wurde. Sie müßte mich aber unbedingt sprechen. Da ich sie unmöglich zuhause aufsuchen konnte, arrangierte Herr Meffert eine Zusammenkunft an einem dritten Ort, an dem wir uns am nächsten Tage auch trafen.

Zu meiner Verwunderung war sie in Begleitung einer jungen Dame, zu schwach, um den Weg alleine zu gehen. Sie erklärte mir sofort, daß ich ungeniert in Anwesenheit der fremden Frau sprechen könne. Wider Erwarten war meine Mutter äußerlich, abgesehen vom blaßen Aussehen, kaum verändert. Sie wirkte abgestumpft, denn sie hatte drei schreckliche Monate verbracht. Ihre Behandlung war menschenunwürdig und darauf ausgerichtet, sie zusammenbrechen zu lassen, um dann die gewünschten Auskünfte um so leichter zu erhalten. Die Haft war so raffiniert angelegt, daß sie physisch nicht leiden mußte.

In den ersten zwei Wochen nach ihrer Einlieferung in die Marasli-Straße steckte man sie mit einer Anzahl anderer mitgefangener Frauen in einen Kellerraum, ohne sie auch nur ein einziges Mal zum Verhör zu holen. Das war nur die Vorbereitung. Meine arme Mutter mußte auf dem feuchten, kalten Boden, bedeckt nur mit wenig schmutzigem Stroh voller Ungeziefer, Tag für Tag hausen. Ihr Schicksal teilte sie mit ebenso unglücklichen Leidensgenossinnen, deren Familienangehörige ebenfalls gesucht wurden.

In dieser ersten Zeit wurden ihr nicht einmal Herrn Mefferts Päckchen übergeben. In voller Ungewissheit und mit schrecklicher Sehnsucht nach ihrem kleinen Jungen, besorgt um das Leben ihrer Mutter, die ja alleine und hilflos in ihrem hohen Alter zurückblieb, war meine Mutter am Ende der zweiten Woche dem Irrsinn nahe.

Einige Male bat sie die Wache, sie doch endlich zum Verhör zu holen, da sie vollständig unschuldig sei. Aber umsonst. Hinzu kamen die Foltergeräusche, die den Gefangenen jede Nacht ihr Schicksal vor Augen führten. In einem eigens für diesen Zweck ausgewählten Kellerraum wurden Nacht für Nacht gefangene »Feinde des Sozialismus« erschossen. Um den Lärm des Erschiessens einigermaßen zu dämpfen, liessen sie dort den starken Motor eines Motorrades laufen, um damit den Knall der Genickschüsse zu ersticken. Selbstverständlich schliefen die Gefangenen keine Sekunde mehr, sobald der Motorenlärm zu vernehmen war. Sie wußten nur zu gut, was dies zu bedeuten hatte, konnte doch das Knattern des Motors die Pistolenschüsse nicht ganz unterdrücken.

Dann folgte überraschend die erste Einvernahme meiner Mutter. Mitten in der Nacht rief sie die Wache aus der Zelle und führte sie in den zweiten Stock zum Verhör. Sie wurde in ein gut ausstaffiertes Zimmer gestossen, in dem hinter einem feudalen Schreibtisch ein junger Tscheka-Kommissar saß.

«Nun, Genossin», begann er, »sind Sie jetzt endlich bereit, die Verstecke Ihres Mannes und Sohnes bekanntzugeben?« Meine Mutter erwiderte verzweifelt, man solle ihr doch glauben, daß sie Witwe sei, ihr Mann sei gefallen, und vom Sohne könne sie nur annehmen, daß er sich im Ausland befinde. Der Kommissar leuchtete während des Verhörs mit einer starken Tischlampe direkt in ihr Gesicht und beobachtete sie scharf. »So, so«, fuhr er ironisch fort, »Sie lügen, Genossin! Ihr Sohn sitzt in diesem Gefängnis, und ich werde ihn holen lassen!«

Daß meine Mutter bei dieser Nachricht nicht zusammenbrach, blieb ihr selbst im nachhinein unerklärlich. In diesem Augenblick war es aber der Kommissar selber, der ihr den Bluff offenbarte: »Damit Sie nur wissen, Ihr Sohn hat uns bereits gestanden, wo sich der Vater verborgen hält. Sie, Genossin, müssen dies nur noch bestätigen, damit ich die beiden Aussagen vergleichen kann. Falls Sie uns nicht mehr anlügen, werden wir Sie sofort auf freien Fuß setzen.«

Da wußte meine Mutter, daß man mich nicht verhaftet hatte. Zudem wurde ihr klar, daß die Sowjets in erster Linie ihren Gatten suchten und nicht mich. Das erste Mal dankte sie Gott, daß ihr geliebter Mann nicht mehr am Leben war, denn welche Behandlung und welch ein Leben hätte er jetzt gehabt!

So wie man meine Mutter in den ersten vierzehn Tagen der Haft nie verhört hatte, so schleppte man sie von nun an Nacht für

Nacht zum Verhör. Erstaunlicherweise gewann sie durch diese Verhöre neue Kraft. Denn sie wußte jetzt, daß ich in Freiheit war. Auch ihre Befürchtungen um das Leben der Großmutter und ihres Kleinen klangen ab. Und genau so unerwartet, wie man die Verhöre begann, hörten sie plötzlich auf.

Fast einen Monat lang saß meine Mutter in der Tscheka, ohne daß man sich weiter um sie gekümmert hätte. Dann holte man sie und einige andere Frauen aus der Zelle. Die Gefangenen mußten ihre Habseligkeiten mitnehmen. Man führte sie in den Hof und steckte sie in den »schwarzen Raben«, ein Spezialauto für Gefangenentransporte. Bald darauf lud man sie alle im Staatsgefängnis ab. Die Inhaftierung dort verlief etwas ruhiger.

Die großen, noch aus der Zarenzeit stammenden Gefängnisbauten waren vollgestopft mit »Feinden der Sowjets«. Die meisten waren bereits Verurteilte, die entweder ihre Strafe absassen oder solche, die auf ihren Abtransport nach Sibirien oder Archangelsk warteten. Dann gab es noch einige richtige Verbrecher, welche die politischen Häftlinge mit Verachtung straften. Den Kriminellen konnte ja nicht viel geschehen.

Hier nun, in diesem Gefängnis, begegnete meine Mutter der jungen Dame, die sie heute zu unserem Treffen begleitete. Mit ihr hatte sie in einer überfüllten Zelle ihr Lager geteilt. Jeder einzelne Fall der dort zusammengepferchten Menschen war eine Tragödie für sich. Es gab wohl niemanden dort, der nicht um die wenigen, vielleicht noch am Leben gebliebenen Familienangehörigen bangte und deren eigenes Leben und Zukunft nicht in Trümmern zu liegen schien.

Hier und da mußten die Machthaber schon aus Platzmangel gewisse Säuberungen im Gefängnis vornehmen. Man lieferte ja ständig Neue ein, für die man keinen Platz mehr hatte. Ganz besonders an revolutionären Feiertagen (in unserem Falle war es der 1. Mai) wurden ganze Listen von amnestierten Gefangenen angeschlagen, die dank »proletarischer Großzügigkeit« vorzeitig entlassen werden sollten. Meine Mutter war niemals verurteilt worden. Weil die Tscheka aber nicht mehr wußte, was sie mit ihr anfangen sollte, befand auch sie sich unter den Entlassenen.

Mit ihr zusammen wurde auch ihre Leidensgenossin frei. Diese wurde ein Jahr zuvor zusammen mit ihrem Mann von der Tscheka bei einer Razzia in den deutschen Kolonien in der Nähe der bessarabischen Grenze gefangengenommen. Ihr Mann, der einzige Sohn eines bekannten Großgrundbesitzers in der Zentral-ukraine, war als Offizier auch in der weißen Armee gewesen. In den Zeiten des Hetmans Skoropadski war er Adjutant seiner Leibgarde. Er wurde von der Tscheka zum Tode verurteilt. Seine junge Frau, mit der er kaum ein Jahr verheiratet war, bekam als »Mithelferin« drei Jahre DOPR (Zwangsarbeitshaus). Die Roten behaupteten, sie besässen keine Gefängnisse mehr, sondern nur Arbeits-Anstalten zum Umerziehen von »früheren Menschen«!

Jetzt wurde die junge Frau als Witwe aus dem Gefängnis entlassen. Der Tscheka-Kommissar, der für sie scheinbar ein besonderes Interesse hatte, versuchte sie noch bei Bekanntgabe, daß ihr Mann die Nacht zuvor erschossen worden sei, zu trösten. Sein Sterben sei nicht so schlimm gewesen, sagte er, da er ja sowieso irrsinnig geworden war. Er wollte das deutlich dadurch erkannt haben, daß der Verurteilte vor dem Genickschuß im Keller der Tscheka die Zarenhymne zu singen begann...

Erschüttert folgte ich den Erzählungen meiner Mutter. Ich erkannte, daß sie jegliche Hoffnung auf Befreiung von den Kommunisten aufgegeben hatte. Abgesehen vom natürlichen Wunsch, mich nach der langen Haft wiederzusehen, lag ihr vor allem eine Bitte auf dem Herzen. Ich möge alles unternehmen, um, legal oder illegal, ins Ausland zu entkommen. Die legale Ausreise redete ich ihr aber aus, da ich bei Ausstellen eines Ausreisegesuches wohl eher in die Kellerräume der Tscheka als ins Ausland gekommen wäre. Aus Gewissensgründen und nicht aus Feigheit wollte ich nicht an eine illegale Flucht denken. Denn was sollte aus meiner Mutter, meinem kleinen Bruder und der alten Großmutter werden. Sollte ich sie allein und hilflos zurücklassen? Trotz aller Schicksalsschläge schmiedete ich damals schon Pläne, daß es mir eines Tages vielleicht gelingen würde, meine Familie nach Beendigung meiner Studien aus Odessa wegzubringen, um gemeinsam ein neues Leben zu beginnen; vielleicht in einer Stadt, in der man uns nicht kannte.

Da ich wußte, wieviel meiner Mutter ihr kleiner Sohn Wowa bedeutete, hielt ich ihr eindrücklich die grausame Gegenwart vor Augen. »Was wäre«, erklärte ich ihr, »wenn Du eines Tages plötzlich irgendwo nach Sibirien verschickt würdest und Wowa mit der alten, kranken Großmutter allein zurückbliebe? Wenn sie dann stürbe, wäre er mutterseelenallein.«

Dieses Argument überzeugte sie, denn in den Revolutionswirren haben Tausende und Abertausende von Kindern ihre Familien verloren. Vollkommen verwahrlost und auf sich selber angewiesen vagabundierten diese im Lande umher. Sie wurden »Besprisorni« genannt und lebten zum Teil in Banden, die bei Anbruch der Dunkelheit in abgelegenen Quartieren zumeist Frauen überfielen, um ihnen die letzten Habseligkeiten zu rauben. In den Trümmern der Außenquartiere Odessas hatten diese jungen Banditen, unter ihnen acht- bis zwölfjährige Knaben und Mädchen, ihre Schlupfwinkel. Sie führten dort ein schreckliches Leben, das zum Tagesgespräch der ganzen Stadt wurde. Sogar Kinder gebaren Kinder!

So beschlossen wir, daß ich meine Studien weiterführen sollte. Einige Tage später, als das erste Semester beendet war, fuhr ich mit einer Gruppe Studenten aufs Land, um in einer Forschungsgruppe die ersten Vermessungsarbeiten durchzuführen. Diese dauerten bis in den späten Herbst hinein. Zum ersten Mal war ich sicher, nicht mehr gesucht zu werden. Als roter Student arbeitete ich für die Sowjets und wurde somit als deren »Beamter« angesehen.

Die Arbeit war interessant und half mir auch, einigermaßen über die früheren Geschehnisse hinwegzukommen. Dann aber wurde ich durch einen Zufall an die früheren Zeiten erinnert. Zur Verstärkung einer anderen Gruppe schickte mich mein Vorgesetzter mit einigen anderen Studenten in eine weit abgelegene Gegend. Der Weg führte, wie ich während der Fahrt in der Kutsche erkannte, durch unser Dorf Fjodorowka. Mit eigenen Augen sah ich das Unfaßbare: Unser einst so prachtvoller Landsitz mit Herrschaftshaus und Ökonomiegebäuden, der für mich so viele der schönsten Jugenderinnerungen barg, war vollkommen dem Erdboden gleichgemacht. Man konnte nur noch einzelne schwere Granitblöcke, Reste und Fundamente erkennen. Das war alles. Mein seelischer Zustand war umso verzweifelter, als ich mit keinem meiner neuen Kameraden über meine schreckliche Entdeckung sprechen durfte. Ja, ich durfte mir nicht einmal etwas anmerken lassen.

Das neue Semester begann, und wie gewohnt lebte ich wieder bei Meffert. Aber nun begannen auch für ihn schwierige Zeiten. Sein Auftreten hatte bei der Regierung an Überzeugungskraft verloren. Auch seine Leibgarde existierte nicht mehr, und er befürchtete, daß ihm die Villa abgenommen würde. Die Zeit des Militärkommunismus mit all seinen grotesken Möglichkeiten war vorüber. Die Bolschewisten gingen einer neuen Ära entgegen...

Bei meiner Mutter zu Hause hatte sich inzwischen zum Glück nichts Schlimmes ereignet. Die GPU ließ sie in Ruhe. Die junge Dame, sie hieß Olga Alexandrowna, lebte nun bei ihr und war ihr im Haushalt behilflich. Unser kleiner Wowa ging schon in die Sowjet-Kinderschule. Der Großmutter jedoch ging es gesundheitlich von Tag zu Tag schlechter. Dies alles erfuhr ich bei meinem ersten Zusammentreffen mit meiner Mutter, die mich auch diesmal in Begleitung der jungen Dame bei Mefferts besuchte. Wie in guten, alten Zeiten versammelten wir uns im schönen Salon der Villa. Beim Gespräch im Familienkreis vergassen wir die ganze zerrüttete Umwelt. Olga Alexandrowna war reizend. All die schrecklichen Erlebnisse, die diese junge Frau mitgemacht hatte, waren nur vorübergehend imstande gewesen, das Leben in ihr auszulöschen. Ich erkannte sie jetzt fast nicht wieder. Sie war liebreizend und freundlich, ja, sie konnte sogar lachen, was wir alle in diesen Zeiten verlernt hatten. Sie behandelte meine Mutter wie die eigene.

Und so kam es, daß ich mich in sie verliebte. In mir wuchs die Gewißheit, die richtige Frau für eine gemeinsame Zukunft gefunden zu haben. Auch Mutter war irgendwie verändert, oder schien es mir nur so? Ich fand sie nicht mehr so niedergedrückt und traurig wie in der Zeit nach dem Tode ihres Mannes. Es war, als ob ihr das Zusammenleben mit dieser jungen Frau neue Kräfte zum Weiterleben gegeben hätte. Dies war für mich umso erstaunlicher, als unsere Gegenwart und Zukunft genauso gefahrvoll und unsicher war wie früher. Wahrscheinlich spiegelten sich in meinen Augen meine Gefühle wieder, weil meine Mutter mir lächelnd beim Abschiednehmen zuflüsterte: »Nun, Genitschka, wie hat Dir denn die liebe Olga Alexandrowna gefallen, ist sie nicht reizend?«

Eine Woche später war ich mit ihr verheiratet. Heiratsschliessungen waren jetzt einfach. Entweder lebte man einfach im Konkubinat zusammen oder wickelte die offizielle Eheschliessung ohne große Formalitäten in wenigen Minuten ab. Es genügte, daß zwei Heiratswillige ins SAGS (Standesamt) gingen und dort ohne jegliche Dokumente den Trauschein erhielten.

Diese »Freiheit« führte Jahre später zu unhaltbaren Zuständen, weil Scheiden noch leichter war als Heiraten. Es reichte vollauf, wenn einer der Partner den Antrag stellte. Der Scheidungs-ausweis wurde sofort ausgestellt! Der andere Ehepartner erhielt eventuell später per Post davon Kenntnis. Die erste wie die zweite »Prozedur« kostete damals drei Rubel, was ungefähr dem Wert eines Pfund Brotes entsprach. Waren aus der Ehe Kinder hervorgegangen, verblieben sie bei der Mutter. Der geschiedene Ehemann wurde in diesem Falle verpflichtet, Alimente zu bezahlen. Obwohl lächerlich niedrig angesetzt, war es den zum Zahlen verurteilten Vätern ein leichtes, sich davor zu drücken, indem sie einfach in eine andere Stadt gingen und so nicht mehr auffindbar waren. Dies wurde von vielen auch weidlich aus-genützt.

Hinzu kam, daß eine solche Sowjet-Eheschliessung die Partner nicht verpflichtete, den gleichen Namen zu tragen. So ging es manchmal aus Gerichtsverhandlungen hervor, daß Gauner es fertigbrachten, in einer Woche nicht weniger als sechsmal zu heiraten und sich wieder zu scheiden. Sie wurden aber nicht des-wegen angeklagt, sondern weil sie ihre »glücklichen Ehefrauen« sofort nach der Hochzeitsnacht unter Mitnahme der Habselig-keiten verliessen. Erst Jahre später wurden diese Zustände gemildert, indem die Eheschliessungs- und Scheidungsgebühren um das Zehnfache erhöht wurden.

Da meine Frau tief religiös war und wir beide dem russisch-orthodoxen Glauben angehörten, war es unser großer Wunsch, auch noch kirchlich getraut zu werden. Für uns aber war dies undurchführbar. Die russische Kirche hatte seit der vollständigen Besetzung Rußlands durch die Bolschewisten schrecklich gelitten. Sie wurde dauernd verfolgt und angepöbelt von jungen Kom-munisten und einer gottlosen Organisation namens Besbognik, die auch vor Tätlichkeiten gegen Priester nicht zurückschreckte. Kirchliche Trauungen lenkten die sofortige Aufmerksamkeit der Sowjets auf einen. Nur einfache Bauern konnten dies riskieren und nur in einer der wenigen, wie durch ein Wunder übriggebliebenen Kirchen.

Lenin hatte verkündet, daß Religion Opium fürs Volk sei. Zudem stellten sich die Priester immer auf die Seite der Feinde der Kommunisten. Deshalb wurde die Kirche auch immer verfolgt. Unser weiteres Verbleiben bei der Familie Meffert, meine Frau lebte inzwischen auch hier, wurde mit jedem Tag unsicherer. Nicht nur die Sowjets, sondern auch Teheran anerkannten Herrn Meffert nicht. Aus diesen Gründen sah ich mich rechtzeitig nach einer Wohnung um. Die einzige Möglichkeit war, ein Zimmer in einer sogenannten kommunalen Wohnung zu erhalten, aber auch dies war sehr schwierig.

Nach langem Suchen gelang es mir endlich doch, einen halbdunklen Raum in einer großen Siebenzimmer-Wohnung zu ergattern. Das ganze Haus gehörte früher einem pensionierten Bankbeamten. Man kann nicht sagen, daß dieser reich gewesen wäre, denn außer der Liegenschaft und der Pension verfügte er über keine weiteren Mittel. Trotzdem wurde sein Haus, da ja kein Privateigentum mehr bestand, nationalisiert und enteignet. Ja, selbst von der Siebenzimmer-Wohnung ließ man ihm nur zwei Zimmer. In einem lebte er mit seiner Frau, das andere wurde von seiner jungen Tochter bewohnt. Seine Pension wurde selbstverständlich auch gestrichen, denn die Bolschewisten übernahmen aus Prinzip keine Verpflichtungen aus früheren Zeiten. Alle anderen Zimmer der Wohnung wurden konfisziert und den verschiedensten Personen zugeteilt. Dort hausten diese nun, in jedem Zimmer eine Familie.

Im Sommer wurde die einzige Küche von allen Bewohnern benützt. Während der Kochzeit verursachten die sechs Gaskocher einen derartigen Lärm und Gestank, daß man sich in einer mechanischen Werkstätte wähnte. Nur selten war es in kommunalen Wohnungen friedlich. Gewöhnlich waren die Untermieter untereinander verfeindet, bildeten Gruppen und machten sich das Leben gegenseitig zur Hölle. Wir erlebten, daß irgend jemand aus purer Rachsucht und hinterlistiger Bosheit eine tote Ratte in den Kochtopf einer anderen Mitbewohnerin warf!

Im Winter veränderte sich das alles. Mangels Heizmaterials wurden die Häuser trotz größter Kälte nie mehr geheizt. Jeder verkroch sich buchstäblich in seinen vier Wänden. Wer konnte, verschaffte sich einen eigenartigen Ofen namens »Bourguika«, ein kleiner Herd, der nicht nur zur Beheizung, sondern auch zum Kochen diente. Er war sehr sparsam im Verbrauch von Heizmaterial, dafür zog er sehr schlecht. Durch die zugeklebten Fenster konnte keine frische Luft ins Zimmer gelangen, und so entstand eine unerträgliche Atmosphäre. Und doch waren meine Frau und ich in dieser Zeit sehr glücklich.

Diese kommunale Wohnung befand sich in unmittelbarer Nähe der so gefürchteten Marasli-Straße. Trotz allem bisher Erlebten vergaßen meine Frau und ich die drohende Gefahr. Vielleicht, weil ich mir einbildete, daß ich als roter Student mindestens als Mitläufer der Sowjets anerkannt wurde? Oder war es einfach meine glückliche Ehe, die uns alle Gefahren vergessen ließ?

N E P (neue ökonomische Politik)

Die Regierung führte in dieser Zeit eine neue Wirtschaftsordnung ein, die sie aus der katastrophalen Wirtschaftslage herausführen sollte: die NEP. Der Militärkommunismus mit seinen Schikanen, Konfiskationen, die katastrophale Hungersnot 1920/21 in der Ukraine mit all ihren Folgen brachten das ganze Land an den Abgrund. Nicht einmal der Bauer bestellte mehr sein Land. Er arbeitete nur gerade so viel, als er unbedingt für sich und seine Familie zum Leben brauchte. Denn er war es schon gewohnt, daß die Sowjetprodraswerstka ihm alles unentgeltlich wegnahm.

Das Papiergeld hatte jeglichen Wert verloren und totale Inflation war die Folge. Alle Anstrengungen der Regierung, durch staatliche Organisation wenigstens eine Schein-Handelsordnung zu schaffen, schlugen fehl, so daß sich das Politbüro in Moskau entschloß, den Privathandel wieder zu erlauben. Die hohen Funktionäre der Partei mußten zugeben, daß Rußland ohne Privatwirtschaft nicht zu helfen war. Dies bedeutete eine Wende um 180 Grad gegen die Grundlage der kommunistischen Lehre. Der einfache russische Mensch glaubte jahrelang und auch später noch, daß diese Massnahme eine persönliche Idee Lenins zur Rettung Rußlands gewesen sei. Die Partei aber erklärte mit dem ihr angeborenen Zynismus, dies sei nur ein Mittel zum Zweck! Wie dem auch sei, dies war die Zeit, in der viele der bisherigen Gegner des Sowjetstaats zu Anhängern wurden.

Der neue Sowjetrubel, der Tscherwonez, der die Inflation beendete (obwohl er gewiss nicht mit Gold gedeckt war), erwarb sich beim Volk ein solches Vertrauen, daß das frühere zaristische Goldstück, unter der Hand gehandelt, dem gleichen Wert eines Tscherwonez-Papierscheins entsprach.

Zu dieser Zeit, ganz besonders zu Beginn, konnte man – auch politisch gesehen – leichter leben. Die Verfolgungen der inneren Feinde hörten zwar nicht auf, liessen aber doch nach. Die Tscheka, die inzwischen in GPU umgetauft wurde, hatte etwas, wenn auch sehr wenig, von ihrem schlechten Ruf verloren. Odessa blühte wieder auf. Es entstand eine neue Klasse Menschen, die der russische Volksmund »Nepmann« nannte. Unternehmungslustige mieteten bei den Sowjets die bis jetzt leergestandenen Läden, und schon füllten sich die Schaufenster mit den verschiedensten Waren. Der Bauer konnte sein Land ruhiger bestellen, ja, er konnte noch mehr Land in Pacht nehmen. Dies wurde sogar begünstigt. Wie durch ein Wunder blühte die Agrarwirtschaft praktisch aus dem Nichts wieder auf.

Der Arbeiter in den Städten aber hatte immer noch nicht viel zu tun, und sein Lohn war äusserst niedrig. Kein Wunder, da die Fabriken weiter verstaatlicht blieben. Es gab auch damals noch eine große Zahl von Arbeitslosen, da viele Industrien immer noch lahmgelegt waren. Die Angehörigen der Armee und die Sowjetangestellten waren aber nicht unbedingt die Nutzniesser der neuen Wirtschaftspolitik. Sie schauten deshalb mit neidischen Blicken auf diese neuentstandene kapitalistische Klasse. Insgeheim bekämpften sie das neue System, nach außen mußten sie selbstverständlich zu den Parteibefehlen stehen. Natürlich ging die Einführung der NEP auch innerhalb der hohen Parteisphären nicht reibungslos vonstatten. Das Politbüro verstand es aber ausgezeichnet, jeglichen Widerstand im Keime zu ersticken. Die Bolschewisten bemühten sich nun, ihre früheren politischen Gegner im ausländischen Exil für eine Rückkehr zu gewinnen. Viele heimwehkranke Exil-Russen warteten doch nur auf die erstbeste Möglichkeit, in die geliebte Heimat zurückkehren zu können. Dieser Versuch der Sowjets sollte in erster Linie ein Schritt zur Verständigung mit dem Auslande sein. Man wollte erreichen, daß der dauernden Antisowjet-Propaganda ein Ende gesetzt werde. Diese wurde vor allem von den Weißgardisten geführt und erschwerte die Annäherung zwischen den kapitalistischen Ländern und der Sowjetunion. Es kamen aber nur diejenigen zurück, die Ihre Familienangehörigen in Rußland zurückgelassen hatten. Die Masse der Weißrussen blieb in der Emigration, da sie den Versprechungen der Kommunisten keinen Glauben schenkte.

Meine Studien gestalteten sich inzwischen erfolgreich. Die Kameraden der Hochschule waren eigentlich anständige Kerle, mit Ausnahme einiger Elemente, für die das Wort »Technik« ein Fremdwort war und die nur aufgrund ihrer proletarischen Abstammung und politischen Einstellung dort zugelassen waren.

Ein Großteil meines Umgangs entstammte noch der früheren Intelligenzschicht. Aber der Begriff der Kameradschaft aus der Gymnasialzeit existierte nicht mehr. Dies war nur zu verständlich, da Debatten und Meinungsaustausch über individuelle Themen oder gar kritische Stellungnahmen zu schlimmen Resultaten führen konnten. Keiner konnte dem anderen mehr trauen. Individualität war im wahrsten Sinne des Wortes ein Fremdwort geworden.

Es gab nur zwei Überlebensmöglichkeiten: Entweder schloß man sich total von allem ab und spielte den gehorsamen Mitläufer (was später in Fleisch und Blut übergehen sollte) oder wurde, wie der Großteil der Studenten, zu einem blinden, aber um so leidenschaftlicheren Anhänger des Systems. Es gab natürlich Ausnahmen. So konnte es vorkommen, daß irgendein junger Enthusiast in einem Anfall von Selbstbewußtsein zaghafte Kritik übte an dem im Kommunismus häufig auftretenden Mißverhältnis von Theorie und Praxis. Es dauerte aber jeweils nicht lange, bis solche Zweifler von der Bildfläche verschwanden.

Materiell hatten wir es während meiner Studienzeit sehr schwer. Wir besaßen fast nichts mehr. Das gesamte Vermögen war uns abgenommen worden. Nicht einmal das Mobiliar unseres Hauses in Odessa konnte meine Mutter retten. Es blieben ihr einzig der Familienschmuck, der sie die Revolution heil überstehen ließ. Aber es waren schon einige Jahre ohne jegliches Einkommen vergangen, und übriggeblieben war nicht mehr viel.

Meine Frau besaß nichts mehr, nachdem ihr der Schmuck von der Tscheka bei ihrer Verhaftung einfach weggenommen worden war. Obwohl das neu eingeführte NEP-System jeden Handel, ja sogar Spekulationen erlaubte, wurde ich kein »Nepmann«, da ich hierfür keine erforderlichen Talente besaß. Und die waren unbedingt notwendig, da nur ganz gerissene Subjekte Erfolg haben konnten. So blieb mir nichts anderes übrig, als mich in meiner Freizeit nach einem handwerklichen Nebenberuf umzusehen.

Wie alle Russinnen ihrer Zeit, so war auch meine Mutter eine große Liebhaberin eleganter Schuhe. Bei ihrem früheren Lieferanten Wolkodaff, einem ganz erstklassigen Schuhmacher Odessas, bekam ich die Erlaubnis, drei Wochen lang seiner Arbeit zuzuschauen. Sein Geschäft war durch die Revolution ruiniert, und er bediente nur noch einige wenige übriggebliebene Kunden.

Das war also meine Lehrzeit, die es uns erlaubte, zwei Jahre lang meine Studien fortzusetzen und zu existieren. Unser gesamter Bekanntenkreis und viele andere trugen von mir persönlich angefertigte Schuhe.

Aus folgendem Grund nannten wir sie »die Musikalischen«: Mit typisch slawischem Leichtsinn schafften wir uns als erstes ein Klavier an, das wir als billige Occasion erstanden. Damals hatten Klaviere im Winter gerade ihren Heizwert, im Sommer überhaupt keinen. Wir schliefen hingegen noch auf einer zerrissenen Matratze, die wir auf dem Estrich fanden. Zu unserem Bekanntenkreis zählte die aus Charkow geflüchtete Familie des Ingenieurs Kigimoff, dessen Frau, gleich der meinen, das Konservatorium in Charkow beendet hatte. Während ich nun am Abend dasaß und meine Schuhe bastelte, spielten die beiden Damen vierhändig Stücke von Tschaikowsky, Musorgskij und Borodin. Dies war die Begleitmusik bei meiner Arbeit, und so bekamen die von mir angefertigten Schuhe den Spitznamen »die Musikalischen«.

Für meine Frau war die Musik das Leben. Sie vergaß in diesen Stunden ihre ganze Umwelt und ganz besonders die schlimmsten Zeiten, die sie und ihre Familie durchgemacht hatten. Sie entstammte einer alten, adeligen Militärfamilie. Ihr Vater, ein Oberst im Ruhestand, stellte sich am ersten Kriegstag freiwillig der Armee zur Verfügung und machte den ganzen Ersten

Weltkrieg mit. Zu seinem Glück erlebte er die Februar-Revolution nicht, sondern fiel einige Tage vorher an der Front.

Für meine Frau brach mit seinem Tod eine Welt zusammen, denn sie hing sehr an ihm. Es sollte noch schlimmer kommen: Als die Revolution ausbrach, war ihr kleiner Bruder in der ersten Abteilung der Charkower Kadettenklasse. Im Wirrwarr der Revolution von 1918 verlor sie ihn, und er blieb für immer verschollen. Und dann wurde auch noch ihr erster Mann von den Bolschewisten erschossen.

Ganz nach den Sitten des früheren russischen Adels war sie ein hochgebildetes, intelligentes und sprachgewandtes Wesen, leider aber nicht praktisch veranlagt und deshalb für das harte Leben vollkommen ungeeignet. Wir lebten wie Bohemiens, was mir aber nichts ausmachte, da mir das bedeutend lieber war als das gehetzte Leben in der Illegalität.

Wiedersehen mit Moskau

Im Frühjahr 1925, vierundzwanzig-jährig, beendete ich meine Studien. Schon damals war es so, daß die neugebildeten Spezialisten irgendeinem Sowjetunternehmen zugeteilt wurden, noch ehe sie ihr Diplom erhielten. Ich sollte im Uralgebiet eingesetzt werden, in einer abgelegenen Provinz. Dies war aber gar nicht nach meinem Sinne, da ich vorhatte, mit meiner Frau und der Mutter nach Moskau zurückzukehren. Ich folgte der Aufforderung nach dem Ural somit nicht, was damals noch möglich war (in späteren Zeiten undenkbar). Um mich über meine Zukunftsaussichten an Ort und Stelle zu informieren, unternahm ich deshalb eine Reise nach Moskau.

Seit Jahren sollte ich jetzt zum ersten Mal wieder den Zug besteigen. Nach all den schrecklichen und chaotischen Revolutionsjahren erwartete ich das Schlimmste. Mein Erstaunen war um so größer, als ich feststellen mußte, daß Ordnung, Sauberkeit und Pünktlichkeit selbst die Zustände der zaristischen Zeit übertrafen. Nur das Reisepublikum hatte sich geändert. Jetzt war der Zug mit lauter, zum Teil eigenartigen Genossen bevölkert. Vorbei die Zeit der eleganten Reisenden. Abgeschafft war auch das Klassensystem. Anstelle der I., II. und III. Klasse gab es jetzt nur noch sogenannte harte und weiche Plätze.

Nach Fahrplan, auf die Sekunde genau, traf ich in Moskau auf dem Brianski-Bahnhof ein. Das alte, mir bekannte Bild von Moskau hatte sich zu dieser Zeit noch nicht viel verändert. Nur die vielen Passanten in den Straßen, der große Verkehr und Menschen, die wie Trauben an den Tramwagen hingen, machten mir wirklich klar, daß Moskau inzwischen zur Metropole Rußlands geworden war. Demgegenüber hatte sich Odessa zu einem kleinen Dorf zurückentwickelt.

Hier sah ich auch etwas ganz Neues: Zur Linderung der großen Wohnungsnot Moskaus wurden die Häuser umgebaut. Alles, was ich seit der Revolution erlebte, waren immer nur Zerstörungen gewesen. Und nun sah ich zum erste Mal den Beginn einer Aufbauarbeit. Diese konnte anfänglich nur so durchgeführt werden, daß man die alten, seit Jahrzehnten stehenden Häuser aus der Zarenzeit aufstockte. Dies war sehr oft möglich, weil die Fundamente und Wände dieser Häuser seinerzeit nicht nach Tragfähigkeit berechnet waren, sondern nach der Zahlungskraft des Besitzers. So wurde eine ganze Anzahl zwei- bis dreistöckiger Häuser, früher Besitztümer ganz reicher Kaufleute, um drei, ja sogar um vier Etagen aufgestockt, ohne das Fundament zu verstärken! Trotz all dieser Anstrengungen und der später folgenden großen Neubauten gelang es nie, der katastrophalen Wohnungsnot Herr zu werden. Das Bild der Wohnungsnot Moskaus vor dem Zweiten Weltkrieg ist so am einfachsten aufzuzeigen: Jedes Fenster bedeutete damals die Wohnstätte einer ganzen Familie!

Mein erster Schritt bestand darin, meine Großeltern väterlicher-seits aufzusuchen, von denen ich nicht wußte, ob sie noch am alten Ort lebten. Mit dem überfüllten Tram Nummer 4 gelangte ich an die Miasnickaia-Straße, von wo aus ich in den Armianski-Pereulok an das große Haus meines Großvaters kommen konnte. War er noch dort? Jeglicher Kontakt war ja seit dem Besuch unseres Dieners Fjodor abgebrochen. Erstaunlicherweise hatte sich diese kleine Straße überhaupt nicht verändert, und das große Haus, der frühere Besitz des Generals Abamelek-Lasareff, sah noch genau so aus, als hätte ich es gestern erst verlassen. Leider war das aber nur äußerlich so.

Der Portier war immer noch der alte Iwan aus vergangenen Zeiten. Er begrüßte mich herzlich und freute sich riesig über das unerwartete Wiedersehen. Von ihm erfuhr ich, daß meine Großeltern mit meiner Schwester Vera noch im Jahre 1918 in die Schweiz verreist waren. Mein Großvater dachte damals, in einigen Monaten wieder zurückzukehren und überließ sogar die Schlüssel dem Portier. Kein einziger der früheren Mieter be-wohnte jetzt mehr dieses riesige Haus. In den sechs Zimmern der Wohnung meiner Großeltern wohnten jetzt sechs kommunisti-sche Familien, also eine Familie pro Zimmer. Das gesamte Mobiliar hatte man für diese beschlagnahmt. Es wurde mir nicht einmal gestattet, auch nur in den Korridor einzutreten. Mit Tränen in den Augen schaute mich Iwan an und erinnerte sich der guten alten Zeiten.

Neugierig erkundigte er sich, wo ich geblieben war und was ich bis jetzt gemacht hätte. Von ihm erfuhr ich zu meiner Über-raschung, daß mein Vater in Moskau sei, den er vor kurzem erst gesprochen hatte. Wörtlich sagte er mir: »Ja, Ihrem Vater geht es sehr gut. Er hat die Zeiten als Zarenarchitekt schon vergessen und es verstanden, sich mit den neuen Machthabern auf guten Fuß zu stellen. Soviel ich weiß, hat er ein zerstörtes Haus in der

Bolschaia-Sadowaja gepachtet und es auf eine Anzahl Klein-
wohnungen umgebaut, die er einzeln den Nepmanns verkaufte.
Sie können sich ja vorstellen, was er dabei verdient.«

Es war schon dunkel, als ich zu Fuß mit meinem kleinen
Köfferchen bei der von Iwan genannten Adresse meines Vaters
ankam. Von außen war es ein kleines, zweistöckiges Gebäude, in
dem früher irgendeine kleine Werkschule war. Es machte absolut
keinen renovierten Eindruck. Mit Mühe und Not fand ich endlich
den Eingang, nachdem ich zuerst einen kleinen, schmutzigen Hof
durchqueren mußte. Eine schiefe Holztreppe führte in den
zweiten Stock. An der einzigen Türe dieser Etage entdeckte ich
endlich die Visitenkarte meines Vaters. Nach meinem Läuten
öffnete zu meinem großen Erstaunen ein junges Mädchen die
Türe, die wie eine Kammerzofe aus einer Operette aussah. Bekleidet mit einem Seidenkleid, weißem Spitzenhäubchen und
Schürze, erkundigte es sich nach meinen Wünschen und hieß
mich inzwischen eintreten.

Im ersten Raum, einer großen, schön ausgebauten Küche, war
eine Köchin mit der Zubereitung eines offensichtlich opulenten
Mahls beschäftigt. Ich bat darum, meinen Vater sprechen zu
dürfen. Das Erstaunen und die Freude der beiden Angestellten
war aufrichtig, wie es der russischen Mentalität entspricht: »Sind
Sie wirklich der Sohn des Iwan Iwanowitsch? Gott, wird Ihr Papa
Freude haben! Treten Sie nur schnell näher, ich werde Sie gleich
melden.«

Ich folgte ihr in den nächsten Raum und blieb erstaunt stehen. Es
war zwar nur ein Vorraum zu weiteren Zimmern, aber so
prachtvoll ausgestattet, wie ich es früher nur in den Schlössern
zur Zarenzeit gesehen hatte. Der Kontrast zwischen diesem
Raum und der Außenansicht des Hauses konnte größer nicht
sein. Es blieb mir kaum Zeit, dies zu verkraften, als ich nebenan
die Stimme meines Vaters hörte, der, sichtlich verblüfft,

wiederholt sagte: »Was, mein Sohn ist da?« Im nächsten Augenblick durfte ich ihn umarmen. Er hatte sich eigentlich nicht stark verändert, nur sein Bart, den er nach alter, russischer Sitte trug, war ergraut. Zu meiner Überraschung war er sogar noch eleganter gekleidet, als ich ihn von früher her kannte. Es schien mir, daß es auch ihn wirklich freute, mich wiederzusehen. Aber irgendwie wirkte er doch verlegen: »Gut, daß Du gerade zu dieser Zeit kommst, wir sitzen am Tisch. Komm, ich stelle Dich vor.«

Das Esszimmer war – wie der Vorraum – mit wunderschönen Möbeln ausstaffiert. Eine antike Bonbonnière fiel mir besonders auf. Am prachtvoll gedeckten runden Tisch sassen drei Personen: eine noch junge, elegant gekleidete Dame und ein Herr mittleren Alters, dessen Aussehen schon von weitem die Zugehörigkeit zur neuentstandenen Nepmann-Klasse verriet.

»Nun, Vera Michailowna«, sagte mein Vater lächelnd zur jungen Dame, »darf ich Dir Deinen Sohn vorstellen?« Und zu mir gewandt: »Damit Du verstehst, das ist meine Frau, also Deine neue Mutter.« Dann stellte er mich noch dem anwesenden Herrn vor, der hier zu Gast war. Offen gestanden hatte ich seit sieben Jahren nicht mehr an einem solchen Tisch Platz genommen. Nach dem Essen wurde uns von der Zofe im Salon der Kaffee serviert, und ich mußte meine Geschichte erzählen. Bis spät in die Nacht dauerte unser Gespräch. Obwohl es mir niemand zu verstehen gab, merkte ich, daß unsere Erlebnisse und unser Leiden in der Ukraine als unerwünschte Phantasien angesehen wurden. Ich fühlte, daß ich keine gutgesinnten Zuhörer hatte und daß ich weder innerlich noch äußerlich zu ihnen paßte. Ich erklärte meinem Vater den Grund meiner Moskau-Reise. Er lud mich ein, für die Dauer meines Aufenthalts bei ihm zu wohnen.

Schon in den nächsten Tagen wurden mir meine Vermutungen zur Gewißheit. Ich erfuhr, wer meine »neue Mutter« war, und ich verstand auch, wieso ich ihr gegenüber von Anbeginn an ein ungutes Gefühl hatte. Noch vor wenigen Monaten war sie die Gattin eines hohen Tscheka-Kommissars, der an einer Infektionskrankheit gestorben war. Vor seinem Tode machte mein Vater seine und ihre Bekanntschaft in einem Restaurant.

Seine neue Frau stammte aus einer armen, jüdischen Familie aus Weißrußland. Sie behauptete, ihr Vater sei als politischer Häftling vom Zaren 1905 nach Sibirien verbannt worden, nach der Revolution aber zurückgekehrt. Er erhielt den Titel »Politkatorganin«, der es ihm zusammen mit einer staatlichen Pension gestattete, sein Leben unabhängig und in Ruhe zu geniessen. Solche ehemaligen politischen Häftlinge des Zarismus hat man nach der Sowjetrevolution zu einer Art »Generäle der Revolution« ernannt. Ob ihr Vater wirklich ein Revolutionär im wahren Sinne des Wortes war, möchte ich sehr bezweifeln. Wer versuchte nicht, sich nach der Revolution durch manchmal recht zweifelhafte Behauptungen Vorteile zu verschaffen!

Auf jeden Fall war meine neue Mutter eine felsenfeste Kommunistin – mit einer doch recht bourgeoisen Einstellung im privaten Leben. Jetzt verstand ich auch, daß ich ihr als ehemaliger Weißgardist zumindest sehr unerwünscht sein mußte. Diese Angelegenheit war mir persönlich äußerst peinlich, nicht nur deswegen, daß ausgerechnet mein Vater mit einer solchen Frau sein neues Leben gegründet hatte, sondern auch weil ich so leichtsinnig meine Erlebnisse preisgegeben hatte.

Die sieben Jahre Sowjetherrschaft haben mich gelehrt, in privaten Gesprächen äußerst vorsichtig zu sein, sobald unbekannte Personen daran teilnahmen. Aber wie konnte ich vermuten, daß ausgerechnet bei meinem Vater solche Vorsicht dringend am Platze gewesen wäre? Um ehrlich zu sein, ich hatte Angst und wußte nicht, ob ich noch zu meiner Familie nach Odessa zurückkehren konnte oder nicht.

Mein Ziel verfolgte ich trotz alledem, stellte aber bald fest, daß von einer Anstellung in Moskau keine Rede sein konnte. Einerseits herrschte Arbeitslosigkeit, andererseits ein nie dagewesener Protektionismus, der mir sofort alle Illusionen nahm. Ohne eine »hilfreiche Hand« in irgendein Sowjetinstitut zu gelangen, war unmöglich. Noch viel schlimmer war die Lage auf dem Wohnungsmarkt, undenkbar, selbst irgendein früheres Badezimmer als Wohnraum zu erlangen. Mir aber Wohnräume zu kaufen, dazu fehlten mir die Mittel. Von meinem Vater erfuhr ich auch die gängigen Preise. Er hatte gerade die letzte von ihm ausgebaute Zweizimmer-Wohnung im gleichen Stockwerk für 30'000 Rubel einem sehr erfolgreichen Nepmann verkauft.

Ich durchstreifte die Straßen Moskaus, um vielleicht doch noch irgend etwas zu finden. Konnte ich vielleicht einige meiner vielen Schulkameraden aus früheren Zeiten ausfindig machen? Bei keiner einzigen Adresse war jedoch jemand zu finden. Es sah so aus, als ob Moskau neu bevölkert worden wäre.

Nur einmal traf ich zufällig auf der Straße beim Kusnetcki-Most im Stadtzentrum einen früheren Schulkameraden. Es war der Sohn einer der reichsten Moskauer Familien, Rastorgujeff, der früher in einer Luxus-Limousine ins Gymnasium gefahren wurde. Diese Begegnung endete aber recht unerwartet. Auf meinen freudigen Ausruf »Hallo, Rastorgujeff« hin, verschwand dieser jetzt schäbig gekleidete junge Mann sofort von der Bildfläche. Er hat mich sicher erkannt.

Noch ganz verstört durch das eigenartige Verhalten meines früheren Kameraden ging ich in Richtung des Bolschoj-Theaters und stand plötzlich vor der Haupteingangstüre des früher so bekannten und beliebten Warenhauses Mür & Merilies. In Gedanken vertieft betrat ich es. Das riesige Unternehmen war innen vollkommen leer. Es wunderte mich, was die vielen Besucher und einzelnen Verkäuferinnen dort überhaupt taten. Das war eben damals die Zeit, in der die Regierung versuchte, ihren eigenen Staatshandel in Schwung zu bringen. Mit dem privaten Handel der »Neps« konnten sie auf keinen Fall konkurrieren. Die mit Waren überfüllten Läden der Nepleute standen in krassem Gegensatz zu den staatlichen Läden. Durch dauernde Unterschlagungen, Mißwirtschaft und Bestechung war das Angebot in den staatlichen Betrieben schlecht.

Im zweiten Stock des Warenhauses stand ich plötzlich vor zwei prachtvollen, antiken Vitrinen. Beide waren leer, und ich glaubte zuerst, sie gehörten zum Inventar des Ladens. Aber irgendwie kamen mir die Vitrinen bekannt vor. Wo hatte ich sie nur schon gesehen? Während ich noch nachdenklich dastand, klopfte mir unvermittelt jemand auf die Schulter und sagte »Mein Lieber, Sie auch in Moskau?« Ich drehte mich um und stand vor Herrn Meffert; jetzt ging mir ein Licht auf, woher ich diese Vitrinen kannte.

Bald erfuhr ich, warum er in Moskau war. Sein weiteres Verbleiben als »Konsul« in Odessa war nicht möglich gewesen. Man hatte ihn aus der Villa entfernt, gab ihm aber noch anstandshalber ein Zimmer in einer kommunalen Wohnung. Er konnte noch einzelne kostbare Möbelstücke aus der Villa dorthin retten. Schon rein äußerlich stellte er nun auch nicht mehr den persischen »Konsul« dar. Vor mir stand ein gewöhnlicher, schäbig aussehender Sowjetbürger. Auch war er nicht der Mensch, um vom NEP profitieren zu können, und so lebte er vom Verkauf der geretteten Gegenstände. Da in Odessa kein Markt für diese Sachen bestand, war er gezwungen, die Wertgegenstände nach Moskau zu überführen und sie kommissionsweise dem Warenhaus zum Verkauf zu übergeben.

Gemeinsam verliessen wir dieses und kehrten im nächsten Restaurant ein, wo wir uns nach alter russischer Sitte unter vier Augen und etlichen Gläsern Wodka unsere Sorgen ausschütteten. Aus Mefferts Erzählungen erkannte ich deutlich, daß die Hoffnung ihn verlassen hatte. Das einzige, was ihm offensichtlich noch etwas bedeutete, war der Alkohol. Kurz vor unserem Abschied sagte er mir noch: »Die Zeiten ändern sich. Alle unsere Hoffnungen, daß in Rußland je wieder ein gerechtes Leben stattfinden wird, sind zunichte gemacht. Ich habe einen großen Fehler gemacht, daß ich seinerzeit nicht ins Ausland geflohen bin, sondern meine Operettenrolle in Odessa spielte. Der beste Rat, den ich Ihnen geben kann, ist, diesen Irrsinn sobald wie möglich zu verlassen und in das Reich Ihrer Väter zu gehen. Ich weiß, Sie werden mir antworten, daß Ihre Familienangehörigen Russen sind, die Sie nicht mitnehmen dürfen und denen Sie helfen wollen. Aber glauben Sie mir, Ihr Opfer ist zwecklos. Sie können für Ihre Angehörigen im Notfall gar nichts tun. Ich habe genug Erfahrungen im Verkehr mit Sowjetstellen.« Wir verabschiedeten uns. Ich konnte damals nicht wissen, daß ich ihn das letzte Mal sah und daß seine Prophezeiungen, wenn auch viel später, zutreffen sollten.

Warum, so überlegte ich mir, verliere ich denn in Moskau meine Zeit? Es wurde mir immer klarer, daß ich hier doch nichts erreichen konnte. So teilte ich meinem Vater mit, daß ich bald abreisen würde. Bildete ich mir ein, daß ihm ein Stein vom Herzen fiel? Sogar Vera Michailowna, die mir gegenüber eine eigentümliche Haltung angenommen hatte, wurde plötzlich sehr freundlich.

An jenem Tage waren zufällig einige Bekannte meines Vaters zum Nachtessen bei uns. Die Gesellschaft versammelte sich gerade am runden Tisch des Esszimmers, als plötzlich die Zofe zwischen den Portièren des Salons erschien, um meinem Vater zwei Besucher anzumelden. Im selben Augenblick wurde sie brutal zur Seite gestossen und zwei schwerbewaffnete, maskierte Männer sprangen in den Raum.

«Hände hoch – ruhig sitzen bleiben. Wer sich bewegt, wird sofort erschossen.« – »Du Genosse, bleibst hier«, sagte der Anführer zum anderen, übergab ihm eine Handgranate, die uns allen aus der Revolution so gut bekannte »Limonka«. – »Und sollte jemand nur eine Bewegung wagen, so wirf sie in die Mitte der Bande!« Daraufhin verschwand er.

Bald darauf vernahmen wir Geräusche aus den Wohnungen nebenan. In kurzen Intervallen führte man einen Hausbewohner um den andern in unser Esszimmer. Offensichtlich waren eine ganze Anzahl Verbrecher am Werk. Alle waren schwer bewaffnet und trugen merkwürdigerweise neue Galoschen. Daraus schlossen wir, daß es sich um Profis handelte, die sich auf diese Weise vor der Verfolgung durch Polizeihunde schützten.

Nachdem alle Einwohner des Hauses in unser Zimmer gebracht worden waren, begann die Plünderung. Wir hörten, wie Schränke und Kästen aufgerissen wurden, und nach kurzer Zeit erschienen bei uns zwei weitere Banditen, die mit einer Leibesvisitation begannen.

Die neben mir sitzende Vera Michailowna versteckte ihre Hände unter dem Tisch, nachdem wir gütigst die Erlaubnis erhielten, sie wieder herunterzunehmen. Sie trug äußerst wertvolle Diamantringe, die sie jetzt vorsichtig auszog und in ihren Strumpf steckte. Die Visitation war eigentlich nicht brutal und auch nicht besonders gründlich. Da ich nun der einzige war, bei dem die Bande keine »Ernte« halten konnte, verstanden sie dies nicht und untersuchten mich demzufolge am gründlichsten, jedoch ohne Erfolg.

Die unheimliche Stille, die während der Leibesvisitation herrschte, wurde plötzlich durch das Klingeln der Türglocke unterbrochen. »weißt Du, wer das ist?« fragte der Anführer meinen Vater. »Ja, ja,« antwortete er. »Ich erwarte gerade den Besuch einiger Beamten der GPU, die ich auch zu meinem Fest eingeladen habe.»

Ich weiß nicht, ob das Aussehen meines Vaters unglaubwürdig wirkte oder die Bande selbst vor der GPU keine Angst hatte, auf jeden Fall sah der Anführer meinen Vater belustigt an und sagte: »So, so, Du erwartest die GPU hier? Die werden wir gleich empfangen!« Er schleppte die Zofe mit vorgehaltenem Revolver in die Küche und befahl ihr, die Türe zu öffnen, nachdem er sich hinter der Tür versteckt hatte.

Bald darauf erschien der Anführer mit einem vor Angst zitternden Paar, einem Mann mit seiner hochschwangeren Frau. Bei diesen beiden machten die Banditen die bedeutendste Beute, denn sie kamen in der Absicht, eine Wohnung zu kaufen und trugen 30'000 Rubel auf sich, die ihnen jetzt prompt abgenommen wurden.

Von Anbeginn betrachteten mich die Verbrecher für den Gefährlichsten der Anwesenden und bewachten mich dementsprechend scharf. Ich weiß aber nicht, ob ich eine sich mir gebotene Gelegenheit benützt hätte, um irgend etwas zu unserer Befreiung zu tun. Alle Not und das Leiden des russischen Volkes standen mir wieder vor Augen, und hier in Moskau hatte ich nun eine kleine Gesellschaft kennengelernt, die im Luxus und Überfluss schwelgte. Für das Leiden der Menschen im Land brachten diese Leute nicht das geringste Mitgefühl auf. Und ich hätte nun meinen Kopf für diese Personen hinhalten sollen?

Der Anführer befahl, daß wir uns alle auf den Boden legen sollten, und zu einem seiner Genossen sagte er: »Du bleibst fünf Minuten an der Schwelle stehen. Und sollte nur einer das Gesicht vom Boden heben, so knalle sie alle nieder!«

Es wurde jetzt mucksmäuschenstill im Zimmer. Vera Michailowna war die erste, die es wagte, ihren Kopf zu erheben. Sie entdeckte, daß keiner der Banditen mehr anwesend war, sprang auf, packte eine wertvolle antike Vase und warf sie mit voller Wucht aus dem Fenster, das zur Straße führte.

Es war etwa gegen neun Uhr abends und der Verkehr rege. Zwei Minuten später schon war unsere Wohnung voll von Straßenpassanten, Militär und Miliz. Bald darauf traf auch ein Miliz-Kommissar ein, der Verantwortliche für die Verfolgung des Bandenwesens. Von den Räubern war aber längst keine Spur mehr zu finden.

Und nun begann die Einvernahme der anwesenden Personen. Jeder wurde einzeln in das Herrenzimmer meines Vaters gerufen, wo der Kommissar die Untersuchung leitete. Die schwangere Frau konnte nicht verhört werden, da bei ihr die Wehen wegen der großen Aufregung zu früh begonnen hatten. Man wartete darauf, daß die Ambulanz sie abholen würde. Am längsten blieb Vera Michailowna beim Kommissar, und schließlich wurde auch noch mein Vater dazugerufen. Als er wieder herauskam, wirkte er sehr verlegen.

Zuletzt wurde auch ich einvernommen. Es war aber kein Verhör im üblichen Sinn. Aus den gestellten Fragen merkte ich deutlich, daß mich jemand als ein mögliches Mitglied der Bande denunziert hatte, als Komplize sozusagen. Gott sei Dank war der Kommissar sehr wahrscheinlich ein alter, unpolitischer Beamter, der die lachhafte Verleumdung bald durchschaute. Wer der Initiant dazu war, konnte ich leicht erraten... Ganz besonders kränkte mich das charakterlose Verhalten meines Vaters, der ja um mein Schicksal wußte und auch, welche Folgen diese Anschuldigungen für meine Angehörigen und mich haben könnten. Wie schnell hätte die Miliz und die GPU meine Zugehörigkeit zur weißen Armee herausgefunden. Das wäre auch das Ende meiner Familie in Odessa gewesen.

Drei Monate später erfuhr ich in Odessa aus den Zeitungen, daß diese Bande, die größte aller damals in Moskau operierenden, gefaßt wurde. Vera Michailowna hatte noch das Glück, ihre gestohlenen Sachen wieder zu erhalten, und zwar als einzige der

Bestohlenen. Der Anführer hatte ihre Pelze und Wertsachen seiner Freundin geschenkt... Dann wurde auch klar, wer diese Räuber waren. Die Bande bestand aus demobilisierten Rotarmisten, die früher der aktiven Garde des Kommunismus angehörten, denen aber die NEP-Situation völlig fremd war und die jegliche Sympathien für die Revolution verloren hatten. Sie bekämpften die neu entstandenen kapitalistischen Gruppen und die Mächte, die Geld hatten. So terrorisierten sie Moskau durch freche Überfälle und machten selbst vor städtischen Banken nicht halt.

Unwillkürlich kam es nach all diesen Ereignissen zu einer Auseinandersetzung mit meinem Vater. Ich bat ihn am nächsten Tag um eine Erklärung, ob er die Meinung und das Verhalten seiner Gattin teile und gutheiße. Diese Unterredung dauerte vier Stunden, und ich erinnere mich an sie, wie wenn sie heute gewesen wäre.

Jetzt endlich erfuhr ich, wieso sich mein Vater mit den heutigen Machthabern arrangierte. Er, der als talentierter, erfolgreicher Architekt einst beim Hof des Zaren eingeführt war, persönliche Geschenke von diesem besaß und in der ersten Gesellschaft Rußlands verkehrte!

Dazu sagte er mir: »Deine Empörung, daß meine Frau dich als eventuelles Mitglied der Bande denunziert hat, hat einen tieferen Grund. Du darfst nicht vergessen, wer sie in ihrem früheren Leben war. Sie entstammt einer jüdischen Familie, deren Oberhaupt als ›Politischer‹ allen Schikanen der Zarenzeit ausgesetzt war und in ewiger Furcht lebte durch den künstlich aufgepeitschten Haß des einfachen Mannes gegen das Judentum. Nur die bolschewistische Revolution brachte ihr ein Leben, in dem sie sich als wirkliche Bürgerin fühlen konnte. Jegliche Gegenrevolution oder Konterrevolution, wie es damals genannt wurde, erfüllte sie mit leidenschaftlichem Haß.

Du bist noch zu jung, um meine persönlichen Gefühle und Einstellung zu verstehen oder das Recht zu haben, mich zu kritisieren. Dir ist es wahrscheinlich unbegreiflich, wie ich es fertigbrachte, trotz meiner früheren Stelle im zaristischen Rußland mit den heutigen Sowjets, die dir so fremd erscheinen, auszukommen. Du weißt nicht, wer die Menschen waren, die in der Zarenzeit eine maßgebliche Rolle spielten, die nur wegen ihrer Abstammung oder wegen des geerbten Geldes so viel Macht hatten. Ich will damit nicht behaupten, daß es überall so war, Vernunft war aber der Ausnahmefall. Und nachdem die Februar-Revolution sich zum Schluß in den Kommunismus verwandelte, die weiße Armee und die Widerstandsbewegungen zusammenbrachen, mußt du selber zugeben, daß eine neue Ära begonnen hat, die keine Macht der Welt mehr aufhalten konnte.

Man hat auch mir mein gesamtes Privatvermögen weggenommen. Deswegen bin ich nicht weniger als deine Mutter erbittert. Aber ich ging nicht in die Schweiz wie dein Großvater, denn ich sehe jetzt, daß mir hier sehr große Möglichkeiten geboten werden und wir wieder zu Reichtum kommen. Diese Chance hätte ich im Ausland gewiß nicht.

Politik hat mich nie interessiert, und schon deswegen ist es mir leichter, mit den prominentesten Parteigenossen zu verhandeln. Ich versichere dir, daß ich solche hellen Köpfe, wie ich sie unter diesen kennengelernt habe, im zaristischen Rußland vermißte. Die neue ökonomische Politik der Sowjets ist für mich wie geschaffen. Du siehst ja selbst, wie ich hier lebe. Ich muß dir offengestanden auch sagen, daß ich die Möglichkeit besässe, dich innerhalb von 24 Stunden auf dem besten Platz in einem von dir ausgewählten Spezialfach unterzubringen, denn ich habe genügend Beziehungen. Das alles hast du dir aber selber verdorben. Im Gespräch mit mir nennt dich Vera Michailowna nichts anderes als ›Weißbandit‹. Und das war auch der Grund, weshalb sie dich denunziert hat. Glaubst du denn, ich hätte solch einen Sohn jemandem empfehlen dürfen?

Du kannst von Glück reden, daß Vera Michailowna dich nicht bei der GPU denunziert hat. Bilde dir aber ja nicht ein, daß sie dich schonen wollte. Sie wollte nur verhindern, daß auch auf mich ein Schatten fallen könnte, denn du bist ja schließlich mein Sohn.

Und nun zu deiner Frau. Wen hast du da geehelicht? Bist du nicht selber schon genug politisch belastet und heiratest auch noch die Witwe eines von den Bolschewisten erschossenen weißen Offiziers! So kannst du deiner Mutter auf keinen Fall helfen. Man muß sich den Verhältnissen anpassen können.

Ich selbst stehe jetzt vor ganz grandiosen Plänen. Vor kurzem gelang es mir, eine sehr interessante Bekanntschaft mit einem ausländischen Konzessionär zu machen, mit dem ich gerade Verhandlungen führe, da er mich wie Luft zum Leben braucht. Da ich die Verhältnisse so gut kenne und außergewöhnliche Beziehungen habe, bin ich sicher, daß meine Zusammenarbeit mit ihm gelingen wird.«

Dieses Gespräch ist mir aus vielen Gründen tief im Gedächtnis geblieben. Meine Mutter und mein Stiefvater haben mir nicht die skrupellose materialistische Einstellung anerzogen. Mein eigener Vater zeigte genau dieses, und ich bekam den ersten praktischen Beweis einer der widrigsten Theorieformeln, die man mir in der Sowjet-Hochschule eintrichterte: »Dasein rechtfertigt den Sinn« und nicht umgekehrt!

Ich konnte mich nicht mit dem Gedanken abfinden, daß mein eigener Vater so leicht Anhänger des neuen Systems geworden war. Eigentlich müßte es doch eher umgekehrt sein. Die Jugend war und blieb es, die sich als erste den Bolschewisten angepaßt hatte. Ich muß gestehen, daß unsere gegensätzlichen Auffassungen keine eigentliche Diskussionsgrundlage darstellten. Ich betrachtete meinen Vater wie er war, prinzipienlos, und das einzige, was ich beim Abschied noch sagte, war: »Ich bleibe bei meiner Meinung, daß ich keinen Grund habe, diesem Regime zu vertrauen, solange solche willkürlichen Zustände herrschen. Ich will nur hoffen, daß Du, Vater, das richtige tust. Die Zukunft wird es ja zeigen.«

Drei Tage später war ich wieder in Odessa. Im Zug zerbrach ich mir die ganze Zeit den Kopf darüber, wie ich meiner Mutter und meiner Frau die Erlebnisse mit meinem Vater beschreiben sollte. Zum ersten Mal konnte ich meiner Gattin nicht die Wahrheit sagen. Für sie, die ihren Vater vergöttert hatte, wäre das Verhalten des meinen unbegreiflich gewesen. Bei uns allen war Ehre ein Begriff. Der Kommunismus verstand das nicht und lehnte den Begriff der Ehre als eine Bourgeois-Phantasterei ab. Genausowenig wie der Begriff »Neutralität« im Sowjet-Lexikon existiert. Menschen oder Länder, die sich neutral erklären, verbergen unter diesem Deckmantel ihre wahren Gefühle und Sympathien und sind in Wahrheit noch mehr pro oder kontra als Nichtneutrale. Das war die kommunistische Meinung.

So informierte ich meine Familie nur kurz über meinen Aufenthalt bei meinem Vater. Groß war aber mein Erstaunen, daß ihnen dieser Überfall auf die Wohnung meines Vaters durch die Moskauer Zeitungen bereits bekannt war.

Beruflich stand ich nun wieder vor dem Dilemma, ob ich mangels Alternativen wirklich in den Ural fahren sollte. Da wollte es der Zufall, daß ich einem meiner Hochschulkameraden begegnete, der genau wie ich auf Arbeitssuche war. Er habe soeben erfahren, daß bei der Meliorationsfaktultät dreimonatige Vermessungskurse eröffnet werden. Eine Anzahl von Spezialisten sollten eine planmäßige Bauernwirtschaft vorbereiten.

Die Aufgabe dieser Spezialisten bestand darin, in allen Landgemeinden der Ukraine eine agronomische Planwirtschaft einzuführen, da bis dahin die Bebauung völlig willkürlich war. Diese

Maßnahme der Sowjets deckte sich voll mit der damaligen Ökonomie-Politik. Mein Kollege erzählte mir ferner, daß die Arbeit gar nicht unangenehm sei, da man bei den Bauern sehr gut aufgehoben sei, da diese die Maßnahme sehr begrüßten. Außerdem würde die Arbeit recht entlöhnt. Da ich keine Auswahl hatte und es mir noch immer angenehmer erschien, in einem einfachen Bauernhof als in sowjetisierten Großstädten zu leben, meldete ich mich und wurde sofort angenommen.

Der Unterricht war für mich sehr einfach, nachdem ich schon die Grundlagen der Geodäsie kannte. Das einzig Unangenehme war auch hier wieder der uns zum Halse heraushängende Politunterricht. Ich bewunderte immer wieder diese Fanatiker, die uns mit solcher Überzeugung die marxistischen Theorien erklärten.

Und wieder holte ich zuhause meine Schuhmacherinstrumente hervor, um die neue Lehrzeit zu überbrücken. Das Leben in Odessa war inzwischen viel leichter geworden. Sogar einige »frühere Menschen« krochen aus ihren Verstecken hervor. Man besuchte sich untereinander und es bildeten sich wieder Bekanntenkreise.

Durch eine sehr nette Dame vergrößerte sich der unsere. Sie war die Gattin eines Generals der Wrangelarmee, der bis zum Schluß auf der Halbinsel Krim gegen die Roten gekämpft hatte. Mit dem Rest dieser Armee emigrierte er nach Konstantinopel (Istanbul). Sie aber blieb mit ihren zwei Töchtern in Rußland zurück, da sie bei der chaotischen Flucht nicht mitgenommen wurden. Jahrelang wußte sie nicht, wo ihr Mann war, bis er auf einmal vor der Türe ihrer Wohnung in Odessa stand. Beim Wiedersehen klärte sich alles auf. Im Ausland führte er das unerfreuliche und hilflose Emigrantenleben, bis ihn Heimweh nach seiner Familie und dem russischen Boden in die Hände der roten Propagandisten in Konstantinopel trieb. Diese machten ihm die Adresse seiner

Familie ausfindig und erlaubten ihm die Rückreise nach Rußland. Ob er dabei Bedingungen annehmen mußte, blieb unbekannt.

Alexander Oskarowitsch Deringer, ehemaliger Gardeoffizier aus Petersburg und später General der Wrangelarmee, war schon ein Herr gesetzteren Alters. Er und seine Familie waren bei uns wie zu Hause. Ihm verdankten wir die Bekanntschaft mit seinem Freund, einem ehemaligen Großindustriellen Odessas, Wladimir Angelowitsch Anatra. Dieser, ein sehr intelligenter Mensch von abstossender Häßlichkeit, blieb wie viele andere nach der bolschewistischen Revolution in Rußland. Trotz seiner kapitalistischen Abstammung hat er die ersten Jahre für die Bolschewisten gearbeitet und bekleidete dort sogar eine bedeutende Stelle bei der Oprodkombug, einer Art Ernährungsamt. Später wurden fast alle leitenden Mitarbeiter dieses Amtes wegen Veruntreuungen verhaftet. Allein Anatra kam mit heiler Haut davon.

Es häuften sich damals die Unterschlagungsfälle, bei denen sich viele Sowjetbeamte auf Kosten der frisch verstaatlichten Institutionen bereicherten, denn sie sahen, wie Nepleute zu Geld kamen und wollten es ihnen gleich tun. Jetzt war Anatra Privatmann und ich wunderte mich, wie ihm dies möglich war, nachdem er doch in der Revolution sein ganzes Besitztum verlor. Er seinerseits kannte viele »frühere Menschen« und so bildete sich eine ganz interessante Gesellschaft, in der ich der Jüngste war.

Zu unserem Bekanntenkreis gehörte damals auch eine große Persönlichkeit des Sowjetmilitärs, Iwan Gregorewitsch Smolensky, ein ehemaliger Berufsoffizier, der es in der Zarenarmee bis zum Grade eines Obersten der Artillerie gebracht hatte. Er stammte, wie auch seine Frau, aus russischen Offizierskreisen. In Friedenszeiten war sein Regiment in Warschau stationiert gewesen. Kurz vor der Oktoberrevolution war er zufällig in Zentralrußland und schloß sich ohne große Bedenken den Bolschewiki an. Wenn auch nicht viele, so gab es immerhin genug solche, die den

gleichen Weg gegangen waren. Es gelang ihm, in der Sowjetarmee eine erstaunliche Karriere zu machen. Obwohl er parteilos
und als gewesener Zarenoffizier wohl kein großes Vertrauen
seitens der Kommunisten erwarten konnte, war er in Odessa
Regimentskommandeur. Seine Einheit stand speziell der GPU zur
Verfügung. Gleichzeitig gestattete man ihm, in der neugegründeten Artillerieschule im Vorort Odessas in einigen Fächern
Unterricht zu erteilen. Abgesehen vom Verrat am früheren
System war er kein schlechter Mensch. Besonders seine Frau, ein
sympathisches Wesen, befreundete sich mit der meinigen.
Wir trafen uns abwechslungsweise mal bei diesem, mal bei
jenem Bekannten und spielten leidenschaftlich russisches
»Préférence«. Mit welcher Inbrunst die russischen Frauen beim
Kartenspielen waren, beweist folgende Begebenheit: Die alte,
vierundsiebzigjährige Mutter der Frau Giburtowitsch, der ehemaligen Besitzerin unseres Hauses, starb an ihrem grünen Spiel-
tisch in dem Augenblick, als ihr angesagter »großer Schlem«
kontriert wurde (beim russischen Whist) und sie verlor. Ums Geld
hatte es sich bei ihr sicher nicht gehandelt, da es um sehr
niedrige Einsätze ging. Sie war so in die Materie vertieft, daß ihr
allein schon die Niederlage einen Schock versetzte.
Ich erinnere mich noch einer ganz eigenartigen Familie, der
Harlips, die in unserem Kreise kräftig mitmachten. Er war ein
bekannter jüdischer Zahnarzt aus Odessa, der auch schon vor der
Revolution in der Militärschule tätig war. Seine zweite Frau, eine
ganz junge Blondine, die ihn offensichtlich aus Hunger geheiratet
hatte, spielte die Rolle der großen Gastgeberin. Dort trafen wir
auch seinen Sohn, der noch vor kurzem in Leningrad eine
wichtige kaufmännische Stelle in der Sowjet-Verkaufsorgani-
sation »Sojusriba« innehatte. Er wurde bei einer Unterschlagung
erwischt, hatte aber das Glück, dem Arrest entgehen und nach
Odessa fliehen zu können. Im Vertrauen erzählte er uns, daß er

beabsichtige, in Kürze schwarz über die Grenze zu fliehen. Lachend bat er meine Frau, ihm irgendeinen Talisman zu schenken, der ihm Glück auf dieser riskanten Flucht bringen sollte. Olga gab ihm ein winzig kleines, halbleeres Parfümfläschchen und ahnte damals nicht, daß ihm dieser Talisman später das Leben retten sollte.

Außer wenn die Harlips und natürlich auch Smolenskys anwesend waren, diskutierten wir im Bekanntenkreis üblicherweise über die wirtschaftliche, soziale und politische Lage. Trotz NEP konnte keiner von uns glauben, daß sich das kommunistische Regime ewig in Rußland würde halten können. Ganz besonders leidenschaftliche Vertreter der Monarchie waren Anatra und Deringer.

Kurz vor meinem Abschluß meines Geodäsie-Studiums forderte Anatra mich auf, ihn umgehend aufzusuchen. Deringer holte mich speziell zu diesem Zwecke ab und brachte mich zu ihm. Hier weihte man mich in ein überraschendes Geheimnis ein. Es stellte sich heraus, daß die beiden eine Umsturz-Organisation aufbauten, die das Ziel hatte, die Ukraine zu befreien. Man erklärte mir, daß Deringer speziell in dieser Mission von weißrussischen Kreisen aus dem Ausland nach Rußland zurückgeschickt worden sei. Sein scheinbarer Reinfall auf die russische Propaganda war nur Mittel zum Zweck. Jetzt wollten die Weißen die Lehre aus ihren früheren Fehlern ziehen und durch Agenten feststellen, welche Personen und Kreise den zuverlässigen Kern für die weiße Restauration bilden könnten. Scheinbar sah man auch ein, daß die nationalistischen Ideen nicht zu unterschätzen waren.

Die Weißen haben bis jetzt nach der Devise »Unteilbares, vereintes Rußland« in ihrem Kampf das Vaterland nie aufgeteilt. Jetzt verfolgten sie eine ganz neue Taktik. Deringer wurde beauftragt, aus den vertrauenswürdigen Schichten der ukrainischen

Bevölkerung, vor allem der Landleute, Volksvertreter wählen zu lassen und diese zu einem in einigen Monaten stattfindenden geheimen Zusammentreffen einzuladen. Besprechungsthema sollte die weitere Taktik der Organisation »All-Ukrainische Sammlung« sein. Auch die Krim und das Donezbecken waren dieser Organisation angegliedert.

Anatra und Deringer wußten, daß ich bald meine praktische Arbeit auf dem Lande aufnehmen würde. Sie baten mich deshalb, ihnen einen günstigen Versammlungsort ausfindig zu machen. Als Sowjetangestellter könne ich herumreisen, ohne aufzufallen. In der Stadt war ein solches Zusammentreffen ein Ding der Unmöglichkeit. Einige aktive Mitglieder dieser Organisation waren schon am Werke, und gleichentags stellte man mich zwei Donkosaken-Offizieren vor, beide nach ihren Erzählungen im Kampfe gegen die Kommunisten verwundet, den sie bis jetzt in ihren Donstanitzen (Kosakendörfer am Don) führten.

Ich muß zugeben, daß ich es als eine Ehre betrachtete, dieser Organisation beizutreten, trotz der Gefahr, die dies bedeutete. Ich besaß noch den Glauben, daß die übrige Menschheit die Ungerechtigkeit des russischen Kommunismus nicht mit Gleichgültigkeit betrachten konnte und das russische Volk einfach seinem grausamen Schicksal überlassen würde. Deringer gab mir »durch die Blume« zu verstehen, daß hinter der weißen Armee praktisch die ganze zivilisierte Welt stand, und bestärkte mich so in meinem Entscheid, der Organisation beizutreten.

Die zwei Donkosaken mißfielen mir jedoch sofort, doch wollte ich nicht bereits zu Beginn den Menschen mißtrauen, die ich in dieser geheimen Organisation kennenlernte. Ihr Benehmen, ihr Verhalten, ihre Redensarten waren derart brutal, daß ich es nur dadurch erklären konnte, daß die zwei Offiziere durch ihr Kriegshandwerk so roh geworden waren. Ganz klar war mir auch, daß sie die ideellen Verschwörungsziele entweder nicht verstanden oder nicht verstehen wollten.

Grundbedingung dieser Organisation war absolute Verschwiegenheit. Nicht einmal meiner Frau erzählte ich etwas von meinem Beitritt.

Einen Monat später erhielt ich meine erste Aufgabe im Dienste der Sowjetunion: Ich mußte einige Dörfer vermessen, die etwa 200 km von Odessa entfernt waren. Ziel war es, diese zur neuen Agrarwirtschaft überzuleiten. So teilte ich Anatra meinen Bestimmungsort mit, und wir vereinbarten, daß ich mich in den Dörfern nach einem geeigneten Tagungsort umschauen solle. Mir wurde anvertraut, daß inzwischen die anderen Mitglieder der Verschwörung auch nicht geschlafen hätten, sondern eine große Zahl neuer Agenten angeworben seien, aus denen man wieder zukünftige Volksvertreter wählen wollte.

Zusammen mit meiner Frau fuhr ich zur neuen Arbeit. Obwohl mich meine bevorstehende geheime Tätigkeit von meiner offiziellen etwas ablenkte, arbeitete ich doch mit vollem Einsatz meiner Kräfte von früh morgens bis spät in die Nacht hinein, da die mir übertragenen Aufgaben riesig waren. Die Bauerngemeinden bewirtschafteten ihr eigenes Land, wie auch das unter sich aufgeteilte Land der Großgrundbesitzer, vollkommen willkürlich und unwirtschaftlich.

In der Zeit der zweiten und letzten Sowjet-Besetzung der Ukraine haben diese die Konflikte mit den Bauern, die ihnen bei der ersten Besetzung so große Sorgen bereitet hatten, auf radikale Weise gelöst: Die Bauern wurden in drei Klassen eingeteilt. Ganz arme Bauern (Bedniaki), eine mittlere Klasse (Seredniaki) und reiche Bauern (Kulaki). Bis zum NEP waren die Bednaki, obwohl zahlenmässig gar nicht so stark vertreten, als Dorfproletariat Herr der Lage. Den reicheren Bauern nahm man in dieser Zeit fast alles weg, und es wiederholte sich dieselbe Geschichte wie seinerzeit mit der Konfiszierung, dem Raub und der Aufteilung der Güter der Großgrundbesitzer. Das Dorfproletariat, das dieses Privateigentum unter sich verteilte, wurde deswegen nicht reicher, weil es in seiner Indolenz und Trägheit einfach nicht fähig war, im Privatwirtschaftssystem aus eigener Initiative heraus zu handeln und zu planen.

Die Kulaken wurden, selbst nachdem man ihnen alles abgenommen hatte, als offene Feinde der Bolschewisten behandelt. Sie genossen nicht einmal das Stimmrecht und wurden, zusammen mit den Dorfgeistlichen, »Lischenci« genannt. Selbstverständlich handelte es sich zahlenmässig nur um eine kleine Gruppe der Gesamtbevölkerung. Der größte Teil der ukrainischen Landbevölkerung bestand aus der mittleren Klasse, der Seredniakis. Auf diesen gesunden Teil des Bauernstandes konzentrierten sich nun die Anstrengungen, und von ihnen erhoffte man eine Gesundung der gesamten Landwirtschafts-Situation.

Die Sowjets empfahlen damals den Bauern, auf freiwilliger Basis eine neue Agro-Planung durchführen zu lassen. Die meisten folgten dieser Aufforderung. Meine Aufgabe bestand darin, zuerst einmal die Landgrenzen des Dorfbesitzes in Anwesenheit der dazu ausgewählten Gemeindevertreter festzustellen und zu vermessen. Ferner hatte ich die für die Agrokultur bestimmte Fläche zu vermessen, diese auf fünf oder sechs gleichgroße Stücke aufzuteilen und den Bauern zur Bewirtschaftung zu übergeben. Dies geschah folgendermaßen: Die zur Bebauung bestimmte Hektaren Fläche, geteilt durch die Einwohnerzahl des Dorfes, ergab einen Koeffizienten, der, multipliziert mit der Anzahl Personen pro Familie, für diese die zugeteilte Parzelle ergab. Durch einfaches Losziehen wurde für jede Familie in jedem einzelnen von fünf oder sechs Feldern die zugeteilte Fläche ausgelost. Auf dem von mir verfertigten topographischen Plan wurde jedes dieser Einzelteile projektiert und an einem bestimmten Termin, der zu einem Festtag für die Bevölkerung wurde, auf den Feldern markiert. Dann wurde jeder Familie ihr Land übergeben.

Mit dieser Maßnahme haben die Sowjets nicht nur die Agrokultur-Wirtschaft modernisiert, da die jetzt projektierten Einzelparzellen nur mit gewissen Kulturen bestellt werden durften, sondern man hat mit einem Schlag der früheren Zerrissenheit der sehr weit auseinanderliegenden Äcker ein Ende bereitet. Es ist vor dieser Zeit sehr oft vorgekommen, daß ein Bauer seine zwei, drei Hektaren Land in unzähligen kleinen Flächen, eine von der anderen kilometerweit entfernt, bewirtschaften mußte. Zum ersten Mal seit der Revolution begrüßten die Bauern eine Neueinführung freudig. Dies obwohl sie kein Privateigentumsrecht auf das zugeteilte Land hatten, denn die Verfassung lehnte dies ab.

Es gab natürlich auch Gegner. Erstens waren es die Kulaken, die jetzt durch die pro Kopf-Verteilung weniger zugeteilt erhielten als sie früher besassen. Und zweitens waren es die Pechvögel, die bei der Losziehung in allen ihren neuen Feldern schlechtere Erde als die anderen bekamen. Diese Härtefälle wurden aber dadurch gemildert, daß man denjenigen, die das Land mit der schlechteren Erde bekamen, eine etwas größere Fläche zuteilte. Die Landverteilung an die Bevölkerung war ein köstlicher Anblick für mich. Das ganze Dorf ging, vom Jüngsten bis zum tattrigsten Greis, bei der Landübergabe auf das zugeteilte Grundstück und nahm es mit Liebe und Sorgfalt entgegen. Dies war bis jetzt die einzige Maßnahme der Sowjets, die wirklich durch den eigenen, freien Willen der Landbevölkerung getragen wurde.

Die Regierung drängte damals auf schnellste Erledigung all dieser Arbeiten. So war ich gezwungen, kaum war die Arbeit in einem Dorf beendet, in einem anderen neu zu beginnen. So kam ich in das große Dorf »Ploskoe«, eine eigenartige, vor Jahrhunderten entstandene Siedlung. Alle Einwohner waren hochrussische Bauern, die zur Zarenzeit aus religiösen Gründen in Zentralrußland verfolgt wurden und in die Ukraine übersiedelten. Obwohl sie der gleichen russisch-orthodoxen Kirche angehörten, wurden sie, wegen einigen anders ausgeführten Zeremonien und Gebräuchen, besser bekannt als Staroobriadzi (altgläubig), verfolgt. Merkwürdigerweise behielten sie nicht nur ihre Bräuche, sondern auch die hochrussische Sprache bei. Keiner sprach ukrainisch. Obwohl arm, waren sie seit der Revolution ständige Feinde der Sowjets geblieben. Und dies nur aus religiösen Gründen, zudem wurden sie jetzt noch mehr verfolgt.

Bald erkannte ich, daß dieses Dorf durch die Eigenart und Einstellung der Bewohner ein idealer Platz zur Durchführung der geheimen »All-Ukrainischen Sammlung« war. So schrieb ich Anatra sofort einen Bericht nach Odessa und bat ihn, zu mir nach Ploskoe zu kommen, um die Lage zu überprüfen. Durch einen ehemaligen Kulaken, sehr wahrscheinlich auch ein Mitglied der »Sammlung«, der einige Kilometer weit vom Dorf entfernt lebte, bekam ich rasch die Antwort, daß Anatra schon bei ihm zu Hause sei und auf mich warte. Der von mir ausgewählte Versammlungsort sagte auch ihm sofort zu. Der Kulak arrangierte ein Zusammentreffen zwischen ihm und einem Geistlichen des Dorfes, dessen Wohnsitz dann zum Tagungsort bestimmt wurde. Die Zusammenkunft sollte im nächsten Monat erfolgen.

Ich war mit jugendlichem Enthusiasmus und Eifer für die Ideen der Verschwörung tätig. Dazu kam die Hoffnung auf Wiederkehr der guten alten Zeiten. Dies ließ mich sogar die Gefahren und die raue Wirklichkeit vergessen, denn ich saß ja wirklich mitten in einem Wespennest. Am schwersten aber fiel es mir, meine Frau nicht in alles einweihen zu dürfen. Andererseits bestand in mir auch ein Zwiespalt. Meine Arbeit, welche die Bauern aus ihrer bisherigen Notlage befreite, ließ mich erkennen, daß eine

Konterrevolution, nach Vollendung der Agrarreform, aussichtslos war.

Vorläufig ging ich meiner täglichen Arbeit nach und wartete mit Ungeduld auf den vereinbarten Versammlungstag. Da ich mit den Gemeindevertretern jeweils viel zu besprechen hatte, kam ich auch oft in den Gemeinderat (Revkom). Dort bestaunte ich die eigenartigen Gestalten dieser orthodoxen Einwohner, die durch ihre langen Bärte und durch ihre Bekleidung wie lauter Rasputins aussahen (Rasputin war ein sehr umstrittener russischer Priester und Berater Zar Nikolaus' II.).

Endlich kam der ersehnte Morgen. Ich ging noch schnell zum Revkom und stellte dort aber mit Schrecken fest, daß eine größere Anzahl fremder Männer, deren Zugehörigkeit zur GPU sofort erkennbar war, alle Räumlichkeiten des Gemeinderates besetzten. Im Hof stand eine große Anzahl Kutschen. Ich wurde sofort vom Kommandanten rüde angesprochen, wer ich sei und was ich hier suche. Der Revkom-Präsident antwortete für mich, daß ich als Sowjetspezialist auftragsgemäß die Landvermessung durchführe. Befriedigt zog sich der Kommandant zurück. Ich wußte zwar noch nichts Genaueres, war aber sehr beunruhigt, denn ich sah, wie er seine Leute in Gruppen auf dem Hof verteilte, ihnen leise Aufträge gab und eine Gruppe nach der anderen verschwand. Bald darauf folgten ihnen die Kutschen.

Mein Schreck verwandelte sich in Panik, als mir ein im Revkom anwesender Gemeindevertreter erklärte, daß diese roten Halunken irgendeine konterrevolutionäre Bande ausfindig gemacht hätten. Meine Gedanken rasten. Die Flucht war noch möglich, aber wohin? Was mache ich mit meiner Frau? Alle meine bisherigen Erlebnisse hatten mich zu einem Fatalisten gemacht, und nur das rettete mich vor einem unüberlegten Schritt. Ändern konnte ich die Lage sowieso nicht, und so mußte ich den Dingen ihren Lauf lassen. Ich blieb somit in Ploskoe, ohne auf die Geschehnisse Rücksicht zu nehmen, und kehrte in das Bauernhaus zurück, wo ich mit meiner Frau wohnte.

So schwer es mir auch fiel, es war jetzt höchste Zeit, ihr die ganze Wahrheit zu beichten. Olga Alexandrowna mit ihrem tief religiösen Glauben schenkte mir Mut. Kein Wort eines Vorwurfs oder einer Klage kam aus ihrem Munde: »Du hast in gutem Glauben gehandelt, und die Gründe sind idealistisch genug, um deine Handlungsweise zu rechtfertigen. Komme, was wolle, unser Leben ist in Gottes Hand.« Gegen Abend war das ganze Dorf in größter Aufregung. Die Bauern erzählten, daß eine große Zahl fremder Menschen im Hofe ihres Priesters verhaftet und daß alle inklusive Letzterem nach Tiraspol abtransportiert worden waren.

Das Weiterleben mit der stetigen Möglichkeit, verhaftet zu werden, war unerträglich. Krampfhaft suchte ich nach einem Ausweg. Die westliche Grenze des Dorfbesitzes war das linke Ufer des Dnjestr-Flusses, der gleichzeitig die Grenze zu Rumänien war. Ich wollte die geographische Lage zu einer Flucht ins Ausland benützen. Sehr oft war ich bei meinen Vermessungsarbeiten dort und besaß sogar einen GPU-Ausweis, der es mir erlaubte, dieses Sperrgebiet bei Tag zu betreten. Die Grenze wurde von der Armee außergewöhnlich stark bewacht. Fast alle hundert Meter sah ich versteckte Rotarmisten mit ihren Polizeihunden. Obwohl mich die Soldaten mit der Zeit kannten, mußte ich ihnen trotzdem den Ausweis unter die Nase halten. Durch das Vergrößerungsglas meines Vermessungsinstrumentes schaute ich öfters auf die rumänische Seite. Das rettende Ausland lag in greifbarer Nähe und war doch so unerreichbar! Bei Tageslicht war dieser Versuch unmöglich, und bei Nacht mußte die Flucht auch scheitern, selbst wenn wir den Fluß erreicht hätten, was wenig wahrscheinlich war: Der Strom war reissend, und meine Frau konnte nicht schwimmen.

So mußten wir diesen Plan aufgeben. Noch drei Monate lang lebten wir in Ploskoe, und es geschah wider unser Erwarten gar nichts. Wir zerbrachen uns den Kopf darüber und fanden als einzige Erklärung, daß Anatra und Deringer, falls verhaftet, meinen Namen nicht genannt hatten.

Es kam nun die Zeit, wo ich meine fertigen Pläne nach Odessa abliefern mußte. Vorsichtshalber entschloß ich mich, alleine dorthin zu fahren und liess meine Gattin im Dorf zurück. Sofort nach Ankunft begab ich mich ins Semotdel (meine Behörde) und lieferte dort meine Arbeiten ab. Dann suchte ich unsere Wohnung in der Marasli-Straße auf und versuchte, möglichst unbemerkt einzutreten.

Frau Giburtowitsch begrüßte mich mit solchem Erstaunen, als sei ihr ein Geist erschienen. Ich brach vor Schreck fast zusammen, als sie mir mitteilte, daß eines Nachts vor drei Monaten die GPU mein Zimmer aufgebrochen und alles durchwühlt hatte. Sie fragten nach meiner Adresse, die zum Glück niemandem bekannt war. Mir war sofort alles klar. Ich verabschiedete mich schleunigst von ihr und entfernte mich. Warum man mich in Ploskoe nicht verhaftet hat, wird mir immer ein Rätsel bleiben.

Ganz verstört verschwand ich aus meiner Wohnung und wußte schon gar nicht mehr, was ich eigentlich tun sollte. Der Zufall wollte es, daß ich gerade in diesem Augenblick Frau Smolensky traf. Wie bereits erwähnt, war sie mit meiner Frau eng befreundet. »Wie geht es denn Ihnen und Ihrer Frau, lieber Genia? So lange haben wir uns nicht mehr gesehen. Was machen Sie gerade? Kommen Sie doch zu uns. Mein Mann wird sich sehr freuen, Sie wiederzusehen.« Sie wohnten im Hause nebenan, und ich folgte ihrer freundlichen Einladung.

Auch ihr Mann war sichtlich froh, mich wiederzusehen. Bei einigen Gläschen Wodka sollte ich nun die ganze Wahrheit über die »Ukrainische Verschwörung« erfahren. Es war mir ja längst bekannt, daß Smolensky, wenn auch kein Parteimitglied, so doch Sympathien für das Sowjetregime hatte. Seit Einführung des NEP-Systems war das Leben auch für ihn angenehmer geworden, da er als Kommandeur ein großes Salär bezog. Und jetzt war er, wie es mir schien, schon zu einem hundertprozentigen Anhänger der Kommunisten geworden. Dementsprechend waren auch seine Äußerungen betreffend meiner Tätigkeit in der Agrar-Reorganisation.

»Lieber Genosse, Sie müssen doch selbst einsehen, was für eine helle Zukunft Rußland erwartet bei dieser klugen Führung. Es ist kein Vergleich mehr mit dem, was früher die Bourgeois gemacht haben. Sie haben ja nur für ihre Interessen das Volk ausgebeutet. Genauso wie diese materiell skrupellos eingestellt waren, sind sie auch moralisch minderwertig.

Sie sind ein junger, begabter Mensch und werden noch viel erreichen. Vorausgesetzt, daß Sie mit den zersprengten Resten der früheren Welt endgültig brechen. Diese Menschen können Ihnen nur schaden. Zur Illustration meiner Meinung werde ich Ihnen gleich ein krasses Beispiel geben, welches mir durch meine Stellung vor kurzem bekanntgeworden ist. Sie wissen wahrscheinlich selbst, was mit diesen gemeinsamen Bekannten inzwischen geschehen ist. Aber die wahren Hintergründe kennen Sie sicher nicht.«

Ich fragte Smolensky, was denn passiert sei und um welche gemeinsamen Bekannten es sich handle. Nie hätte ich das, was ich jetzt von ihm zu hören bekam, auch nur im Entferntesten für möglich gehalten.

Es konnte keine Rede davon sein, daß Anatra oder Deringer jemals einen Auftrag ausländischer, konterrevolutionärer Kreise zur Gründung irgendeiner »ukrainischen Sammlung« hatten. Die GPU selbst warb diese beiden Personen zu dieser Arbeit an und beide wußten, daß sie als Provokateure auftraten. Als »frühere

Menschen« mußten sie jedem Gegner der Sowjets glaubwürdig erscheinen, und so hoffte man, die Elemente ausfindig zu machen, die diesen im Ernstfall tatsächlich hätten gefährlich werden können.

Es blieb mir unklar, mit welchen Mitteln die GPU die beiden dazu gebracht hat, diese schändliche Rolle zu übernehmen. daß man ihnen aber gewisse Zusicherungen gab, war unbestreitbar.

Anatra und Deringer wurden in Ploskoe nur pro forma verhaftet und fuhren von Tiraspol direkt nach Hause. Allerdings konnten sie sich nicht lange der Freiheit erfreuen. Anatra wurde schon einen Monat später arretiert, und seine Frau erfuhr trotz aller Nachforschungen nie mehr, was aus ihm geworden war. Deringer schien zuerst doch eine Belohnung erhalten zu haben, denn man gab ihm einen Remonteposten in der damals aus politischen Zwecken neu gegründeten Moldauischen Sowjetrepublik mit Hauptsitz Balta, der kleinen Stadt, in der ich seinerzeit das schreckliche Pogrom erlebt hatte. Aber das »Glück« dauerte nicht lange, weil nach kurzer Zeit die GPU kam, um ihn festzunehmen. Hat er dies geahnt? Es ist nur bekannt, daß seine Verhaftung nicht stattfand. Nach vergeblichem Klopfen wurde die Türe seines Zimmers aufgebrochen. Man fand ihn tot am Boden liegend vor, neben ihm seine brennende Pfeife. Als Todesursache wurde Herzschlag festgestellt. So endete die »ukrainische Verschwörung«.

Ende einer Illusion

Das einzig Vernünftige erschien mir, sofort mit meiner Frau Odessa zu verlassen. Dank meinem neuen Beruf war das glücklicherweise möglich. In ganz Rußland war die Art meiner Arbeit sehr gefragt. Alle Zeitungen waren voller Inserate von verschiedenen Semotdels, die Vermessungsspezialisten suchten.

Es lag mir nur daran, so schnell und so weit wie möglich von Odessa wegzukommen.

So fand ich eine Anstellung in Orenburg, welche mir sogar einen höheren Dienstgrad und bessere materielle Bedingungen sicherte. Wieder einmal mußte ich mich nach dem kurzen Wiedersehen von meiner Mutter, dem Bruder und der alten Babuschka verabschieden und kehrte nach Ploskoe zurück. Auch meine Frau teilte meine Meinung, die Stelle in Orenburg anzunehmen. Smolenskys Offenbarungen wirkten auf sie noch verheerender und deprimierender als auf mich. Schon aus ihrer Tscheka-Zeit wußte sie, wie leicht die rote Geheimpolizei »frühere Menschen« als Geheimagenten anwerben konnte. Es wurde sehr viel darüber geflüstert. Das jetzige Erlebnis sollte für uns eine Lehre sein, uns nie mehr mit solchen zu befreunden, denn man konnte nie wissen, wozu sie inzwischen gezwungen worden waren. Mir persönlich war es wirklich lieber, mit irgendeinem Kommunisten zu verkehren, da ich dort wenigstens die Einstellung zum voraus kannte.

Unsere Reise – oder besser Flucht – nach Orenburg führte uns über Moskau. Die Zeit zum Umsteigen in den Zug nach Orenburg benutzte ich, um meinen Vater anzurufen und mich nach seinem Befinden zu erkundigen. Zu meinem Erstaunen antwortete mir ein Fremder, Iwan Iwanowitsch sei nach Leningrad übersiedelt. Also hatte er seine Pläne mit dem Konzessionär verwirklicht, da ich mich noch erinnern konnte, daß er beabsichtigte, in Petersburg eine Fabrik zu eröffnen.

Die langweilige Reise nach Orenburg im überfüllten Zug hatte schließlich auch einmal ein Ende, und wir trafen in dieser althistorischen Stadt ein. Es schien mir – obwohl ich diese Stadt bisher noch nicht kannte –, daß sie sich seit den Zeiten Jemelian Pugatschows, nicht verändert hatte. Der Kosake Pugatschow war Anführer eines Bauernaufstandes 1773-1775.

Diese kleine Stadt im Uralsteppengebiet war so primitiv und armselig, daß man sie im besten Fall als Siedlung bezeichnen konnte. Aber sie war typisch für alle weitabgelegenen russischen Provinzstädte. Auch die Bevölkerung dieses Ortes war eigenartig. Man sah sehr viele asiatische Gesichter, Bauern verschiedenster asiatischer Stämme, die oft mit ihren Kamelen ihren primitiven, damals noch erlaubten Privathandel trieben.

Der Semotdel war auch dort genau so, wie er mir bis dahin bekannt war. Der kommunistische Vorgesetzte erklärte mir meine zukünftige Arbeit, die eine außergewöhnliche Gebietsfläche umfaßte: Ich sollte etwa 300'000 Hektaren Land in ein ganz neues landwirtschaftliches System umformen. Den »politischen« Standpunkt erläuterte er mir wie folgt:

»Sehen Sie sich diese Karte an, Genosse. Auf der großen Fläche des Burtinsky-Rayons, der den Namen eines winzig kleinen Nebenflüsschens des Urals trägt, leben verhältnismäßig wenige Bauern. Die Einwohner teilen sich in verschiedenste Gruppen auf. Hier in der Nähe Orenburgs, dem linken Ufer des Uralflusses entlang und bis zur Gegengrenze des alten Karawanenweges, der in früheren Zeiten Asien mit Moskau verband, liegt das beste schwarzerdige Gebiet. Es umfaßt etwa 60'000 Hektaren.

Auf dieser Fläche sind nur ein paar ehemalige Kosakenstanitzen ansässig und dann noch, ganz am Ufer des Urals zerstreut, ein Dutzend Stolipin-Siedlungen. Das alles ist heute in verwahrlostem Zustand. Weiter finden Sie auch noch ukrainische Siedlungen mit dem Rayonzentrum Krutschkowka. Das weitere Gebiet bevölkern Kirgisen, aber Sie werden Mühe haben, ihre Siedlungen aufzufinden, da sie die Gewohnheit haben, mit ihren Zelten zu wandern.

Sie wissen, Genosse, daß wir dringend Korn brauchen und die Partei beschlossen hat, es auf schnellstem Wege zu beschaffen. Das, was Sie bis jetzt in der Ukraine gemacht haben, können wir hier nicht gebrauchen, da wir keine Bauern im ukrainischen Sinne haben. Nun wollen wir den ganzen Rayon so rekonstruieren, daß wir einen Sofchos (staatliche Groß-Landwirtschaft) gründen können.

Ich mische mich nicht in Ihre technischen Aufgaben ein, das ist Ihre Sache. Aber ich mache Sie darauf aufmerksam, daß das zukünftige Projekt eine sehr große politische Bedeutung hat. Es werden sich sicher auch Schwierigkeiten mit der Bevölkerung einstellen, da wir einen Teil von ihnen umsiedeln müssen. Es soll alles so arrangiert werden, daß das Projekt vom Volk reibungslos angenommen wird und wir es hier in Orenburg bestätigt erhalten.

Sie dürfen und müssen sich bei jeder allfälligen Schwierigkeit politischer Natur sofort mit dem Parteisekretär in Krutschkowka in Verbindung setzen. Am besten schlagen Sie gleich dort Ihr Stabsquartier auf.«

Abgesehen davon, daß ich jetzt erfuhr, daß meine Arbeit eine große Zahl von Bauernfamilien in Mitleidenschaft ziehen würde, waren die technischen Aufgaben derart schwierig und bedeutungsvoll, daß ich durch sie keine Zeit mehr hatte, über Vergangenes nachzugrübeln. Es wurden mir ein Dutzend junger Techniker zugeteilt, und wir siedelten nach Krutschkowka um. Dieses kleine Dorf, das die Rolle des Rayonzentrums spielte, bestand aus einer Kolonie zusammengewürfelter Menschen und Häuser. Tataren, Kalmücken, einige ehemalige hochrussische Bauern und eine Anzahl ukrainischer Umsiedler, deren Häuschen auch hier sofort hervorstachen durch die weiße Farbe ihrer Mauern. Das war die ganze Bevölkerung dieses Hauptortes.

Wir waren bei einem dieser Ukrainer einquartiert, in dessen Hof ein zweites Häuschen stand, in dem ich mein Hauptquartier aufschlug. Ich teilte die jungen Techniker in einzelne Gruppen auf, die jede ihr Revier zur Ausmessung zugeteilt erhielt. Meine persönliche Aufgabe war die gesamte technische Kontrolle und die wirtschaftliche Vorbereitung des Projektes. Zudem wurde eine Extra-Kommission gegründet und mir unterstellt. Diese hatte den Wert der Bauerngüter zu bestimmen, weil die von uns zur Umsiedlung bestimmten Bauern nach Gesetz einen gewissen Anspruch auf Schadenersatz hatten. Deshalb hatte ich den ganzen Rayon ständig zu bereisen. Dazu mußte ich noch den Grund und Boden schätzen, das wichtigste an diesem Projekt. Einige Agronomen hatten diese Aufgabe zu erledigen, und später sah man auf den von uns fertiggestellten Plänen, auf denen die Boden-Taxation übertragen wurde, wie man den riesigen Raum am wirtschaftlichsten ausnützen konnte.

Das ganze Gebiet war eine große, ganz flache Ebene. Weit und breit, unendliche Kilometer lang, sah man eigentlich nicht einmal einen Strauch, geschweige denn Bäume, selbst am Ufer des Uralflusses dasselbe Bild. Wenn ein Ortsunkundiger durch die Steppe fuhr, konnte es ihm passieren, daß er sich plötzlich vor einem Fluß befand, ohne diesen vorher gesehen zu haben!

Die riesigen Steppen waren von einer eigenartigen Schönheit. Größtenteils war noch nie ein Pflug über sie hinweggegangen. Dort, wo die Erde fruchtbar war, wuchs das ewige, nie gemähte Kowill (Steppengras). Je weiter man aber in die Steppe eindrang, desto mehr verschwand auch dieses Leben und es begannen die Solonschaki-Steppen, deren Böden absolut unfruchtbar sind. Nicht einmal Kamele und Schafe konnten dort ihre Nahrung finden.

Die fruchtbarsten Gebiete waren hier früher in den Händen entweder der Uralkosaken oder der Stolipin-Siedlungen. Die Kirgisen, die Mehrheit der Bevölkerung, besaßen meist die öden Solonschaki-Steppen.

Im Rahmen meiner Aufgaben hatte ich damals einige Kosaken-stanitzen aufzusuchen. Praktisch gesehen gab es diese treuen

Anhänger des einstigen Zaren nicht mehr. Verwahrloste Bauernhöfe, weder Pferde noch Kühe, gar nichts sah man dort. Es schien, als seien diese Dörfer ausgestorben. Und doch war noch Leben in jedem Haus. Aber kein einziger wehrfähiger Mann war mehr anwesend. Diese Kosaken kämpften erbittert bis zum Ende gegen die Sowjets. Als der Kampf aussichtslos wurde, ergaben sie sich nicht etwa, sondern gingen geschlossen, zusammen mit ihrem Ataman Dutof, nach China. Keiner von ihnen kehrte jemals zurück. In den Dörfern blieben nur ihre Frauen, Kinder und Greise zurück. Die neue Regierung nahm diesen natürlich alles weg. Ein Wunder, wie sich diese Menschen noch am Leben erhalten konnten. Die einzige Beschäftigung und Verdienstmöglichkeit dieser armen Frauen war die Herstellung der berühmten Orenburger Tücher. Einige Ziegen pro Familie waren ihnen noch geblieben, aus deren Wolle sie prachtvolle, handgestrickte Tücher herstellten, die so weich gearbeitet waren, daß man sie leicht durch einen Ehering ziehen konnte. Diese Menschen sollten also jetzt umgesiedelt werden. Sie gingen einer ungewissen Zukunft entgegen.

In etwas besserer Lage befanden sich damals die Stolipin-Siedlungen, deren Bevölkerung als »Kulaki« und damit Staatsfeinde betrachtet und dementsprechend auch behandelt wurde. Auch in der Ukraine habe ich genügend solcher Siedlungen gesehen, deren Schicksal überall das gleiche war. Nicht umsonst verfolgten die Kommunisten diese Menschen. Es gehörte zum Unglück des letzten Zaren, Nikolaus II., und damit zum Unglück für ganz Rußland, daß das große Vorhaben Stolipins mit seinem Tode versandete. So wie das bekannte russische Sprichwort sagt: »Unser Schicksal schenkt uns sehr große Ideen, die wir aber nie verwirklichen können.«

Stolipin, dieser große Staatsmann, Premierminister und Minister für Volkswirtschaft, erkannte deutlich, daß Rußlands Elend nur mit einer radikalen landwirtschaftlichen Reform beseitigt werden könnte. Trotz riesiger Landflächen-Reserven war ja der russische Bauer, so paradox dies klingt, sehr oft ohne Landbesitz. Dadurch wurden Millionen russischer Bauern zu Proletariern gestempelt, und genau das wollte Stolipin durch ein großangelegtes Kreditsystem beseitigen. Wie Pilze aus dem Boden schiessend entstanden neue, nach seinem Plan aufgebaute Siedlungen, zuerst in abgelegenen Gebieten Rußlands, um auch deren Einwohnerzahl zu erhöhen. Aber selbst in der Ukraine wurde mehreren Bauern die Möglichkeit geboten, sich eine eigene, bessere Landwirtschaft aufzubauen, in welcher der neue Siedler seinen ganzen Landbesitz um seinen Hof konzentrierte und nicht in unzähligen, zerstückelten Flächen bewirtschaften mußte.

Stolipin wurde in Kiew angeblich von einem Terroristen erschossen, so jedenfalls behauptete es die Monarchie. Die Roten erklärten, sein Mörder sei ein Provokateur der Ochranka (Geheimpolizei des Zaren) gewesen. Den politischen Mord verübte man, weil die landwirtschaftliche Reform dieses großen Staatsmannes so populär wurde, daß es sogar das Prestige des Zaren in den Schatten zu stellen drohte. Wie dem auch sei, die Kugel des Mörders traf nicht nur den Körper, sondern vernichtete auch die weitere Ausführung der Idee. Das eine war klar und die Einstellung der Sowjets gegenüber diesen Siedlungen bestätigte mir das auch: Hätte man die Reform durchführen können, so wäre damit der Nährboden für die bolschewistische Revolution entzogen worden!

Eine unzählige Menge Menschen büßte jetzt unschuldigerweise für diese Anfänge der Reform. Ich wunderte mich oft, warum eigentlich dieser oder jener Bauer in die Kategorie der Kulaken eingereiht wurde. Meistens konnten ja diese relativ neuen Siedlungen noch gar nicht reich sein. Und doch zählte man sie zu den Feinden – nur aus politischen Gründen.

Ganz andersartig waren die Siedlungen der Kirgisen (Kasachen, wie man sie jetzt nannte). Diese Stämme waren von früher her ein ganz freies und wildes Leben in ihren Steppen gewöhnt. In der Zarenzeit wurden sie nicht einmal zum Militärdienst verpflichtet! Nur einzelne Stämme lebten mehr oder weniger ansässig in ihren Auls, den primitiv gebauten kleinen Lehmhütten. Andere nomadisierten mit ihren Zelten. Landwirtschaft betrieben sie keine, sie war ihnen unbekannt. Sie besaßen aber Pferde, Kamele und Schafherden, die sich selbst überlassen waren, denn ein Kirgise war, gleich ob arm oder reich, nicht gewohnt zu arbeiten. Nur die Frauen trugen die Lasten des Alltags. Entweder ritt der Kirgise kilometerweit ohne ersichtlichen Grund oder er trank bei einem seiner Freunde den ganzen Tag Tee. Es wunderte mich immer, wie es möglich war, daß alle Neuigkeiten sofort selbst in den abgelegensten Auls bekannt wurden.

Auch hier wurde eine Klasseneinteilung durchgeführt, aber eine ganz andere als bei der übrigen Bevölkerung. Hier waren einzelne wirklich sehr reiche Kirgisen in die Kategorie der Kulaken (auf kirgisisch »Bai«) eingereiht worden, aber man hat ihnen nichts weggenommen, weil es Tatsache war, daß ein solcher »Bai« von den armen Kirgisen nicht gehaßt, sondern verehrt wurde. Es waren auch Fälle bekannt, wo einzelne Sowjetbeamte umgebracht wurden, die in ihrem politischen Eifer auch die »Bais« genauso behandeln wollten wie üblicherweise die Kulaken. Ganze Kirgisenstämme verschwanden ins Ungewisse in die Kasakensteppe, unter Mitnahme ihres Hab und Gutes.

Diese Kirgisen waren die einzigen des ganzen Rayons, die das bevorstehende Projekt nicht interessierte. Der Grund war auch begreiflich. Denn ob sie als Nomadenvolk mit ihren Herden hier oder hundert Kilometer weiter rasteten – was spielte das für eine Rolle? Dementsprechend war ihre Haltung auch uns gegenüber, und wir wurden sogar des öfteren ganz gastfreundlich bei irgendeinem »Bai« zu einem Nationalessen, das er uns zu Ehren gab, eingeladen. Ehrlich gesagt, konnten ich und mein Stellvertreter dieses Gericht, genannt »Bisch-Barmak« (Fünffinger) zu Beginn kaum essen. In einem großen, mit echten Perserbrücken geschmückten Zelt sassen wir alle auf dem Teppich nach türkischer Art. Einige Kirgisenfrauen bedienten uns. Obwohl sie nahe Verwandte des »Bais« waren, durften sie nicht mit uns essen. Zwei von ihnen schleppten eine riesige rote Kupferschüssel in die Mitte unseres Kreises. Gefüllt war sie mit auf kirgisische Art zubereitetem Schaffleisch. Der Herr des Hauses krempelte sich die Hemdsärmel auf und griff mit seinen affenartigen Armen und einem großen Messer bewaffnet in die Schüssel. Er zerschnitt das Fleisch in kleinere Teile und nahm ein Stück vom Kurdük (Schwanz), das beste nach seinem Geschmack. Dann stopfte er es mit seinen fünf Fingern dem ältesten Ehrengast in den Mund. Allen anderen legte er die Fleischstücke mit seinen Fingern direkt in ihre Hände. Die Größe und Qualität unterschied sich je nach Bedeutung des Gastes. Allein das Zuschauen beim Essen war ein radikales Mittel gegen jegliches Hungergefühl. Später aber gewöhnte auch ich mich an diese Speise, und es begann mir sogar zu schmecken.

Etwa ein Jahr dauerten die Vermessungsarbeiten samt allen Taxationen. Aufgrund dieser Arbeiten wurde es mit der Zeit klar, wie das künftige Bild des landwirtschaftlichen Lebens dieses Rayons aussehen würde. Noch waren die Bauern und Kosaken an ihren alten Plätzen, als dieses beste landwirtschaftliche Gebiet den Namen »Sofchos-Karawanni« erhielt.

Wie groß die Aufregung unter den Bauern war, kann man sich vorstellen. Sie sollten in Kürze ihre Siedlungen verlassen um an neuen Orten von vorne zu beginnen. Nun war es aber ziemlich klar, daß sie an den neuen Plätzen durch die mangelhafte Erde, die für landwirtschaftliche Zwecke wenig geeignet war, kaum etwas neues aufbauen konnten. Es war aber auch offensichtlich, daß der zukünftige riesige Sofchos Arbeitskräfte haben mußte. Es wurde deshalb alles unternommen, damit diese Bauern zu seinen Knechten wurden. Abgesehen vom Umstand, daß die projektierte Umsiedlung eine vollkommene Ruinierung der privaten Bauernlandwirtschaft zur Folge hatte, konnte der Bauer weder verstehen noch einsehen, warum er seine nutzbringende Tätigkeit aufgeben mußte, um dafür in den von allen Bauern Rußlands verspotteten sowjetischen landwirtschaftlichen Betrieben arbeiten zu müssen.

Die seit der Revolution entstandenen großen Landwirtschaftsbetriebe waren gewöhnlich entweder die Reste von ganz großen Privatlandgütern oder vorsowjetische staatliche Besitztümer, die den Bauern überhaupt nie zugeteilt wurden. Sie besassen meist große Ökonomie-Gebäude mit allen landwirtschaftlichen Maschinen, wurden aber von den Parteigenossen so bewirtschaftet (resp. bemißwirtschaftet, bestohlen usw.), daß der Bauer wirklich mit Recht kein Vorbild darin sehen konnte. Jetzt gründete man noch weitere, ungewöhnlich große Landwirtschaften, obwohl die bisher existierenden bestimmt keine Musterbeispiele darstellten. Aber der Parteibefehl war eindeutig, er mußte durchgeführt werden.

Im Spätherbst 1928 war endlich das ganze Projekt abgeschlossen. Nach dem Gesetz sollte es auch von der Bevölkerung in erster Instanz angenommen werden. Die Vorbereitungen dazu waren schon lange zuvor im Gange. Ich war derjenige, welcher gemeinsam mit dem Parteisekretär des Rayons alle Auls, Dörfer und Stanitzen besuchen mußte und an den Dorfversammlungen die technische Aufgabestellung zu erläutern hatte. Der Parteisekretär übernahm es, die politische Seite zu erklären. Wir unternahmen diese Reisen schon vor Fertigstellung des Projekts.

Durch Abstimmung mußten die Bauern auf den Versammlungen ihren »freiwilligen« Entschluß bekräftigen. Nun sah ich auch, mit welchen Mitteln die Sowjets zu einstimmigen Abstimmungsresultaten kamen. Nach meinem Referat, das der Bauer mit sorgenerfüllter Mine anhörte, weil es ihm klar wurde, was das für ihn und seine Familie bedeuten mußte, ergriff der Genosse Parteisekretär das Wort. Er erklärte in kurzen Lobeshymnen auf die Partei und Stalin das zukünftige Projekt als ein kolossaler Vorteil für Volk und Staat. Allein seine raue Stimme wie auch sein Aussehen waren so eindrucksvoll, daß keiner der Bauern es wagte, Fragen zu stellen. Ohne eine Pause zu machen, ging er sofort zur Abstimmung über und stellte nur eine Frage, die durch Handerheben beantwortet werden sollte: »Wer ist gegen dieses Projekt unserer Partei?!« Nun, es war ja selbstverständlich, daß nur ein Selbstmörder es wagen würde, hier die Hand zu erheben. Er hätte gegen Partei und Stalin gestimmt.

Diese Tragikkomödie ging weiter, bis das nun schon ausgefertigte Projekt im Rayonzentrum Krutschkowka den dazu von jedem Dorf ausgewählten Volksvertretern gezeigt und vorgelesen wurde. Die Regierung mußte noch auf meinen Plänen die Unterschrift der einzelnen Volksvertreter besitzen. Alsdann würde dieses Projekt im Orenburger Semotdel angenommen und bestätigt.

Durch den Bauer, bei dem wir wohnten, wußten wir schon längst, daß in der Bevölkerung trotz der herrschenden Angst noch immer eine Hoffnung bestand, daß ihre Vertreter an diesem Projektverlesungs-Tag nicht unterschreiben würden. Um so größer war mein Erstaunen, daß mein Projekt, das in der Rayonschule ausgestellt und von den Volksvertretern mit Stumpfsinn angestarrt wurde, einstimmig angenommen und unterschrieben wurde. Schon waren die Pläne zum größten Teil mit Kreuzen der analphabetischen Bauern versehen, in Kisten verpackt nach Orenburg weggeschickt worden. Erst zu Hause erfuhr ich von unserem Bauern, wieso es keine Gegenstimmen gab:

»Warum wundern Sie sich, Genosse, daß alles so gut gegangen ist?« sagte er. »Der Parteisekretär hat ja noch gestern eine Anzahl der Dorfvertreter einsperren lassen, von welchen er eine eventuelle Opposition erwartete. Dies, um die Restlichen einzuschüchtern, was ihm, wie Sie ja gesehen haben, gelungen ist.«

Die Bevölkerung antwortete allerdings auf eine andere Art auf dieses Projekt. Ich werde nie vergessen, wie ich einmal spät nachts in einer Kutsche durch einen Teil des Rayons fahren mußte und plötzlich am Horizont eine, wie mir schien, riesige Geisterstadt erblickte. Millionen funkelnder Lichter schimmerten in der Ferne. Diese Fata Morgana waren die ausgetrockneten, von den Bauern in Brand gesteckten Kawill Steppen. Helfen konnte diese Tat der Bevölkerung natürlich gar nicht, denn sie schnitten sich nur selber ins eigene Fleisch, da ihre Herden nachher kein Futter mehr fanden. Aber es herrschte allgemein eine gedrückte Stimmung. Man sah deutlich, daß den Bauern alles gleichgültig geworden war.

Endlich waren alle Aufgaben im Rayon fertig. Inzwischen war es wieder einmal Winter. Wir sollten nach Orenburg zurückkehren. Es herrschte eine schreckliche Kälte, 40 Grad unter Null waren keine Seltenheit! Gott sei Dank war es aber für gewöhnlich vollkommen windstill. Mit Sorge dachten wir daran, wie wir diese Reise nach dem sechzig Kilometer weit entfernten Orenburg mit dem Schlitten durchführen sollten. Ich sah mit eigenen Augen, wie manchmal ein Spatz durch die Luft flog und plötzlich erfroren als Eisstück auf den Boden fiel. Unser Bauer lieh uns noch die Winterausrüstung, russische Filzstiefel, Schafpelzmäntel, die wir über unsere Mäntel zogen, den Kopf ebenfalls mit Schafpelzmützen bedeckt, das ganze Gesicht mit

Orenburger Tüchern eingewickelt, so daß nur ein Schlitz für die Augen frei blieb. So verpackt zwängten wir uns in den Schlitten, und unser Bauer fuhr uns nach Orenburg.

Eigenartig war die Landschaft. Weit und breit nichts als Schnee, kein Horizont, da auch der Himmel weiß war. Himmel und Erde schienen verschmolzen. Weder sah man eine Erhebung noch einen Gegenstand, der uns irgendeinen Anhaltspunkt oder nur Vergleich für Größe oder Entfernung gegeben hätte. Es war mir rätselhaft, wie unser Kutscher den Weg fand.

Während der Fahrt glaubte ich plötzlich, ein mir vollkommen unbekanntes Tierwesen zu erblicken. Scheinbar erschrocken blieb es unbeweglich stehen. Ich rief dem Bauer zu: »Was kann das für ein Tier sein?« Der Größe nach erschien es mir mindestens wie ein Wolf, hatte aber die Körperform eines Nerzes. Er lachte, hielt den Schlitten an und sagte: »Den werden wir gleich haben, der springt uns im Schnee nicht weit davon!« Bewaffnet mit seiner Peitsche sprang er auf das Tier los. Als ich es in der Nähe sah, bekam ich wieder das richtige Größenverhältnis und sah, daß es ein ganz gewöhnlicher Iltis war, den der Kutscher mit ein paar Schlägen erledigte und strahlend meiner Frau als Geschenk überreichte.

Wir kamen in Orenburg trotz der Winterkleider halb erfroren an und konnten noch von Glück reden, ein kleines Zimmer in einem Gasthaus zu finden, wo wir uns endlich aufwärmen konnten.

Schon am nächsten Tag erfuhr ich im Semotdel, daß alle Angestellten dieses Amtes inklusive der Spezialisten in Kürze einer »politischen Reinigung« unterzogen werden sollten. An und für sich war diese Neuigkeit schon längst bekannt. Alle Zeitungen schrieben ja täglich, daß sich in den Ämtern eine Masse »früherer Menschen« verberge, die entlarvt und entfernt werden müßten. Man wollte alle Fehler und Mißstände in den Sowjetunternehmungen nicht der mangelhaften Führung der Parteigenossen sondern den Parteilosen in die Schuhe schieben. Einige Jahre später, als diese erste Säuberung in den Reihen der parteilosen Elemente anstelle einer Besserung eher eine Verschlimmerung der Lage verursachte, ging man auch zur Säuberung der Parteimitglieder über.

Diese Situation zwang mich zu ernsthaften Überlegungen, denn ohne Nachweis der überstandenen Säuberung konnte man künftig keine Stelle erhalten. Abgesehen davon: Hätte ich mich dieser Säuberung widersetzt, würde ich sofort in die Kategorie verdächtiger, konterrevolutionärer Elemente eingereiht. Die Folgen wären dann klar. Andererseits hoffte ich, die Säuberung zu überstehen, da meine politische Vergangenheit in Orenburg nicht bekannt sein konnte. In Odessa hätte ich dies nie wagen dürfen!

Beunruhigt und doch mit einiger Hoffnung entschloß ich mich, in Orenburg zu bleiben, bis diese Tragikomödie vorbei war. Die Vorbereitungen waren damals nicht von großer und pompöser Art wie später bei den Säuberungen in der Partei. Und doch blieben die Methoden an und für sich die gleichen. Die städtische Säuberungskommission, natürlich alles nur Parteimitglieder, organisierten Massenversammlungen in jeder städtischen Verwaltung. Endlose Reden der Parteigenossen wurden gehalten, die Entlarvung und Ausrottung des Klassenfeindes zum Thema hatten und auch die Methoden der bevorstehenden Säuberung verkündeten. Alle waren verpflichtet, Augen und Ohren offenzuhalten und alles, was im politischen Sinne bei anderen Mitmenschen verdächtig war, selbst wenn es nur Vermutungen waren, schriftlich der Tschistka-Kommission mitzuteilen. In jedem städtischen Büro waren speziell dafür verschlossene Briefkästen aufgestellt. Es ergab sich daraus eine Welle der unglaublichsten Denunziationen, aber sehr selten wurden wirklich »frühere Menschen«, die eventuell sogar Saboteure sein konnten, herausgefischt. Dafür aber siegte der persönliche Haß zwischen den Spießbürgern, so daß auf diese Weise unschuldige Menschen ins Unglück gestürzt wurden.

Das russische Theater schätzte ich sehr, und es war für mich immer ein wahrer Genuß, einer Oper- oder Ballett-Aufführung beizuwohnen. daß ich aber auch einmal auf der Bühne eines solchen Theaters auftreten würde und dazu noch in einer solchen Rolle, das hätte ich mir nie träumen lassen.

Im Orenburger Stadttheater, einem ziemlich schäbigen Gebäude, fand die Säuberung statt. Auf der Bühne, hinter einem mit einem roten Tuch bedeckten langen Tisch, sassen fünf Parteigenossen und blätterten in einer Menge Akten. Die Sitzungen fanden dort jeden Abend nach der Arbeit statt. Je nach Größe der zur Säuberung bestimmten Organisation dauerten die Sitzungen ein bis vier Abende. Zutritt in den Saal war für jedermann frei. Das Publikum schaute sich die »Komödie« nicht nur an, sondern beteiligte sich hie und da auch aktiv. Die zur Säuberung bestimmten Personen wurden vom Vorsitzenden der Kommission einer nach dem anderen auf die Bühne gerufen, wo der Betreffende, dem Saal zugewandt, seine Autobiographie erzählen mußte. Kurz darauf wurden ihm Fragen gestellt, auf die er sofort antworten mußte.

Ich saß im Saal zusammen mit meinem technischen Stellvertreter, Sergej Efimowitsch Fessenko. Er war ehemaliger weißer Offizier und früherer Besitzer einer großen Druckerei und seit langem von der GPU in der Ukraine gesucht. Er war von beispiellosem Haß gegen die Bolschewisten erfüllt und auch er mußte die Säuberung durchgehen, sonst hätte sein Leben in Sibirien geendet. Nach einer Reihe mir unbekannter Angestellter, die auf der Bühne ihre uninteressanten proletarischen Biographien schilderten und auf die fast keine Fragen der Zuschauer und der Kommission erfolgten, wurde Fessenko auf die Bühne gerufen. Sein früheres Leben war mir ja bekannt, da er zu mir Vertrauen haben konnte. Er stammte aus einer reichen Familie, hatte in seinem Fach sogar in Deutschland studiert, kam 1914 nach Rußland zurück, machte den ganzen Ersten Weltkrieg mit und schloß sich dann der weißen Armee an. Nach der Niederlage floh er nach Zentralrußland, wo er unbekannt war.

Trotz seiner Abstammung und früheren Verhältnissen sah er aus wie ein echter Proletarier. Dies erlaubte es ihm, den Mustergenossen zu spielen und die wahren Tatsachen zu verbergen. Durch eine Verwundung im Krieg hatte er einen kleinen Sprachfehler, den er immer im Verkehr mit hohen Parteivorsitzenden ausnutzte. Er machte aus sich einen Halbidioten, was zum mittleren Niveau eines Sowjetangestellten ausgezeichnet paßte. Mit schwerfälligen Schritten – er war ein sehr großer Mann – begab er sich auf die Bühne. Anstatt nun aber seine Autobiographie zu erzählen, wie dies seine Vorgänger getan hatten, übergab er dem Vorsitzenden ein Stück Papier und sagte ihm lallend irgend etwas. Daraufhin erhob sich dieser und erklärte der Menge: »Dieser Genosse ist behindert durch einen schweren Sprachfehler als Folge seines Kampfes gegen die Weißbanditen in der Revolution. Er bittet mich deshalb, Ihnen dieses Schriftstück vorzulesen.« Dann begann er mit lauter Stimme zu sprechen: *»Ich bin ein armer Schriftsetzer von Beruf. Mein ganzes Leben unter dem Zarismus war reinste Sklaverei. Jahrelang mußte ich für das Kapital mein Blut an der Front vergiessen. Zum Glück kam die Revolution, die mich befreite und aus mir einen freien Bürger machte. Ich war in der roten Armee und kämpfte in der Ukraine gegen die Generäle und Offiziere, die unser Land wieder versklaven wollten. Wir haben gesiegt und die Angreifer ins Schwarze Meer gejagt. In Charkow habe ich nachher das Vermessungstechnikum besucht und arbeite* *schon jahrelang in diesem Fach. Beiliegend die Zeugnisse von meinem Dienst.«*

Ich glaubte, meinen Ohren nicht zu trauen. Wie konnte Fessenko den Spieß so umdrehen! Aber ich war mir bewußt: Wenn er die Wahrheit gesagt hätte, wäre er auf der Stelle entlassen und im besten Falle arretiert und nach Sibirien verschickt worden. Es blieb ihm nichts anderes übrig, selbst auf das Risiko hin, daß die Machthaber etwas von seiner Vergangenheit in Erfahrung brachten. Auf diese Weise erreichte er, daß ihm nicht eine einzige Frage gestellt wurde, er erntete sogar einigen Applaus im Saal.

Danach war die Reihe an mir. Schon als ich auf der Bühne stand und mich dem Saale zuwandte, stellte ich erstaunt fest, daß ich meine eigene Stimme nicht mehr hörte, dies möglicherweise durch die Aufregung und Angst.

Ich konnte keine Tricks à la Fessenko anwenden und erzählte mein Leben, so wie es war. Allerdings ließ ich aus, daß meine Mutter in zweiter Ehe mit einem Großgrundbesitzer verheiratet gewesen war. Auch verschwieg ich natürlich meine Teilnahme in der weißen Armee. Ich trachtete danach, mich als unpolitischen Ausländer darzustellen, dessen technische Qualifikation durch das Semotdel zu beurteilen sei. Man ging nun zum Fragestellen über. Sie bestand aus einer einzigen, auf die ich eigentlich nicht vorbereitet war:

»Sagen Sie, Genosse, warum sind Sie denn eigentlich bis jetzt Schweizer geblieben und noch kein Sowjetbürger geworden?«
Diese Frage brachte mich in arge Verlegenheit, aus der mich jedoch ganz unerwartet der Vorsitzende rettete: »Nach unserer Konstitution«, antwortete dieser für mich, »darf jeder arbeitende Ausländer bei uns in der Union leben und arbeiten.« So war es tatsächlich damals.

Als mir diese Frage gestellt wurde, befürchtete ich schon das Schlimmste. Die Einstellung Rußlands gegenüber der kleinen

Schweiz war alles andere als freundlich, nicht nur, weil die Eidgenossenschaft die Sowjetregierung nicht anerkennen wollte, sondern wegen des Urteils gegen den Mörder des Genossen Warowsky, der bekanntlich freigesprochen wurde. Ich konnte noch von Glück reden, daß die Sowjets ihre Wut nicht an jedem einzelnen Schweizer in Rußland ausließen.

Nun hatte ich die Prozedur überstanden, und in meinem Arbeitsdienstbuch wurde der Satz vermerkt: »Durchging die Säuberung des Sowjetapparates in Orenburg.« Dies bedeutete sehr viel, und ich konnte dadurch wegfahren und arbeiten, wohin und wo ich wollte.

Gerade damals konnte man sogar in Orenburg merken, daß die Zeit des NEPs im Abflauen begriffen war. Die Gründe hierfür waren aber vollkommen unverständlich. Alle kleinen Privatkaufleute fingen wegen der hohen, immer progressiver werdenden Besteuerung zu jammern an. Man sah deutlich, daß der Privathandel verblühte. Ich wollte keinesfalls mehr in Orenburg bleiben. Meine Mutter schrieb mir schon lange, daß ich ihrer Meinung nach ungeniert nach Odessa zurückkehren könnte, denn unsere »Freunde« (dieses Wort gebrauchten wir für die GPU) hätten ihre Tätigkeit soweit abgebaut, daß kein Anlaß vorliege und ich keine Unannehmlichkeiten zu erwarten hätte. Dieser Vermutung traute ich zwar nicht ganz, doch zog es uns dennoch nach Odessa. So entschlossen wir uns schließlich zur Heimreise.

Ich wollte mich auch einige Monate entspannen, da ich sehr hart gearbeitet hatte, fast ohne freie Tage und von frühmorgens bis spät in die Nacht hinein. Diese Anstrengungen wurden sehr wohl finanziell abgegolten. In meinem neuen Beruf konnte man damals sehr viel verdienen. Alle unsere Arbeiten waren normiert. Mit Energie und Überstunden über diese Norm hinaus konnte man dieselbe mehrfach überbieten. Wenn man dazu noch Glück hatte, ein großes Objekt zur Bearbeitung zu erhalten wie ich, so konnte man es sogar bis zur zehnfachen Norm bringen. So erhielt ich vom Orenburger Semotdel eine bedeutende Summe ausbezahlt, die es mir erlaubte, in Ruhe nach einer weiteren Tätigkeit Ausschau zu halten. Wir reisten somit zurück nach Odessa, wo sich die Verhältnisse tatsächlich bedeutend verbessert hatten. Es schien sogar, als ob die GPU ihre Rolle ausgespielt hätte.

Odessa sah wieder genau so aus wie in den guten, alten Zeiten. Gut sortierte Läden, gut gekleidetes Publikum, Theater, Kino und Restaurants, alles war wieder da. Nur waren diese Leute keine »früheren Menschen« mehr, sondern solche einer neuen, kapitalistischen Klasse, die nicht Vermögen ererbt, sondern es aus eigener Initiative und Fleiß zu etwas gebracht hatte. Auch die Bauern sahen nicht mehr so ärmlich aus und überfluteten die Märkte Odessas mit ihren Produkten.

Es war wirklich keine Rede mehr davon, daß irgendwelche konterrevolutionären Kreise Chancen gehabt hätten, diese Massen zu beeinflussen. So war die GPU praktisch fast arbeitslos geworden. Dies alles war aber nur die eine Seite der Medaille. Die Kehrseite war, daß eine Menge von Arbeitslosen zu einem elenden Leben verurteilt war. Kleinere Regierungsangestellte, die mit ihren winzigen Salären nicht auskommen konnten und mit Neid und Wut die neue Bourgeoisie betrachteten, Rotarmisten und GPU-Leute, die durch all das ihre Macht eingebüßt hatten, waren ebenfalls Bevölkerungsgruppen, die keine Sympathien für dieses System haben konnten.

»Wofür haben wir gekämpft, Genossen, wofür haben wir unser Blut vergossen? Damit ein neuer Bourgeois und Kulak sich auf unsere Schultern setzt?« Dies waren die Empörungsschreie des enttäuschten Proletariats, das aus eigener Unfähigkeit zu nichts kommen konnte.

Auch auf dem Lande war das Verhältnis gleich. Dieselben armen Bauern, die vor einigen Jahren Land im Überfluß zur Bewirtschaftung erhielten, hatten es größtenteils zu nichts gebracht. Sie verpachteten ihr Land den unternehmungslustigen Bauern aus anderen Schichten und verarmten noch mehr.

Abgesehen von diesen Zuständen, die für mich keine beunruhigende Rolle spielen konnten, waren die Verhältnisse soweit normalisiert, daß wir uns entschlossen, in Odessa zu bleiben. Durch Zufall gelang es mir, für ein paar hundert Rubel zwei sehr schöne Zimmer in einer komfortablen Wohnung in der Novosellskajer-Straße zu kaufen. So richteten wir uns ein nettes Heim ein. Durch Bekannte und Zeitungsinserate kauften wir uns viele schöne, meist antike Möbel, Bilder, Teppiche und anderes mehr.

Wieder einmal vergassen wir die früheren Unannehmlichkeiten und Gefahren und führten sogar ein offenes Gesellschaftsleben. Nur waren diesmal unsere Bekannten keine »früheren Menschen« mehr, sondern lauter Nepmanns. Die einzige Ausnahme war Smolensky, immer noch Kommandeur der GPU-Brigade in Odessa. Dieses Leben dauerte etwa ein halbes Jahr. Auch in Odessa begannen sich die Anzeichen zu mehren, daß die NEP-Zeit sich dem Ende zuneigte. Die erste Maßnahme ging auch hier vom Finotdel (Finanzabteilung und Steueramt) aus. Die Steuerpresse begann, die Gewinne der Nepleute, aber auch der erfolgreichen Bauern auf dem Lande, wegzufressen.

Ich war gerade dabei, mir zu überlegen, ob ich meine Arbeit wieder aufnehmen sollte, als sich bei mir zu Hause etwas ganz außergewöhnliches ereignete. An einem frühen Nachmittag, meine Frau war gerade abwesend, läutete es an unserer Türe und unser Dienstmädchen meldete mir zwei Genossen. Schon allein der Ausdruck »Genosse« gefiel mir nicht. Zwei Militärpersonen, unzweifelhaft GPU-Leute, machten mir ihre Aufwartung. Sehr freundlich und mit einem Lächeln erklärten sie mir:

»Sehen Sie, Genosse, wir sind in der Erwartung zu Ihnen gekommen, daß Sie uns helfen werden. Wir sind sicher, daß Sie uns entgegenkommen werden, da Sie ja einer der Unseren sind.«

Geschmeichelt fühlte ich mich beim Wort »Unseren« nicht gerade. Mit Spannung erwartete ich, was das alles zu bedeuten hatte. Jetzt schaltete sich auch der andere ins Gespräch ein und erklärte mir endlich den Zweck des Besuches.

»Die Sache ist die, daß die Sowjetregierung aufgrund eines Austauschabkommens mit einem anderen Staat einige Ausländer für eine bestimmte Zeit aufgenommen hat. Einer von diesen ist jetzt bei uns in Odessa. Er lebt vorläufig im Londonhotel (damals das beste Hotel in Odessa), aber er zieht es vor, in eine russische Familie aufgenommen zu werden, um die Sitten und Gebräuche unseres Landes besser kennenzulernen. Wir wählten Sie aus folgenden Gründen dafür aus: Ersten verfügen Sie über sehr schön möblierte Zimmer, was wir privat sonst sehr schwer finden können, und zweitens sind Sie ein gutgestellter Sowjetbeamter, und trotz Ihres ausländischen Passes sind Sie ja ein gebürtiger Russe. Drittens – Sie verstehen ja selber...« Was er mit drittens meinte, ahnte ich nur. Konnte der GPU niemand einen »Wunsch« abschlagen?

Der Vorschlag begeisterte mich verständlicherweise nicht, und so versuchte ich mit allen Mitteln, einer Zusage auszuweichen. Die Genossen liessen aber nicht locker und gerade, als ich als letztes Argument eine (fiktive) Krankheit meiner Frau anführte, kam sie unglücklicherweise zurück. Da ihr Aussehen alles andere als krank war, mußte ich schließlich annehmen. Selbst Olga gab mir zu verstehen, daß ich nicht anders hätte handeln können.

Schon am nächsten Morgen in der Frühe erschien bei mir der unbekannte Gast. Zufällig stand ich auf dem Balkon, als ein Mann in voller Militäruniform der japanischen Armee einer

Droschke entstieg. Ich sah das Erstaunen der Menschen auf der Straße. Mir kam es überhaupt nicht in den Sinn, daß dies der mir angekündigte Ausländer war. Mein Entsetzen und der Schrecken meiner Frau, als es schließlich bei uns läutete, war so groß, weil wir beide, ohne ein Wort zu wechseln, das gleiche dachten: Wieder ist es aus mit unserem friedlichen Leben! Ein japanischer Offizier, aufgenommen in unserer Wohnung, ist ja ständig von der GPU bewacht. Folglich würden auch wir wieder unter Bewachung stehen.

Das einzig Vernünftige wäre gewesen, ihm ohne zu überlegen die Türe zu weisen. Aber das Verhalten dieses Japaners entwaffnete uns vollkommen. Die Intelligenz, die Höflichkeit und Bescheidenheit dieses Menschen waren derart zwingend und uns seit der Revolution schon unbekannt geworden, daß wir nicht den Mut aufbrachten, ihn so zu behandeln. So begann ein neuer Abschnitt in unserem Leben, der in kürzester Zeit eine vollkommene Veränderung unseres Daseins in der Sowjetunion herbeiführen sollte.

Massatusi Miano war einer der Militärs, die aufgrund des Austauschabkommens nach Rußland kam, wo er in Odessa als Beobachter einer Artillerie-Brigade zugeteilt wurde. Irgendwo in Japan mußte ein russischer Offizier dieselbe Aufgabe haben.

Jeden Morgen holte man den Offizier ab, und es kam sehr oft vor, daß er erst spät abends nach Hause kam. Nur im Dienst trug er seine Uniform. Bei uns zu Hause saß er immer im Kimono. Da er schnell begriff, welchen Kreisen wir angehörten, äußerte er sich uns gegenüber ohne jegliche Furcht. Wir staunten, wie ausgezeichnet er die Verhältnisse kannte, obwohl er erst kurze Zeit im Lande war. Er sprach, wenn auch mit Akzent, sehr gut russisch. Alles erschien ihm bei uns in Rußland grotesk. Obwohl damals noch die besten Zeiten des NEP waren, versicherte er uns, daß es keinen Vergleich zuließ mit dem Leben in Westeuropa, das er gut kannte. Er erzählte uns auch seine Eindrücke von der Sowjetarmee, die damals erst im Aufbau begriffen war. Einmal teilte er uns sogar mit, daß vermutlich bei Manövern während seiner Abwesenheit Gas verwendet wurde, da er am nächsten Tag Spuren davon entdeckt hätte.

Unsere Lebensgewohnheiten änderten sich grundlegend mit dieser Einquartierung. Schon in den ersten Tagen erfuhren meine Bekannten, daß eine mysteriöse Person bei uns einquartiert war. Sobald sich diese aber als japanischer Offizier entpuppte, verloren wir unseren gesamten Bekanntenkreis. Wie die Ratten das sinkende Schiff verlassen, so verschwanden auch alle unsere Bekannten und Freunde. Keiner von diesen hatte je mit Politik etwas zu tun gehabt. Und doch wollten sie vermeiden, sich durch die Gesellschaft mit einer ausländischen Militärpersönlichkeit zu exponieren. Sogar Smolensky blieb sofort aus.

Wir befanden uns ständig in einer nervösen Spannung und waren froh, als wir erfuhren, daß sich unser Gast für einen Monat ins Ausland begeben wollte. Sofort erklärten wir ihm, daß wir zu unserem Bedauern nicht mehr der Lage wären, ihm nach seiner Rückkehr weitere Gastfreundschaft zu gewähren, da ich mit meiner Frau für einige Monate verreisen müsste. Dies entsprach auch der Tatsache, da ich einen Arbeitsvertrag mit der Semotdel der Stadt Winnitza abgeschlossen hatte.

Schon am nächsten Tag kam einer der beiden, mir bereits vom früheren Besuch her bekannten Tschekisten zu uns. Er erkundigte sich, ob ich wirklich die Absicht hätte, wegzureisen, oder ob ich nur einen Vorwand suche. Es blieb mir nichts anderes übrig, als ihm zum Beweis den Arbeitsvertrag vorzulegen, was ihn scheinbar beschwichtigte. Beim Abschied sagte er mir noch, daß der Offizier sowieso nach Rückkehr aus dem Ausland in Moskau bleiben werde. Sie wollten noch irgendeinen anderen

Ausländer bei mir einquartieren, sähen aber ein, daß ich wirklich fort müßte.

Ich dachte schon, daß sich die Angelegenheit mit dem Japaner in Wohlgefallen auflösen würde. Kurze Zeit später verabschiedete sich Miano von uns. Einige Tage darauf fuhr ich mit meiner Frau nach Winnitza. Die Wohnung sperrten wir ab und liessen die Schlüssel bei meiner Mutter.

Diesmal verlief meine Tätigkeit auf dem Lande in ganz anderer Weise, als ich es bisher in der Ukraine gewohnt war. Die Partei hatte den ersten Fünfjahresplan der Industrialisierung des Landes verkündet. Für die breite Masse war dieser Regierungsentschluß mehr oder weniger begreiflich, da die russische Industrie auf niedriger Stufe stand. Für das Stadtproletariat bedeutete dieser Plan eine Zukunft. Daß aber gleichzeitig auch ein neues System auf dem Lande, genannt »Kollektivismus«, eingeführt werden sollte, blieb vorerst unverständlich. Wem konnte dies zugute kommen? Bestimmt nicht dem Mittelstandsbauer, auf dem die Sowjets das ganze NEP-System aufgebaut hatten. Natürlich auch nicht dem Kulaken. Dieser wurde in der Zeit der ersten Landreform ja ausgerottet. Der einzige Nutzniesser dieses Systems konnte nur der Dorfproletarier sein, der aber in der Ukraine eher in der Minderheit war. Zuerst bestand noch ein Schein von Freiwilligkeit bei der Gründung der Kolchosen-Wirtschaft. Später aber ging die Regierung zu ganz brutalen Methoden über und zwang die Dorfbewohner, ihr ganzes Land gemeinsam zu bewirtschaften.

Sogar der Bauernhof mit allem Drum und Dran wurde als Kolchoseneigentum angesehen. Pferde, Kühe, Schweine, Hühner sowie das gesamte Inventar war kein Privateigentum mehr, sondern gehörte dem Kolchos. Dieser wurde vom Vorsitzenden und einigen Verwaltungsmitgliedern geleitet, die natürlich aus den ärmsten Schichten der Bevölkerung rekrutiert wurden.

Meistens waren diese auch noch Parteigenossen. Groteskerweise wählte man jetzt als Kolchosenleiter gerade diejenigen, die sich zur NEP-Zeit als vollkommen unfähig erwiesen hatten.

Die schreckliche Zeit der Kollektivierung Rußlands, die 1932 ihr Ende fand, ist so allgemein bekannt, daß sich eine nähere Beschreibung erübrigt. Tatsache ist jedoch, daß sie rücksichtslos durchgeführt wurde. Erst später entschloß sich die Partei, das System zu lockern, indem sie den Bauern die Bauernhöfe samt Kleininventar als Privateigentum zurückgab. Wie das Ausland die damalige Kollektivierung ganz richtig beurteilte, ersah ich mehrere Jahre später aus einer Karikatur, die einen nackten, ausgehungerten, bärtigen Russen auf einem verwahrlosten Acker darstellte, der wie Adam nur mit einem Kohlblatt bekleidet war. Darunter stand »Kohl-cHosen«.

Meine Frau und ich waren direkt glücklich, daß wir von Winnitza bald wieder nach Odessa zurückfahren konnten, da die Verhältnisse auf dem Lande unerträglich waren. Derselbe Bauer, der uns noch vor einem Jahr als Freund betrachtete, da wir ihm seinen NEP-Aufschwung ermöglichten, empfing uns jetzt wie ein Todfeind. Wir waren ja Sowjetangestellte, und die Sowjets waren es, die die Bauern in die Kolchosenwirtschaft zwangen.

Im Spätherbst 1929 kehrten wir wieder nach Odessa zurück. Nur einen Sommer waren wir weggewesen, aber wie hatte sich die Lage dort verändert! Jetzt begann die offensichtliche Liquidierung der NEP auch in den Städten.

Es war nicht mehr allein der Fiskus, der dem Nepmann die weitere Existenz verunmöglichte, auch die GPU war wieder ganz oben. Ein schöner Laden nach dem anderen verschwand. Keiner getraute sich mehr, elegant angezogen auf die Straße zu gehen. Man hörte ständig von Massenverhaftungen aus Kreisen der Nepleute, denen man nicht nur ihre Rubel, sondern auch Gold, Schmuck, Devisen und alle persönlichen Effekten abpreßte. Als offizielle Begründung wurde der Fünfjahresplan angegeben, der Devisen zum Einkauf der Industriemaschinen aus dem Ausland benötigte. Es war eine neue Revolution im Gange, was gestern erlaubt, sogar von der Regierung befürwortet wurde, war heute strafbar.

Die wirtschaftlichen Folgen setzten augenblicklich ein. Es begann eine Hungersnot, die alle Schichten der Bevölkerung traf. Nichts gab es mehr zu kaufen. Für die wenigen, noch unter der Hand erhältlichen Waren wurden wieder Phantasiepreise verlangt. Der so gut notierte russische Rubel fiel wieder in die Inflation zurück. Die Nepmanns behandelte man fast gleich wie ehemals die »früheren Menschen«, und dies, obwohl sie doch Sowjet-Anhänger waren.

Wir verstanden überhaupt nichts mehr. Aus welchen Gründen mußte man diesen so schwer aufgebauten Wohlstand scheinbar sinnlos zerstören? Vom kommunistischen Standpunkt her war die Vernichtung der NEP schon logischer: Durch das NEP-System, das zwar das Land vor dem wirtschaftlichen Ruin rettete, wurde Rußland wieder der Privatinitiative ausgeliefert. Das war für die Sowjets nicht annehmbar, da die Gefahr bestand, daß bei Fortdauer aus dem ursprünglich gedachten kommunistischen Sowjetparadies wieder ein kapitalistischer Staat werden könnte.

Nach einem Besuch bei einem Dienstkollegen kam ich ziemlich spät nach Hause zurück. Meine Frau fühlte sich nicht wohl und lag bereits im Bett. Nachdem ich noch schnell einige Zeitungen durchgeblättert hatte, wollte auch ich mich gerade niederlegen, als die Türglocke ertönte. Es war schon Mitternacht, und mir war sofort klar, was ein Besuch zu dieser Zeit zu bedeuten hatte. Die GPU pflegte ja mit Vorliebe bei Nacht zu kommen. Ich öffnete die Türe selbst. Drei Tschekisten drangen in meine Wohnung ein. Als erstes gingen sie in unser Schlafzimmer und streckten mir dort einen Ausweis unter die Nase, der sie bevollmächtigte, meine Wohnung zu durchsuchen. Dieser Aufforderung konnte ich nichts entgegensetzen. Vollkommen apathisch setzte ich mich auf das Bett meiner Frau, während die Geheimpolizisten ihre Arbeit taten. Das einzige, was sie beschlagnahmten, war eine Kopie meines Orenburger-Planes, die ich mir zum Andenken selbst angefertigt hatte.

Meine Frau Olga und ich hatten beide Todesahnung. Krampfhaft hielten wir uns an beiden Händen fest. Der Blick meiner weinenden Frau wird mir immer unvergesslich bleiben. Ich sah, daß sie sich im Geiste schon von mir verabschiedete. Die Genossen hatten gerade ihre Durchsuchung beendet, als einer von ihnen zu meiner Frau kam und das Unwahrscheinlichste und Schrecklichste sagte:

»Genossin, stehen Sie auf, ziehen Sie sich an und folgen Sie uns, Sie sind verhaftet.« Mir streckte man ein Papierstück zu, den Haftbefehl gegen meine Gattin.

Im Moment der Verhaftung sah ich in den Augen meiner Frau schmerzerfüllte Tränen. Aber bald versiegten auch diese, und es trat Ruhe in ihr Antlitz. Ich bemerkte deutlich die Erleichterung, daß das Los sie getroffen hatte und nicht mich. Mein Herz krampfte sich zusammen, und ich mußte meine ganze Beherrschung aufbieten, um nicht wie ein schwer verwundetes Tier aufzuschreien.

Die Tschekisten liessen uns keine Zeit, so bat ich nur, meine Frau mit einer Droschke begleiten zu dürfen, da sie krank sei und draußen ein mörderischer Wind tobte. Dagegen hatten die GPU-Leute natürlich nichts einzuwenden, denn auch sie zogen die Droschke der eisigen Kälte vor. Ich bekam aber nur die Erlaubnis, meine Frau bis zur Droschke begleiten zu dürfen.

Erst als sie abgefahren und ich wieder in meinen vier Wänden war, kam mir die ganze Tragik zu bewußtsein. Meine Kehle war wie zugeschnürt. Ich zitterte am ganzen Körper und rief den

Namen meiner Frau. Ich zweifelte an Gott, der nicht verhinderte, daß einem der liebste Mensch genommen wird. Wäre sie tot, so wüsste ich wenigstens, daß sie nicht leiden müßte. So aber war sie der grausamsten Clique, welche die Menschheit je hervorgebracht hatte, wehrlos ausgeliefert.

Völlig machtlos saß ich da und konnte ihr nicht helfen. Tausend Gedanken jagten durch meinen Kopf. Wieso wurde Olga verhaftet? Was konnte man ihr überhaupt vorwerfen, welche »Gründe« könnte die GPU produzieren...

Ich durchlief die Räume meiner Wohnung, warf mich aufs Bett und weinte. Gegen morgen überfiel mich ein todähnlicher Schlaf, wenn auch nur für wenige Stunden.

Tagelang rannte ich von einer Auskunftsstelle der GPU zur anderen, bis ich endlich erfuhr, daß meine Frau in den Kellern des Marasli-Gebäudes eingeliefert worden war. Auch dies herauszufinden gelang mir wieder nur durch Übergabe eines Lebensmittelpaketes, das, nachdem man es an vielen Stellen abgelehnt hatte, endlich angenommen wurde. Immer wieder zerbrach ich mir den Kopf, was man meiner Frau wohl zur Last legte. Wenn schon jemand hätte verhaftet werden sollen, dann wäre doch wohl nur ich diese Person gewesen! Zwei Monate vergingen, bis ich es endlich nicht mehr aushielt und den Entschluß faßte, nach Moskau zu reisen. Dort war das berühmte russische Rote Kreuz, das unter dem Vorsitz der Genossin Peschkowa, der Frau des Schriftstellers Maxim Gorki stand, bei der man scheinbar Gerechtigkeit finden konnte.

Ich überließ der Hausangestellten die weitere Paketübergabe für meine Frau und zog aus, um diese »Gerechtigkeit« zu finden. Das russische Rote Kreuz war an einer eigenartigen Lage untergebracht: Fast gegenüber der Lubljanka-GPU und direkt gegenüber dem Monument des in der Schweiz ermordeten Genossen Warowsky. Es blieb mir erspart, die Hausnummer suchen zu müssen, da schon von weitem eine riesige Menschenschlange zu sehen war, alles Leute, die wie ich nach Schutz und Recht suchten.

Zwei Tage lang stand ich in der Schlange, bis ich endlich an die Reihe kam. Nicht alle hatten das »Glück«, die Peschkowa persönlich sprechen zu dürfen. Unzählige Sekretärinnen halfen ihr bei dieser Sache. Ich aber wurde persönlich von ihr empfangen: Einer müden, altaussehenden Dame, der anzumerken war, daß ihre Gedanken – wenn überhaupt – nicht bei meinem Fall waren, die ich um Gerechtigkeit bat und erklärte, meine Frau habe niemandem etwas zuleide getan. Die Besprechung dauerte höchstens zwei Minuten. Ich hinterließ ein schriftliches Gesuch, und es wurde mir zugesichert, daß das Rote Kreuz alles tun würde, um den Fall abzuklären.

Auf dem Roten Platz in Moskau, in dem Torgowie-Riadi, war damals noch das Internationale Rote Kreuz anwesend, vertreten durch einen Rußland Schweizer, Herrn W. Nach der Revolution 1918 ist dieser Herr zusammen mit meinen Großeltern in die Schweiz zurückgekehrt. Ein Jahr später gelang es ihm, die Stelle als Delegierter des Internationalen Roten Kreuzes in der Sowjetunion zu erhalten und als Persona grata wieder nach Moskau zurückzukommen. Seine Stellung in Moskau war wirklich außergewöhnlich. Er genoß seitens der Regierung fast die gleiche Achtung wie ein Diplomat ersten Ranges. Er verstand, dies auch auszunützen. Im Jahre 1938 mußte aber auch er die Sowjetunion verlassen, da diese kein internationales, sondern nur mehr ihr eigenes Rotes Kreuz duldete. Herrn W. kannte ich noch von früher, durch seine Vermittlung habe ich seinerzeit auch meinen Schweizer Pass erhalten. Der Schutz aller Ausländer ohne eigene diplomatische Vertretung war damals in seiner Hand. Dieser »Schutz« begrenzte sich aber nur auf rein konsularische Tätigkeit.

Meine Erzählung versetzte Herrn W. in Unruhe. Ich ahnte, daß er befürchtete, in etwas Politisches verwickelt zu werden. »Mein lieber Freund«, sagte er mir, »wir können doch gar nichts machen, da wir ja vollkommen machtlos sind. außerdem ist Ihre Frau auch keine Schweizer Bürgerin.«

Da meine Frau und ich aus Angst vor Sowjet-Repressalien vermieden hatten, meine Ehe in der Schweiz zu registrieren, wollte ich dies jetzt nachholen. In meinem Paß stand »angeblich verheiratet«. Wir wollten verhindern, daß meine Frau durch die Anerkennung als Schweizer Bürgerin Schwierigkeiten mit der GPU erhielt. Jetzt, nachdem diese bereits eingetreten waren, verlangte ich von W., mir in dieser Sache behilflich zu sein. Alle nötigen Dokumente und Unterlagen ließ ich ihm dort.

Es stellte sich aber sofort heraus, daß der Schweiz mein Trauschein nicht genügte, da dort meine Frau als Witwe genannt wurde und man von mir eine schriftliche Bestätigung des Todes ihres ersten Mannes verlangte. Wie sollte mir das möglich sein? Die Bolschewisten verurteilen Menschen massenweise zum Tode, niemals aber haben sie eine schriftliche Bestätigung eines solchen Mordes in private Hände gegeben. Es blieb mir also nichts anderes übrig, als das seinerzeit ausgestellte Urteil gegen ihren ersten Mann vorzulegen. Die »Begründung« beweist schwarz auf weiß, wie die Sowjets den Mord an ihren politischen Gegnern rechtfertigten. Nach langatmiger und unwichtiger Beschreibung des Verurteilten lautete es:

»Der Angeklagte, der laut seiner Abstammung (er war eben kein Proletarier) als unverbesserlich in der Zukunft zu betrachten ist, wird auf Gund unserer proletarischen Rechte zum Tode durch Erschiessen verurteilt. Das Urteil ist endgültig und unanfechtbar. Die Erschiessung findet in 48 Stunden statt.«

Niedergeschlagener als ich die Reise begonnen hatte, kehrte ich nach Hause zurück. Wer konnte und wollte uns schon helfen?

Wie sich ein Ertrinkender an einen Strohhalm klammert, so hoffte ich, daß meine Frau inzwischen wieder heimgekehrt wäre. Aber leider erfüllte sich diese Hoffnung nicht.

Noch zwei weitere Monate blieb ich in vollkommener Ungewißheit. Nur einmal, etwa einen Monat nach meiner Moskau-Reise, trat eine Veränderung ein: Das Paket für sie wurde nicht mehr angenommen. Von früher her gewitzt, suchte ich noch gleichentags das Staatsgefängnis auf, wo es mir dann prompt abgenommen wurde. Ob gut oder schlecht, meine Frau war verlegt worden. Ich war noch so naiv, zu glauben, die Genossin Peschkowa hätte mir geholfen! Dann, genauso unerwartet wie die Verhaftung, kehrte meine Frau, nach viermonatiger Haft, eines Nachts nach Hause zurück. Ich hielt einen lebendigen Leichnam in meinen Armen, ohne einen Blutstropfen im Gesicht.

Man hatte ihr jeglichen Lebenswillen und Mut ausgelöscht. Sie schaute mich an, und ich hatte das Gefühl, sie sähe durch mich hindurch. Sie war außerstande, mir ihre Geschichte sofort zu erzählen. Nur eines sagte sie mir sofort: »Mein Lieber, Lieber, ich flehe Dich an, alles zu unternehmen, damit wir Odessa sofort verlassen, gleichgültig wohin, nur weit weg, wo man uns nicht kennt. Der Grund wird Dir schon klar werden, wenn ich imstande bin, Dir alles zu erläutern.«

»Ich war nicht nur als Angeklagte, sondern auch als Zeugin arretiert«, erzählte mir meine Frau am nächsten Morgen mit leiser Stimme, als ob sie Angst hätte, die Wände und Bilder könnten ihre Erzählungen belauschen.

»In der ersten Zeit wurde ich jede Nacht zu einem Kommissar gebracht, der meinen Fall bearbeitete. Er war sehr höflich zu mir und beschenkte mich sogar mit Zigaretten. Aber sein Wunsch, daß ich aussagen sollte, was ich nie getan habe, rief in mir Widerstand aller meiner Kräfte hervor. Du wirst es mir nie glauben, was ich hätte bestätigen sollen! Der Genosse

Smolensky soll mir ohne dein Wissen einen geheimen Brief übergeben haben. Dieses Schreiben hätte ich dann an den Japaner Miano weitergeleitet, damit er es nach Warschau an eine Adresse hätte bringen sollen. Diese ›Tat‹ solle ich bestätigen. Der Kommissar versicherte mir, daß dies keinerlei Folgen für mich haben würde, denn ich hätte ja vom Inhalt des Briefes nichts gewußt.

Drei Monate lang quälte man mich mit dieser Forderung. Abwechselnd redete man mir einmal im guten, dann wieder im gröbsten Tone zu. Körperlich wandte man keine brutalen Methoden an gegen mich, aber man gab mir durch Beispiele zu verstehen, was ich zu erwarten hätte, falls ich meinen Widerstand gegen das Eingeständnis nicht aufgeben würde.

Auf raffinierteste Weise brachte man mich ab und zu, scheinbar aus Versehen, in die Folterabteilungen dieses Geständnis-Auspressungs-Instituts. Einen Korridor, den ich dort gesehen habe, werde ich nie im Leben vergessen! Stell Dir vor, daß auf beiden Seiten Wandschränke eingebaut waren, ungefähr in Menschengröße, einer neben dem anderen, jeder mit einer Tür versehen. Auf Kopfhöhe war ein kreisrundes Loch eingelassen. Gerade als man mich dort durchführte, wurde einer dieser Schränke von zwei Tschekisten geöffnet. Erschrocken blieb ich stehen, denn aus dem Kasten fiel eine Frau, deren Füsse aussahen, als ob sie Elefantitis hätten. Wie lange sie dort stehend gehangen hat, weiß ich nicht. Es konnten Tage oder auch Wochen gewesen sein. Auf jeden Fall lächelte mein Kommissar mir zu und sagte: ›Sehen Sie, Genossin, das alles hätte sich diese Frau ersparen können!‹.

Ein andermal traf ich dort einen unserer Bekannten, einen Nepmann. Dies war in einer anderen Abteilung. Du hast keine Ahnung, welche Methoden die GPU anwendet, um bei diesen Leuten Wertgegenstände zu erpressen. Man führte mich an einem geschlossenen Raum vorbei, dessen Türe ein größeres Guckloch hatte. Durch dieses wurde von Zeit zu Zeit ausgerufen: ›Nun, wer will noch freiwillig sein Gold abliefern?‹ Als Antwort hörte ich einzelne Rufe wie ›Ich gebe es freiwillig‹, ›Laßt mich heraus‹ oder ›Ich auch‹. Der Tschekist öffnete die Türe, und da sah ich erschrocken den Grund der ›Freiwilligkeit‹. Das Zimmer war voller Menschen, wie eine gefüllte Sardinenbüchse. Einer stand buchstäblich am anderen, ohne sich bewegen zu können. Das ganze Zimmer war mit Dampf gefüllt, so wie es in Dampf-bädern der Brauch ist. Durch einen Schlauch wurde in diesen hermetisch abgeschlossenen Raum Dampf eingelassen.

Alle Einschüchterungsversuche habe ich überstanden. Meine religiöse Einstellung hat mir geholfen, das alles zu ertragen. – Diese Qualen dauerten drei Monate lang, dann teilte mir der Kommissar mit: ›Genossin, ich muß Ihnen mitteilen, daß Sie noch heute unterschreiben werden. Ich werde Ihnen beweisen, daß Sie drei Monate lang völlig unnötig Widerstand geleistet haben.‹ Schon diese Voranzeige brachte mich ganz aus der Faßung. Mit Spannung und Nervosität sah ich dem gewohnten nächtlichen Verhör entgegen. Wie üblich führte man mich vor den Kom-missar, der mir wieder einmal pro forma die Frage stellte: ›Genossin, wollen Sie unterzeichen?‹: Auf mein ‹Nein› rief er lächelnd zur geschlossenen Türe des nächsten Zimmers: ›Führen Sie den Angeklagten herein!‹ Meine Spannung wuchs ins Uner-trägliche. Das Erscheinen des japanischen Offiziers hätte mich nicht gewundert.

Den Raum betrat aber ein Greis, der von zwei Tschekisten gestützt werden mußte und den ich im ersten Moment beim besten Willen überhaupt nicht erkannte. Erst als der Kommissar sich an diesen wandte und sagte: ›Nun, Genosse Smolensky, sagen Sie jetzt der Genossin ins Gesicht, was wir von Ihnen erfuhren!‹, erst dann erkannte ich ihn wieder. Du kannst Dir nicht vorstellen, wie er ausgesehen hat. Ich betone, daß man mich selber nicht angerührt hat. Was mit Smolensky geschehen ist, sah man deutlich in seinem Gesicht wieder. Es war voller blauer und gelber Flecken, vollkommen verquollen. Die vorderen Zähne waren ihm herausgebrochen worden. Du weißt doch noch, wie wir diese trotz seines Alters immer bewundert haben. Mit zittriger, brüchiger Stimme und Tränen in den Augen wandte er sich an mich und sagte: ›Liebe Olga Alexandrowna, erinnern Sie sich doch bitte, als ich Ihnen den bewußten Brief übergab. Ich bitte um nichts anderes. Sie sind ja vollkommen unschuldig und das wissen die Kommissare...‹ Ich weiß nur noch, daß ich aufschrie; wahrscheinlich bin ich dann in Ohnmacht gefallen. Als ich wieder zu mir kam, rief ich dem Kommissar zu: ›Geben Sie mir das Geständnis, ich unterschreibe sofort!‹ Wie man mich in meine Zelle zurückbrachte, weiß ich nicht mehr. Am nächsten Tag überführte man mich ins Staatsgefängnis, wo man mich noch einen ganzen Monat behielt, weil ich außerstande war, alleine nach Hause zu gehen. Meine Entlassung aus diesem Gefängnis verkündete mir der Kommissar persönlich.«

»Liebster«, sagte meine Frau zu mir, »Du mußt Dich zusammennehmen. Es ist noch etwas Schreckliches passiert. Der Kommissar will mich zwingen, für den Geheimdienst tätig zu werden. Alle meine Bitten blieben umsonst. Verstehe mich richtig, definitiv ist noch nichts entschieden, denn ich habe nichts unterschrieben. Er verlangt aber von mir, daß ich ihn in einer Woche aufsuche. Er hat mir seine Telefonnummer mitgeteilt. Mein Lieber, wenn wir dem nicht entrinnen können, so bedeutet dies das Ende unseres Daseins.«

Stundenlang besprach ich mit meiner Frau, welches wohl die Motive und der ganze Sinn dieser unsinnigen Geschichte seien. Die einzige Wahrscheinlichkeit war, daß der japanische Offizier kompromittiert werden sollte. Man wollte für den Notfall vorsorgen, falls man gegen irgendeinen der russischen Austausch-Offiziere in Japan Spionageverdacht haben sollte, um auf diese Art ein Gegengewicht in Händen zu haben. Smolensky war ja ein ehemaliger zaristischer Offizier, und die Geschichte mit dem Brief sollte als Beweismaterial dazu dienen, Miano als konterrevolutionären Agenten hinzustellen. So wurden viele ehemalige zaristische Offiziere, selbst wenn sie vom ersten Tag an zu den Roten übergegangen waren, geopfert. Man hielt sie für überflüßig und verdächtig. Wie die ganze Geschichte mit Smolensky arrangiert wurde, blieb uns unbekannt. Klar war uns nur, daß die GPU so zwei Fliegen auf einmal erledigte.

Das Schlimmste war für uns tatsächlich die Forderung des Kommissars, meine Frau solle Geheimagentin werden. Wir mußten klug handeln, um eine Chance zu haben, dieser Forderung auszuweichen. Ich konnte mit Bestimmtheit damit rechnen, daß man unsere Wohnung observierte. Einfach wegfahren und die Wohnung liquidieren war deshalb nicht möglich. So entschlossen wir uns zu folgendem: Olga stand mit einer ihrer Tanten, die sie mit Mühe und Not nach der Revolution ausfindig gemacht hatte, in laufender Korrespondenz. Diese war als Korrektorin bei der Leningrader »Prawda« tätig. Meine Frau sollte zu ihr fahren, ohne sie vorher zu benachrichtigen. Den Termin mit dem Kommissar sollte sie noch einhalten und ihm mitteilen, daß sie aus Gesundheitsgründen nach der langen Haft frühestens in einem Monat fähig wäre, weitere Besprechungen aufzunehmen. Ihr wirklich schreckliches Aussehen war eine Bestätigung dafür. Ich besorgte schleunigst eine Fahrkarte nach Leningrad. Mein zwölfjähriger Bruder sollte mir noch unbemerkt von meiner Wohnung das Köfferchen meiner Frau ins reservierte Zugsabteil bringen. Der Abschied war tragisch. Da ich nicht wußte, ob ich es schaffen sollte, ihr zu folgen, war es der Abschied von unserem schönen, gemütlichen Heim. Noch einmal setzte sie sich ans Klavier, das seit ihrem Arrest nicht mehr berührt worden war. Sie spielte einige Akkorde, aber die Tränen liefen ihr übers Gesicht, und sie konnte nichts spielen.

Auf Umwegen erreichten wir einige Minuten darauf den Bahnhof. Um jede Vorsicht walten zu lassen, blieb ich im Bahnhof Büffet zurück, und Olga verschwand durch die Damentoilette, die einen Ausgang auf den Perron hatte, wo der Zug bereitstand. Kurz darauf kam mein Bruder Wowa zu mir, um mir die Abreise meiner Frau mitzuteilen.

Alles weitere spielte sich ziemlich schnell ab. Ich liquidierte alles, was ich konnte. Nur die Möbel ließ ich meiner Mutter, damit sie diese nach meiner Abreise abhole. Endlich war ich soweit, daß auch ich mich von meinen Verwandten unter Tränen verabschiedete. Am Abreisetag, es war gerade einen Monat nach der Rückkehr meiner Frau von der GPU, erhielt ich folgenden Brief aus Moskau: »Das russische Rote Kreuz teilt Ihnen hierdurch mit, daß die Angelegenheit betreffend den Arrest Ihrer Frau, nach eingehenden Erkundigungen noch nicht abgeklärt ist. Bei Eintreten neuer Informationen werden wir Sie benachrichtigen. Unterschrift: Peschkowa«

Jetzt wurde mir auch deutlich und klar, was für eine Art Rot-Kreuz-Organisation dies war.

ALS INGENIEUR FÜR DIE SOWJETUNION

Forscher für Neubauten der Sowjet-Industrie

Das erstemal in meinem Leben kam ich nun nach Leningrad (ehemals Petersburg), der früheren Metropole Rußlands. Diese majestätische Stadt Peters des Großen ist eigentlich die einzige im wahrsten Sinne des Wortes europäische Stadt Rußlands. Peter der Große wählte diesen Ort, obwohl es sich um ein sumpfiges Gebiet handelte. Unter ungeheuren Schwierigkeiten und Menschenopfern wurde eine Stadt gegründet, um »ein Fenster nach Europa« zu öffnen.

Es dürfte wohl die einzige Stadt Rußlands geblieben sein, die auch nach der Revolution ihr zaristisches Antlitz beibehielt. So blieben fast alle Monumente aus der Zarenzeit intakt. Nur das Winterschloß des Zaren stand etwas kahl da, da man die prachtvollen Bronzegitter, welche den ganzen Schloßpark eingezäunt hatten, abmontierte und die Putilow-Werke damit umgab, um zu zeigen, daß von jetzt an der Arbeiter die Macht übernommen hatte.

Auf dem Bahnhofplatz stand das Monument des Zaren Alexander III., Vater des letzten Zaren. Zu meinem Erstaunen war die Inschrift »Pugalo« (Vogelscheuche) angebracht. Prinz Trubetzkoj, Skulpteur dieses Monumentes, wollte damit ein Werk schaffen, welches nicht nur den Zaren wahrheitsgetreu wiedergab, sondern gleichzeitig ein Sinnbild für das ehemalige Rußland war, stark und schwerfällig. Auf einem fetten, riesigen Wallach mit geneigtem Kopf saß ein nicht weniger fetter, bärtiger Bauer in Militäruniform und hielt die Zügel fest in seiner muskulösen Hand. Vom ästhetischen Standpunkt aus gesehen war das Monument alles andere als schön, und der Sowjetdichter Demjan Bednij nutzte die Gelegenheit zur Verspottung durch Verse mit dem Titel »Pugalo«.

Die schönen und breiten Straßen von Petersburg, Prospekte genannt, waren tatsächlich europäisch. Auf beiden Seiten waren sie gesäumt von gleichförmigen, drei- bis vierstöckigen Häusern. Durchbrochen waren sie nur von historischen Prachtbauten antiken Stils, meist in roter Farbe, mit Gold verziert. Der Verkehr in der Stadt war aber, verglichen mit Moskau, vollkommen unbedeutend. Trotz seiner modernen Planung und den herrlichen Bauten sah man deutlich, daß Leningrad zur Provinzstadt verkommen war.

Ich hatte meiner Frau meine Ankunft nicht mitgeteilt und suchte sie jetzt an der mir bekannten Adresse auf. Dasselbe Bild der mir schon so bekannten kommunalen Wohnungen traf ich auch bei der Wohnung ihrer Tante an. Am Vormittag um zehn Uhr kam ich in Leningrad an. Alle Männer waren zu dieser Zeit an der Arbeit. So betrat ich einen Harem, der sich in einer großen Küche versammelt hatte. Auf dem Küchentisch stand eine halbvolle Flasche Wodka, daneben ein Teller mit Salzgurken. Meine Frau war nicht anwesend. Die Tante, die mich nach einer Photographie sofort erkannte, stellte mich den beschwipsten Mitbewohnerinnen der Küche vor. Im Gegensatz zur ukrainischen Bevölkerung, die weniger Alkohol zu sich nimmt, lebte diese nördliche Metropole ganz nach der Devise »Tee ist kein Wodka, da kann man nicht soviel davon trinken«.

Alkohol half der Leningrader Bevölkerung, ihren täglichen Kummer zu vergessen. Bis dahin war es mir ja nichts Neues, betrunkene Männer zu sehen, aber jetzt sollte ich feststellen, daß das schwache Geschlecht ihre Männer noch übertreffen konnte. Man konnte in Leningrad schon von einer permanenten Hungersnot sprechen. Eine Ausnahme gab es: Wodka war im Überfluß vorhanden! Derselbe wurde jetzt wieder zum Staatsgeschäft. Dabei behaupteten doch die Kommunisten, er sei in der Zarenzeit zur Betäubung des Volkes verwendet worden! Nur der Name änderte: Man nannte ihn jetzt »Rikowka«, weil der Genosse Rikow, damals Präsident der Sowjetunion, nicht gerade ein Abstinenzler war. Ich verstand sehr bald, daß die armen Einwohner Leningrads, die bei ihren niedrigen Einkommen gar keine Lebensmittel auf dem Schwarzmarkt erstehen konnten und nur auf die Rationierung angewiesen waren, keinen besseren Trost finden konnten.

Der Zustand meiner Frau war immer noch besorgniserregend, hatte sie sich doch immer noch nicht von den Folgen ihrer Verhaftung erholt. Ich wollte sofort Schritte unternehmen, um uns wenigstens ein eigenes Heim mieten zu können, da ein Verbleiben bei der Tante auf die Dauer nicht in Frage kam. Sie besaß ein einziges, kleines Zimmer mit einem alten Diwan, auf dem sie zu unserem Glück nur tagsüber schlief, da sie als Korrektorin bei der Leningrader »Prawda« nachts arbeiten mußte. So hatten wir wenigstens in der Nacht den kleinen Raum für uns, mußten aber am Tage spazierengehen. Diese Tante gab uns den Rat, einen Makler zu beauftragen, um einen Wohnraum ausfindig zu machen.

Der Zufall wollte es, daß sich Boris Dimitriwitsch Litwinow, ein längst für tot gehaltener Onkel meiner Frau, als Makler seinen Lebensunterhalt verdiente. Er war ein ehemaliger General der blauen Kürassiere am Zarenhof gewesen. Als wir ihn das erste Mal zu Gesicht bekamen, glaubten wir unseren Augen nicht zu trauen: ein alter Herr in voller Generalsuniform der zaristischen Armee, wenn auch ohne Epauletten, und dies dreizehn Jahre nach der Sowjetrevolution!

Später sollte ich sehen, daß dies in Leningrad absolut kein Einzelfall war. Es war auch begreiflich, denn aus wem bestand die Bevölkerung dieser Stadt? Es war die frühere Metropole und Beamten Stadt, aus der gar nicht alle Menschen nach der Revolution fliehen konnten, besonders nicht die alten, bereits in der Zarenzeit pensionierten Offiziere. Sie waren jetzt so verarmt, daß sie oft gezwungen waren, ihre früheren Galauniformen auszutragen. Einige Jahre später sollte Leningrad – nach der Ermordung Kirows – auch von diesen gründlich gesäubert werden. Wir stellten fest, daß eine Wohnung auch in Leningrad wenigstens eine Abfindungssumme von tausend Rubeln kostete. Tatsächlich besorgte uns Onkel Boris innert kürzester Frist eine Wohnung in der Morskaia-Straße. Es war der ehemalige Besitz Fabergés, des besten und bekanntesten Juweliers Rußlands. In diesem, aus grau-schwarzem Marmor erstellten, prachtvollen Gebäude besichtigte ich eine entzückende Zweizimmer-Wohnung, die selbst den heutigen, verwöhntesten Ansprüchen genügen würde.

Ohne zu überlegen, zahlte ich sofort die tausend Rubel und erhielt die Wohnungsschlüssel. Diese Summe entsprach damals dem dreimonatigen Salär eines mittleren Beamten. Bei der Erledigung der üblichen Formalitäten erkundigte sich der Onkel, ob ich eventuell einen Verwandten in Leningrad hätte. Da fiel mir wieder ein, daß man mir vor Jahren mitgeteilt hatte, daß mein Vater hierher gezogen sei. Zu meinem großen Erstaunen stellte sich heraus, daß die Regierung dieses Haus sowie ein anderes auf derselben Straße einem dänischen Konzessionär, Herrn K., schon seit längerer Zeit verpachtet hatte und niemand anderer als mein Vater mit ihm zusammenarbeitete. Als Architekt lag die Verwaltung dieser beiden Häuser in seiner Hand, und so ergab es sich, daß ich die tausend Rubel eigentlich meinem Vater bezahlte. Ich erfuhr, daß der Onkel Litwinow meinem Vater unter der Hand sehr viele Antiquitäten verkaufte.

Die Nachricht, daß ich jetzt ausgerechnet in einem von meinem Vater verwalteten Haus wohnte, brachte mich in einige Verlegenheit. Denn meine Frau wußte ja nichts von der Auseinandersetzung aus dem Jahre 1929 in Moskau. Das Zusammentreffen konnte ich aber nicht vermeiden. Schon am nächsten Tag rief er mich an, scheinbar sehr erfreut, und lud uns beide zum Mittagessen ein.

Damals in Moskau glaubte ich, daß die Pracht und der Wert der Wohnung meines Vaters nicht übertroffen werden konnte. Jetzt wurde ich eines Besseren belehrt! Was sich hier unseren Blicken bot, war eine Anhäufung der ausgesuchtesten und wertvollsten Antiquitäten.

Seit der Revolution und ganz besonders seit Verkündung des ersten Fünfjahresplanes verkauften die Sowjets en détail und en gros massenweise Kunstgegenstände aus allen Schlössern Rußlands. Das war damals das beste Geschäft, besonders in Leningrad. Auf dem Newskij-Prospekt befanden sich einige sogenannte staatliche Kommissionsläden, die diesen Handel offiziell betrieben. Wer Geld hatte und Verständnis für die wertvollen Antiquitäten, konnte sehr große Kunstschätze um einen Bruchteil ihres wirklichen Wertes erstehen. Diese wertvollen Gegenstände wurden aber nur unter der Hand den Stammkunden, wie meinem Vater, offeriert. Und nun sollte ich aus dem Original-Service der Zaren essen.

Bei meinem Vater konnten wir keinerlei Mangel an Lebensmitteln bemerken. Im Gegenteil, die ausgesuchtesten Delikatessen gehörten bei ihm zum Alltag. Trotz all seinem Luxus war die Stimmung gedrückt. Der Grund war die Liquidierung der NEP! Ein Nepmann nach dem anderen wurde systematisch ruiniert oder verschwand spurlos. Der gesamte Bekannten- und Geschäftskreis meines Vaters bestand ausschließlich aus diesen Leuten. Sogar meine Stiefmutter, die ehemalige Frau eines hohen Tscheka-Kommissars, konnte die neue Politik nicht verstehen.

Doch zu dieser Zeit betrachtete sich mein Vater als Ausländer, Geschäftspartner eines ausländischen Konzessionärs, und

Persona grata. Von meinem Vater erfuhr ich, wie Herr K. zur Konzession in der Sowjetunion kam. Durch großangelegte Reklame im Ausland hatte die Regierung damals versucht, ausländische Investoren zur Zusammenarbeit zu finden. Sehr selten fand sich aber ein sogenannter Kapitalist bereit, Geld in einem sowjetischen Unternehmen anzulegen. Es waren meist zweifelhafte, internationale Makler, die nach Rußland kamen, um solche Beziehungen anzuknüpfen. Auch Herr K. gehörte zu diesen, der aber ohne Geld in die Sowjetunion kam und dem es trotzdem gelang, eine Konzession für eine Knopffabrik zu erwerben. Daraufhin fuhr er nach Dänemark zurück und suchte krampfhaft nach einem Geldgeber. Zwar konnte er keinen solchen finden; von einem Industriellen erhielt er dagegen »à fonds perdu« veraltete, verrostete Maschinen zur Knopffabrikation, die anderswo unverwendbar gewesen wären.

So kam er aus dem Nichts zu einer Fabrik und zwei Häusern in Leningrad. Nach Ablauf aller Konzessionsverträge kehrte er im Jahre 1936 als steinreicher Mann nach Dänemark zurück. Er blieb aber nicht untätig. Erst nach dem Zusammenbruch des Hitlerreiches sollte ich erfahren, daß er in Dänemark der Kollaboration mit Nazi-Deutschland angeklagt war. Diese Anklage benutzte er dazu, um meinem Vater 40'000 Dollar, die er ihm aus dem russischen Geschäft noch schuldete, nicht zu bezahlen!

Materiell hatte ich zu dieser Zeit schon Schwierigkeiten. Das Sowjetgeld wurde für mich zum Problem, da ich fast alle Ersparnisse vorsichtshalber in Gold angelegt hatte. Glücklicherweise kam die Regierung auf die Idee, die sogenannten Torgsin-Läden zu eröffnen. In diesen, die sich auf den Handel mit Ausländern konzentrierten, konnte man alles, was man wünschte, gegen Gold oder Devisen einkaufen. Die Preise waren fast niedriger als zur Zarenzeit, zum größten Ärger der übrigen Bevölkerung, die weder über Gold noch Devisen verfügte. Die

Hungernden trugen den letzten Ehering und ihre Taufkreuze in diese Läden. Der Ausländer aber, der diesen Laden betrat, konnte ein ganz falsches Bild über die tatsächliche Lage Rußlands erhalten. Zur gleichen Zeit preßte die GPU den Nepleuten »freiwillig« ihr Gold und ihre Devisen ab.

Die schöne Wohnung, in der wir uns jetzt aufhielten, möblierten wir uns einigermaßen mit gebrauchten Sachen. Sie war sehr billig, was der sozialen Einstellung der Kommunisten entsprach. Seit der Revolution waren ja alle Liegenschaften verstaatlicht worden. Nach Gesetz wurden die Mietzinse prozentual vom Einkommen berechnet. So bezahlte ich zum Beispiel als Arbeitsloser achtzehn Rubel im Monat, was ungefähr dem Gegenwert von zwei Kilo Butter entsprach. Hätte ich aber eine Stellung mit tausend Rubeln im Monat innegehabt, so wäre die gleiche Wohnung mindestens fünfmal teurer gewesen. Der Mietzins in der Sowjetunion ist der billigste der ganzen Welt. Er hat zehn Prozent des Einkommens nie erreicht. Natürlich war aber auch der Wohnungsstandard, von Ausnahmen wie der unsrigen abgesehen, auf entsprechend tiefem Niveau.

Ich sah mich nun energisch nach einem neuen Tätigkeitsfeld um. Sollte ich überhaupt eine Arbeit finden können? Die Erinnerung an die Moskauer Arbeitssuche von 1925 war noch in mir wach. Damals, in den aufblühenden NEP-Zeiten, herrschte Arbeitslosigkeit in der Industrie. Jetzt hatte sich die Situation total geändert. Die Liquidierung der NEP und der erste Fünfjahresplan wirkten sich sofort auf den Arbeitsmarkt aus.

Ich erhielt ohne weiteres eine Ingenieurstelle als Forscher in der Hydrotechnischen Abteilung eines Leningrader Projekt-Trustes. Meine Aufgabe war es, die zur Reorganisation und Vergrößerung bestimmten Fabriken in Leningrad und Umgebung auf diesen Zweck hin zu überprüfen.

Die Arbeit gestaltete sich sehr interessant, und ich war dort mehr als ein Jahr lang tätig. Mein Salär von sechshundert Rubeln im Monat war der Zeit angemessen, erlaubte mir aber keine großen Sprünge. Da aber die Preise täglich stiegen und mein Einkommen gleichblieb, suchte ich nach einer besser bezahlten Position.

So kam ich durch Zufall in eine Organisation, die sich mit Forschung und Planung des Bahnwesens befaßte. Dieser Trust war direkt der NKPS (Ministerium für das Bahnwesen) in Moskau unterstellt. Dort wurde mir eine bedeutend bessere Position angeboten. Mit Mühe und Not gelang es mir, mein altes Arbeitsverhältnis zu lösen.

Nach einem halben Jahr wurde unser Unternehmen nach Moskau verlegt, da es bis dahin nur aus Platzmangel in Leningrad geblieben war. Jetzt stand ich plötzlich vor der fast unlösbaren Aufgabe, in Moskau eine Wohnung zu finden. Die Wohnungsnot in Leningrad war groß, diejenige in Moskau aber die größte in der ganzen Sowjetunion.

Ich riskierte es, ein Inserat in die Zeitung zu setzen, in dem ich meine Leningrader Wohnung zum Tausch gegen eine solche in Moskau anbot. Ganz unerwartet glückte mir dies sofort. Ich fand einen höheren Kommunisten, der von Moskau nach Leningrad versetzt worden war. Bei der Wohnungsbesichtigung zeigte dieser und insbesondere auch seine Frau eine derartige Begeisterung, daß er sofort mit dem Tausch einverstanden war. Wenn man bedenkt, daß eine Wohnung in Moskau mindestens zwanzigmal soviel Wert hatte wie eine in Leningrad – nach inoffiziellem Marktwert natürlich –, so kann man verstehen, daß ich, um meinem kommunistischen Geschäftspartner zu danken, meinen prachtvollen antiken Diwan als Geschenk zurückließ. Unsere neuen Moskauer Räume hatte ich nicht einmal gesehen, als ich den Tausch mit ihm abschloß! Ich kannte nur die Adresse, das genügte mir. So kamen wir wieder nach Moskau zurück und waren erstaunt, welch schöne Zweizimmer-Wohnung wir in einem guten Hause, im Zentrum Moskaus an der Arbatstraße, vorfanden. Die Wohnung war außer uns nur noch von einer Familie bewohnt, die zwei ganz kleine Zimmerchen zugeteilt hatten. Diese neue Mitmieterin war die ehemalige Besitzerin des Hauses, die Witwe Gräfin Tolstoj. Ihr einziger Sohn war überzeugter Kommunist und Parteimitglied.

Kanal Moskau-Wolga, GULAG

Meine erste Arbeit in Moskau setzte mich vorerst in Entsetzen. Gerade damals verkündete die Partei den Beginn eines riesigen Projektes, den Bau des Moskau-Wolga-Kanals. Die bauliche Ausführung war dem »GULAG« übergeben, dem Grund meines Schreckens. Diese Organisation war die Hauptverwaltung aller GPU-Konzentrationslager. Da ich den Auftrag nicht gut ablehnen konnte, begann ich also meine neue Arbeit, die darin bestand, die ganze Geologie der Trasse des zukünftigen Kanals, die zirka neunzig Kilometer lang war, zu erforschen. Meinen Standort schlug ich in der winzig kleinen Stadt Dimitroff auf, die etwa fünfzig Kilometer von Moskau entfernt liegt. Der ganzen Trasse entlang verteilte ich meine zugeteilten Bohrmeister sowie Techniker mit den nötigen Instrumenten.

Unternehmen in Rußland wurden, im Gegensatz zu den privaten NEP-Betrieben, ohne jeglichen Rentabilitätszwang geführt. Unfähige Betriebsleiter, dauernde Diebstähle und eine mehr als gleichgültige Arbeiterschaft kennzeichneten diese staatlichen Betriebe und auch den neu entstandenen Sowjetmenschen! Einen sehr großen literarischen Erfolg hatte damals ein neuer Schriftsteller, Soschtschenko, der in der Volksmundsprache groteske Geschichten aus dem Leben der Sowjetzeit in Form von Novellen veröffentlichte. Das war damals noch möglich. Ich kann mich nicht mehr an die genauen Details erinnern, aber eine

dieser Novellen, genannt »Schäferhund«, persiflierte das neuer-
standene Bürgertum Rußlands. Sie ist mir bis zum heutigen Tag
in Erinnerung geblieben:

Channel Moskau - Wolga

»Ein Einwohner zeigte der Miliz den Diebstahl von dreihundert
Rubeln an, die ihm von seiner Staatsstelle anvertraut worden
waren. Kurz darauf erschien ein Milizbeamter mit einem Schäfer-
hund in seiner Wohnung. Er forderte alle Anwohner auf, sich im
Hof zu versammeln und begann die Untersuchung, indem er den
Hund von der Leine ließ und ihm befahl, zum ersten Mann in der
aufgestellten Reihe zu gehen. Erschrocken brach dieser
zusammen und rief kniend aus: ›Ich gestehe alles, fesselt mich,
Brüderchen. Ich habe tatsächlich eine Geldkassette an meinem
Arbeitsplatz gestohlen. Von den 300 Rubeln des Genossen weiß

ich aber gar nichts!‹. Der Schäferhund wurde zum zweiten geschickt. Es wiederholte sich die gleiche Geschichte. Auch dieser beschuldigte sich eines Diebstahls, wußte aber nichts von den dreihundert Rubeln. Beim dritten, vierten und fünften das gleiche Bild, alle waren Diebe. Dann kam die Reihe an den Anzeiger. Bevor aber der Hund diesen erreichte, war er schon auf den Knien und flehte: ›Fesselt mich, Brüderchen, ich selbst habe die dreihundert Rubel für mich verbraucht!‹ Damit war die Geschichte aber noch nicht beendet. Im Moment, als der Hund vom Letztbeschuldigten zum Milizsoldaten zurückkehrte, brach auch dieser zusammen. Er wandte sich auf den Knien zum Polizeihund: ›Auch ich gestehe, daß ich ein Verbrecher bin; Du mußtest hungern, denn Deine Rationen habe ich verkauft und den Erlös versoffen!‹.«

Ich erwartete, daß ich die gleichen Zustände beim Bau des Moskau-Wolga-Kanals vortreffen würde. Bald aber sollte ich erfahren, daß GULAG alles andere, aber nur keine chaotische Sowjetinstitution sein sollte. Dimitroff war als Zentrum dieser Organisation für die Dauer des Kanalbaus ausgewählt worden. Schon einige Wochen später erhielt ich den Beweis, daß man hier absolut ernsthaft und planmäßig eine Organisation aufbaute, die in kurzer Zeit das riesige Projekt vollenden sollte.

Die erste Aufgabe war, Unterkünfte für die Bauleitung bis zum letzten Erdarbeiter zu bauen. Hier sah ich niemals, daß es an irgend etwas mangelte. Alle Baumaterialien, für gewöhnliche Sowjetorganisationen damals nicht zu erhalten, standen zur Verfügung. Die Verpflegung der Arbeiterschaft war viel hochwertiger als diejenige anderer Einwohner der umliegenden Dörfer und Städte. Es war ja immer noch alles rationiert. Zuerst hatte ich mit dem Chef der Bauleitung wichtige Besprechungen zu führen. Dieser, ein bekannter Tschekist mit Namen L. M. Kogen, war ein GPU-General mit vier Rhombenabzeichen auf seiner

Uniform. Es wäre zuviel, zu behaupten, daß mich seine Aufforderung zur ersten Besprechung gerade erfreut hätte.

Ich lernte einen kleinen, untersetzten, schwarzhaarigen Mann kennen, der so gutmütige Gesichtszüge hatte, daß ich es kaum für möglich hielt, hier einen bedeutenden Tscheka-Prominenten vor mir zu haben. Ich sollte aber bald eines Besseren belehrt werden, als er die Besprechung über den Stand meiner Forschungsarbeiten begann. Ich staunte, daß hier ein Mann, der aus den ärmsten jüdisch-ukrainischen Kreisen stammte und keine akademische Bildung hatte, eine derartige Intelligenz, Übersicht und so viel Organisationstalent aufwies. Dies weckte meine Bewunderung. Es war offensichtlich, daß die Einhaltung der vorgegebenen Termine oberste Priorität hatte. Er brachte dies auch deutlich zum Ausdruck. So sagte er mir unter anderem: »Vor mir liegt der Vertrag, den meine Organisation mit der Ihren abgeschlossen hat. Die Zeit, in der Ihre Untersuchungen beendet sein müssen, ist festgelegt. Dieser Termin steht im vollen Einklang mit der Frist, die uns von der Regierung für den Bau des Kanals bewilligt worden ist. Sie wissen, daß dieser Termin äußerst kurz bemessen ist. Jegliche Verzögerung würde den ganzen Organisationsplan über den Haufen werfen. Daß dies nicht stattfindet, dafür werden ich und meine Organisation schon sorgen. Sie müssen sich sofort mit meinen Technikern in Verbindung setzen, welche die Koordinierung aller technischen Fragen sowie die Fristen mit den uns zudienenden technischen Organisationen ständig überwachen. Sie können mit meiner vollsten Unterstützung rechnen. Ich stehe Ihnen jederzeit zur Verfügung. Sollte ich aber feststellen, daß Ihre Organisation nicht fähig ist, die übernommene Aufgabe termingemäß auszuführen, müssen Sie sich bewußt sein, welche Folgen dies nach sich ziehen wird.«

Ermutigt und gar nicht deprimiert, wie ich es anfänglich befürchtet hatte, verließ ich die erste Konferenz mit L. M. Kogan. Trotz des ungeheuren Druckes, der auf mir lastete, um diese fast unmögliche Arbeit in so kurzer Frist zu vollbringen, stürzte ich mich mit Elan in meine Aufgabe. Einige Monate später wurde mir auch diese kurze Zeitspanne nochmals gekürzt, was mich zwang, in doppelter Schicht Tag und Nacht arbeiten zu lassen. Natürlich brachte mich die Arbeit sofort mit den von Kogan genannten Technikern des GULAG in Verbindung, das heißt ich arbeitete mit den Verurteilten, den »Volksfeinden« zusammen. Der bekannte russische Geologe und Ingenieur Tschenkow war der Leiter dieser technischen Abteilung. Er selber war zu zehn Jahren Konzentrationslager verurteilt.

Stalin besucht den Kanalbau Moskau-Wolga

Die ersten Monate meiner Zusammenarbeit mit diesen GULAG-Spezialisten waren eigenartig. Ich mußte mit ihnen zusammen technische Probleme lösen. Sie waren während der Arbeit meine Kollegen, die sich frei bewegen konnten. Bei ihren technischen Aufgaben wurden sie überhaupt nicht kontrolliert, sondern konnten nach ihrem Ermessen entscheiden, was sie für notwendig hielten. Am Ende des Arbeitstages waren sie dann wieder Häftlinge und wurden unter GPU-Bewachung in ihre Baracken zurückgeführt. Des öfteren wunderte ich mich, mit welchem Eifer und Ehrgeiz selbst Tschenkow arbeitete. Für ihr eigenes Unternehmen hätten sie sich nicht mehr einsetzen können! Außer der Verpflegung erhielten sie keinerlei Entlöhnung. Die Erklärung zu diesem Verhalten liegt in der Natur des früheren russischen Intellektuellen. Er hatte alle Qualen des Tscheka-Arrestes, Verurteilung usw. hinter sich gebracht. Jetzt wurde er gezwungen, für seine Peiniger zu arbeiten. Er wollte sich einfach nicht mehr gegen sein Schicksal auflehnen und fand sich damit ab, leistete ehrlich seine Arbeit. Später anerkannte Kogan diese Leistungen. Mehrere GULAG-Insassen wurden vorzeitig begnadigt. Zum allgemeinen Erstaunen verließ aber nur selten einer von diesen Freigelassenen den Arbeitsplatz. Sie blieben in der Regel als freie Angestellte dem Unternehmen treu. Die Begründung lag wohl vor allem darin, daß sie sich dort am sichersten fühlten.

Ich hatte Schwierigkeiten, eine genügende Anzahl Erdarbeiter in den umliegenden Dörfern anwerben zu können. Die Arbeitslosigkeit war bereits durch den Fünfjahresplan beseitigt. So mußte ich die Hilfe des Genossen Kogan in Anspruch nehmen. Er bewilligte mir aus seinen riesigen Konzentrationslagern täglich eine Anzahl Gefangener, die diese Arbeiten auszuführen hatten.

Damit veränderte sich aber das bisher friedliche Bild um meine Bohrpyramiden herum. Neben dem Bohrmeister und einer Anzahl Gefangener stand nun immer auch ein GPU-Soldat mit schußbereitem Gewehr. Aber auch wenn dieser nicht dort gestanden hätte, wäre wohl keiner geflohen, wohin hätte er auch gehen sollen?

Die meisten dieser Gefangenen waren Bauern aus allen Teilen Rußlands. Sie hatten sich fast ausschließlich der Kollektivierung widersetzt. Hier sollten sie nun dafür büssen. Anfänglich waren die Leistungen dieser sogenannten Arbeiterschaft unter jeder Kritik. Trotzdem kann ich mich an keinen Fall erinnern, bei dem jemand mißhandelt worden wäre. Die Besorgnis um die knapp bemessenen Fristen zwangen Kogan, neue Maßnahmen zu ergreifen. Er ordnete an, daß derjenige, der die Normen erreichte, Zusatzverpflegung erhielt. Wer dagegen diese Normen noch überschritt, erhielt eine weitere Erhöhung. Längst bevor die Partei Stachanow als Arbeitssymbol aufstellte, hatte die GPU das Grundprinzip schon in Anwendung gebracht. Diese Maßnahme hatte sofortige Wirkung. Die Leistungen erhöhten sich, die Gefangenen erhielten tatsächlich bessere Verpflegung als selbst die Einwohner der Stadt. So paradox es klingen mag, sie erweckte den Neid der umliegenden Dorfbevölkerung, die jetzt in ihren Kolchosen wieder in eine Zeit der Hungersnot zurückgefallen war.

Die Leitung des Unternehmens in Moskau verfolgte meine Arbeitsberichte mit äußerster Aufmerksamkeit und Besorgnis, da sie alle, obwohl Parteimitglieder, vor der GPU zitterten. Zu dieser Zeit trug sich ein unangenehmer Vorfall zu. Einer meiner Ingenieure, Bogdanow, ein alter, zweiundfünfzigjähriger Praktiker, dem ich einen Teil der Trasse beim Wolgafluß zugewiesen hatte, verliebte sich in eine ihm zugeteilte, erst zwanzigjährige Studentin. Sogar beim GPU-Kanalbau kann so etwas geschehen! Ich erhielt eines Tages einige Beschwerdebriefe von Bohrmeistern, die Bogdanow zugeteilt waren. Sie beklagten, daß sie ihr Salär nicht erhalten hätten. Sofort fuhr ich hin und stellte fest, daß Bogdanow mit seiner Studentin ohne meine Erlaubnis nach Moskau gefahren war. Meine telefonischen Abklärungen blieben erfolglos, sie hatten sich auch nicht bei unserer vorgesetzten Stelle gemeldet. Einem Bohrmeister hinterließ ich den schriftlichen Befehl, Bogdanow habe sich bei mir nach seiner Rückkehr in Dimitroff zu melden. Nach meiner Rückkehr stellte ich aus den Kassabüchern fest, daß für 10'000 Rubel noch Belege von Bogdanow ausstehend waren.

Am nächsten Abend erschien er endlich bei mir. Nur für etwa die Hälfte des Ausstandes liessen sich, nach langem Suchen, Belege finden. Die anderen fehlten, und da die Bohrmeister noch nicht bezahlt waren, stand die Sachlage fest: Bogdanow hatte das Geld unterschlagen. Er versuchte zwar, seinen Leichtsinn zu leugnen, gestand es aber schließlich ein. Ich war gezwungen, der Konzentrationslager-Leitung Meldung zu machen und telefonierte in seiner Gegenwart mit dem Genossen Kommandant. Dieser hörte sich meinen Bericht an und ließ sich noch die Personalien geben. Bogdanow erkundigte sich noch, ob er nach Moskau fahren dürfe, worauf ich ihm antwortete: »Die Angelegenheit ist für mich erledigt. Sie sind entlassen.« Nie mehr vernahm ich irgend etwas in dieser Sache, dagegen sollte ich den Genossen Bogdanow ein halbes Jahr später gemütlich in einem Moskauer Kino wiedersehen. Scheinbar hatte er nur deswegen Glück, weil zu dieser Zeit das scharfe Gesetz zum Schutze von Sowjeteigentum noch nicht bestand. Hätte sich dasselbe einige Jahre später abgespielt, so hätte er von Glück reden können, wenn er mit zehn Jahren Zuchthaus davongekommen wäre.

Dieser Fall war viel zu unbedeutend, um meine Beziehungen zu Kogan zu beeinflussen. Mein Direktor aber erschrak derartig, daß ich ihn beruhigen mußte. Er klagte mir: »Sie hatten die einzige Abteilung unseres Trusts, die fehlerlos arbeitete. Wenn sie wüßten, welche Scherereien ich mit den anderen Abteilungen habe, würden Ihnen die Haare zu Berge stehen. Und jetzt fängt es auch in unserer wichtigsten Abteilung an, auf die wir alle so stolz sind!« Sein Kummer war verständlich, denn abgesehen davon, daß der Bau in Händen der GPU war, waren die Augen von Regierung und Partei auf die Vollendung dieses Riesenwerkes gerichtet. Wir beendeten die technischen Aufgaben zum Schluß termingemäß. Kogan zeichnete mich persönlich durch ein Anerkennungsdokument »Gramota« aus. Im Trust selber wurde ich daraufhin sofort zum stellvertretenden Chef der Forschungsabteilung befördert.

Als Revisor schickte man mich jetzt des öfteren in verschiedene Gebiete Rußlands, wo unsere Firma mit manchen riesigen Aufgaben betraut war. Die dort herrschenden Mißstände konnte ich nur dadurch erklären, daß die Macht der GPU fehlte, für Ordnung zu sorgen. So war ich zum Beispiel in der Stadt Woronesch, wo unsere Abteilung die Rekonstruktion der Bahnlinie Moskau–Donezbecken ausführte. Man konnte sich dort wirklich auf niemanden verlassen. Bei meiner Arbeit beim Kanalbau hatte ich einen Bogdanow, hier dagegen glaubte ich unter lauter solchen zu sein! Arbeitskräfte waren schwer erhältlich, und hier gab es keinen Kogan, an den ich mich hätte wenden können. Die Hauptfrage war auch hier die Verpflegung. So konnte es einem Unternehmen geschehen, daß ein Gerücht entstand, dort und dort gäbe es besseres Essen oder nur schon größere Portionen. Dies hatte dann zur Folge, daß die Arbeiter schon am selben Tag einfach dorthin liefen, wo sie selbstverständlich als gern gesehene Arbeitskräfte aufgenommen wurden.

Dies führte zu unhaltbaren Zuständen, so daß die Regierung in späteren Jahren drastische Maßnahmen ergriff, um das Verlassen oder auch nur Wechseln des Arbeitsplatzes zu verhindern.

Tatsächlich wurde damit aber jeder der Sklave des Unternehmens, und das in der Sowjetunion, dem Paradies der Werktätigen! Man führte diese Änderung mit einfachsten Mitteln durch: Jeder erhielt sein Arbeitsbuch, in dem das kleinste Vergehen vermerkt war. Ohne unverschuldeten Entlassungsgrund in seinem Arbeitsbuch durfte man zudem von keinem Unternehmen aufgenommen werden.

Durch die täglichen Reibungen und Mißstände wurde meine Arbeit in der KNPS unerträglich. Ich benutzte meine Ferien dazu, mich in Moskau nach einem neuen Tätigkeitsfeld umzusehen. Gerade zu dieser Zeit wurden viele ausländische Spezialisten in Rußland eingesetzt. Der zweite Fünfjahresplan des Aufbaus der russischen Industrie zeigte deutlich den Mangel an einheimischen Technikern. Die wirtschaftliche Krise in den kapitalistischen Ländern ermöglichte es der Regierung, eine genügende Zahl ausländischer Spezialisten durch großangelegte Propaganda anzuwerben.

Trotz Valutamangels zahlte man damals einem Ausländer den größten Teil seines Einkommens in Dollars aus, die er ohne Schwierigkeiten ins Ausland überführen konnte! Man schuf diesen Spezialisten glänzende Lebensbedingungen, für die Einheimischen ein Ding der Unmöglichkeit.

Man versuchte auch, die Ausländer vom russischen Alltagsleben fernzuhalten, indem man extra für diesen Zweck modernste Häuser mit allem Komfort baute und diese fertig möbliert zur Verfügung stellte. In Spezialläden, sogenannten geschlossenen Verteilern für Auslandsspezialisten, konnten diese ihren gesamten Bedarf an Lebensmitteln, Bekleidung, Haushaltartikeln und sogar Luxuswaren decken.

Die Auswahl war die gleiche wie in den Torgsin-Läden, nur mit dem Unterschied, daß man hier mit billigem russischem Geld statt mit Gold oder Devisen zahlen konnte. Wenn irgendein

Bedarfsartikel in den Torgsin-Läden zum Beispiel einen Goldrubel kostete, so bekam man denselben Gegenstand jetzt in diesen Läden für einen Rubel Sowjet-Papiergeld. Der Unterschied zwischen dem Papiergeld und dem schwarzen Goldrubelpreis war aber eins zu vierzig. Daher war es kein Wunder, daß jeder dieser Auslandspezialisten die Sowjetunion als finanzielles Paradies betrachtete. Ganz Gerissene nützten die Lage so aus, daß sie über ihren eigenen Bedarf hinaus Waren in diesen Läden einkauften und mit mindestens zwanzigfachem Gewinn weiterveräußerten.

Trotz dieser finanziellen Vorteile war die Rekrutierung von Ausländern schwierig. Nur selten kamen qualifizierte Leute nach Rußland. Obwohl die Wirtschaftskrise in einigen Ländern des Auslandes viele zu Arbeitslosen stempelte, konnten wir feststellen, daß sich manch wenig geeigneter Spezialist verpflichtete, der vielmals den Ingenieurtitel im eigenen Land nie hätte gebrauchen dürfen. Die meisten Leute stammten aus Deutschland. Dies blieb so bis zu Hitlers Machtübernahme im Jahre 1933. Dann wurden die Verträge von der Regierung gewöhnlich nicht erneuert, und der größte Teil fuhr nach Hause zurück.

Ich hatte meinen Wunschtraum, mit meiner Familie ins Ausland zu gelangen, nicht aufgegeben. Wir wußten schon lange, daß es Illusion war, auf ein freies, anständiges Leben in Rußland zu hoffen. Die Hauptschwierigkeiten für eine Ausreise bestand in der russischen Nationalität meiner Frau. Wohl war sie inzwischen von der Schweiz als meine Gattin anerkannt. Ihr Paß lag sogar im Büro des Internationalen Roten Kreuzes in Moskau bei Herrn W. Aber das war Theorie. Praxis war, daß sie ein Gesuch bei der Sownarkon-Behörde hätte einreichen müssen, mit der Bitte, ihr den Austritt aus der russischen Staatsbürgerschaft zu erlauben. Dies zu riskieren, ganz besonders bei ihrer politischen Vergangenheit, war zu gewagt. Wir wußten genau, daß ein solches Gesuch als Verrat am Sowjetstaat ausgelegt würde, und hatten viele Beweise aus Kreisen ausländischer Spezialisten, wo bedeutend weniger belastete russische Frauen, die diese Ausländer geheiratet hatten, ein solches Gesuch stellten und plötzlich verschwanden. Nur Einzelne, mit »proletarischer« Abstammung besaßen das Glück, innerhalb von 24 Stunden aus Rußland ausgewiesen zu werden. Mit diesem »Glück« konnten wir nicht rechnen. Ich drängte meine Frau auch nicht, diesen für sie gefährlichen Schritt zu wagen.

Durch einen meiner Bekannten gelang es mir, in einer Abteilung der Leichtindustrie vorstellig zu werden. Diese beschäftigte sich mit der Erforschung neuausgewählter Plätze zur Erstellung einer großen Anzahl neuer Fabriken, die im zweiten Fünfjahresplan geplant waren. Auch die Projektierung dieser Fabriken gehörte zum Aufgabenbereich dieser Abteilung.

Ich wurde dem Direktor vorgestellt, dessen ganzen Lebenslauf ich erfuhr. Genosse P., ein damals noch ziemlich junger Mann – er war so alt wie ich –, war der Sohn eines Depotarbeiters und hatte praktisch keine Schulbildung. Nachdem er aktiv die ganze Revolution mitgemacht hatte, war er noch vor kurzem in der GPU tätig gewesen, außerdem war er Kommunist. Damals versetzte die Regierung besonders fähige Parteimitglieder in die problembehafteten Abteilungen und Ministerien, zu denen die Leichtindustrie zweifellos gehörte.

Ich muß zugeben, daß dieser ehemalige Tschekist ein zweiter Kogan war. Noch mehr als dieser hatte er ein Verständnis für Zusammenhänge. Trotz seiner mangelhaften Vorbildung hatte er ein so großes technisches Verständnis, daß sogar Fachleute erkannten, daß man ihm nur technisch einwandfreie Projekte vorlegen durfte.

Wie es dem Genossen P. möglich war, sich dieses Wissen und diese Fähigkeiten anzueignen, liegt im System begründet. Es gab kein Sowjetbetrieb, bei dem nicht einmal im Monat eine Betriebsversammlung stattfand, an der die ganze Belegschaft teilzunehmen hatte. Während dieser Versammlung wurden alle Fragen über Technik, Organisation und Betriebsführung besprochen. Jeder durfte frei seine Meinung äußern über Fehler, deren Ursachen und mögliche Verbesserungen. Ein kluger Kopf, wie der des angesprochenen Direktors, konnte daraus für seine künftigen Aufgaben enorme Kenntnisse erlangen. Hinzu kam, daß Genosse P. eine natürliche Veranlagung zur Menschenführung besaß.

Ich wurde als Stellvertreter des Chefs und als Hauptingenieur der Forschungsabteilung mit einem außergewöhnlich hohen Salär angestellt. Der Direktor gab mir zu verstehen, daß seiner Meinung nach noch einiges zu ändern sei. Es lägen zu viele Reklamationen wegen mangelhaftem Forschungsmaterial vor.

Schon meine erste Revisionsfahrt ergab, daß alle Untersuchungen tatsächlich unter aller Kritik waren. Hier konnte ich in der Praxis Beispiele sehen, wie durch Versagen der technischen Führung Schäden entstehen konnten. Der technische Vorgesetzte handelte bestimmt nicht aus Bösartigkeit falsch. Der Hauptgrund war praktisch immer der Mangel an technischen Kenntnissen und Übersicht. Die bekannte russische Gleichgültigkeit spielte ebenfalls eine große Rolle. Hier in Moskau bekam der Projektleiter den Auftrag, irgendeinen bestimmten Platz für eine neue Fabrik zu untersuchen. Aufgrund der Rohstoffverhältnisse wählten die Sowjets in ganz Rußland solche Plätze aus. Dann begann die Erforschung der Neubau-Methoden nach einem hier in Moskau ausgearbeiteten System. Dieses Schema war gleich für alle Projekte und nahm keine Rücksicht auf die speziellen Verhältnisse der verschiedenen Bauplätze.

Es dürfte ja sogar einem Laien klar sein, daß beispielsweise eine Fabrik in Alma-Ata ganz anders aufgebaut sein sollte (schon wegen der dortigen seismologischen Verhältnisse der ständig unter Erdbeben leidenden Gegend) als irgendwo in Zentralrußland. Und wie wurde diese ganze mangelhafte Planung durchgeführt? Das Hauptaugenmerk wurde auf Tempo gelegt. Jeder wollte sich bei bei den Machthabern durch Verkürzung der schon kurzen Termine beliebt machen.

Das »Material«, das daraufhin abgeliefert wurde, war größtenteils wertlos. Der Chef der Planungsabteilung konnte noch froh sein, daß er nicht als Schädling liquidiert wurde, wenn zum Beispiel das Werk, das nach diesen Planungsgrundlagen gebaut war, im Frühjahr überschwemmt wurde. Oder weil das zu Exploitations-Zwecken notwendige Wasser im Hochsommer oder in den Wintermonaten versiegte.

Die tatsächlichen geologischen und ganz besonders hydrogeologischen Verhältnisse der verschiedenen Bauplätze kann man erst nach eingehenden Beobachtungen, diversen Analysen und technischen Versuchen feststellen. Meistens wurden aber die Beobachtungen nur während ein bis zwei Monaten durchgeführt und daraus Schlüsse gezogen, die den Verhältnissen des Bauplatzes in keiner Weise Rechnung trugen.

Ich besuchte mehrere Plätze, die von unserer Forschungsabteilung bearbeitet wurden, und legte meinem Direktor einen ausführlichen Bericht vor. Die Mißstände waren klar und deutlich. Es war kaum begreiflich, daß sie bis jetzt unentdeckt geblieben waren. Eine große Betriebsversammlung unserer Angestellten deckte auch die Gleichgültigkeit einiger Projektführer auf. Kritiklos wurden die Projekte durchgeführt. Niemand stellte auch nur das Geringste in Frage. Dabei hätte vielmals sogar ein Laie sehen können, daß ungenügende Grundlagen für ein fundiertes Arbeitsprojekt bestanden. So entstanden zu dieser

Zeit Millionenprojekte, die schon während der Bauzeit zu ewigen Umprojektierungen verurteilt waren.

Schon nach dem ersten Monat meiner Arbeitsaufnahme mußte sich die Lage zwangsläufig ändern. Der Vorsitzende der Forschungsabteilung wurde entlassen und mir die Aufgabe übertragen, diese zu reorganisieren. Es war die interessanteste und größte Aufgabe, die ich in meinem Dienst in der Sowjetunion durchzuführen hatte. Sie war wirklich von solcher Größe und Verantwortung, denn wir bearbeiteten ein Gebiet von Odessa bis Wladiwostok, flächenmäßig einen Sechstel der Erdoberfläche!

Die von mir ausgearbeiteten Instruktionen, welche später vom Narkom (Minister) für die Leichtindustrie, dem Genossen Lubimow, bestätigt und in Buchform veröffentlicht wurden, dienten als obligatorische Anweisung für die Erforschung für Neubauten der Leichtindustrie. Meine Arbeit wurde bis zur höchsten Stelle des Ministeriums anerkannt. Diese unterstützte mein Bestreben, die Untersuchungen zu präzisieren und die Erforschung mit modernsten Methoden durchzuführen. Die Aufgabe forderte von mir eine außergewöhnliche Arbeitsleistung. Da ich mich anfänglich auf keinen verlassen konnte, war ich gezwungen, fast jeden Arbeitsplatz persönlich zu kontrollieren. In ganz kurzer Zeit wurde meine Abteilung zu einer der größten des Unternehmens. Ich engagierte eine Anzahl schulentlassener junger Geologen und andere Ingenieure und führte sie in den neuorganisierten Betrieb ein.

Bei dieser Gelegenheit konnte ich auch sehen, welche Entwicklung die Hochschulen inzwischen durchgemacht hatten. Ein diplomierter junger Geologe war ganz bestimmt mit der Sowjetpolitik besser vertraut als mit dem von ihm gewählten technischen Fach. Was mich aber besonders bestürzte, waren die mangelhaften Kenntnisse der eigenen Muttersprache. Kein einziger war imstande, eine fehlerfreie und intelligent zusammengefaßte Erläuterung zu den durchgeführten Forschungen niederzuschreiben. Diese Berichte weckten den Eindruck, als ob Lehrlinge sie verfaßt hätten. Zu all meiner Arbeit war ich dadurch noch gezwungen, sie fachlich wie auch stilistisch umzuarbeiten.

Der Minister Lubimow erteilte uns persönlich die Aufgabe, eine Untersuchung am Rande des Schwarzen Meeres in der kleinen Stadt Sotschi durchzuführen, ein noch zur Zarenzeit bekannter Kurort, der jetzt von den Sowjets in großem Stil ausgebaut wurde. Ich erinnerte mich, daß noch mein Großvater mütterlicherseits dort ein Stück Land direkt am Meer gekauft hatte. Er wollte sich dort eine Sommervilla bauen. Der Erste Weltkrieg und die darauf folgende Revolution vereitelten all seine Pläne. Meine Großmutter, deren Mann inzwischen gestorben war, besaß aber nur noch den Plan, da die Bolschewisten auch dieses Grundstück enteignet hatten. Es war direkt Mode geworden, daß jedes Ministerium ein Erholungsheim für seine Angestellten in Sotschi haben mußte. Es wimmelte von Sanatorien mit Namen wie »Stalin«, »Woroschilow« und andere. Und so wollte auch Lubimow nicht fehlen, und er erteilte uns diesen Auftrag. Mein Direktor, Genosse P., wollte diesmal zusammen mit mir nach Sotschi fahren und den Bauplatz besichtigen.

So besuchte ich zum ersten Mal die kaukasische Schwarzmeerküste. Nach endloser Fahrt durch das Donezgebiet gelangten wir endlich ans Schwarze Meer. Die erste Station war die malerisch gelegene Stadt Tuapsé. Von dort führte die Eisenbahnlinie dem Meer entlang. Die tief dunkelblaue Farbe des Wassers, die würzige, salzige Seeluft und eine halbtropische Hitze versetzten uns in ein Märchenland. Das frühere Hotel-Sanatorium »Riviera« in Sotschi war jetzt ein Sowjetsanatorium, wo wir nur dank Beziehungen mit Mühe und Not Unterkunft fanden. Sämtliche Zimmer waren überfüllt und auf Monate hinaus belegt. Das gleiche Bild bot sich uns in jedem der anderen Sanatorien. Die

Regierung proklamierte ja, daß diese für die Arbeiterklasse reserviert seien. Die Wirklichkeit war aber, daß das ganze Politbüro Rußlands hier versammelt war. Das Bild wurde noch »verschönert« durch Unmengen von GPU-Beamten, welche sich hier von ihrer gewiß anstrengenden Arbeit erholten. Einen Arbeiter konnte ich dort beim besten Willen nicht entdecken!

Bei meiner Großmutter hatte ich öfters den Plan unseres Besitzes studiert. Da dieser direkt am Ufer des Schwarzen Meeres einerseits und vom kleinen Fluß Sotschi andererseits begrenzt war, fand ich das Grundstück sofort. Mit Erstaunen stellte ich fest, daß ein riesengroßes Sanatorium auf unserem einstigen Land stand.

So verbrachten wir eine ganze Woche in Sotschi. Ich gestehe, daß wir uns hauptsächlich erholten. Es gab mir Gelegenheit, den Kontrast zwischen der allgemeinen Not Rußlands und der Bewirtung dieser »Erholungsgäste« festzustellen. Von früh bis spät wurden diese Parteimitglieder gemästet. Die einzige Sorge war das Studium der Menükarte. Es wurde den Genossen auch wirklich etwas geboten: das Beste vom Besten war vorhanden.

Einziger Mißton war nur die auf Hungerration gesetzte Bevölkerung von Sotschi! Diese konnte zwar keinen Einblick in die Sanatorien erhalten, wußte aber dennoch Bescheid. Sie brauchten nur die fetten Gäste anzusehen und sie mit ihrem eigenen, elenden Aussehen zu vergleichen.

Besonders charakteristisch waren auch die Nächte in diesen Heil- und Ruhestätten. Die märchenhafte Gegend, das üppige Essen und die Unmengen von Alkohol trugen dazu bei, daß sich die hohe Parteiprominenz teilweise wie Tiere in der Brunstzeit benahmen. Selbst verheiratete Frauen, die irgendwelcher Verdienste wegen zur »Kur« kamen, warfen sich einem hemmungslos an den Hals. Auf den ersten Blick hätte ein Uneingeweihter den Eindruck gewinnen können, daß es sich hier um eine Art von

Prostitution handelte. Diese war von den Sowjets aber schon sehr bald ausgerottet worden. Zehn Jahre Konzentrationslager konnte die Strafe dafür sein.

Ein Telegramm des Ministers Lubimow rief uns umgehend nach Moskau zurück. Es begann wieder die tägliche, harte Arbeit. Ich nahm meine Reisetätigkeit zur Kontrolle der eingeleiteten Arbeiten wieder auf. Ohne persönliche Kontrolle konnte ich unsere Gruppen, die meist aus jungen Ingenieuren bestand, nicht arbeiten lassen. Es war diesen Leuten schon in Fleisch und Blut übergegangen, daß sie ohne Führung einfach nicht arbeiten konnten.

Das war das charakteristische Merkmal dieser neuentstandenen Sowjetmenschen. Gleichgültig ob parteilos oder Parteimitglied: alle Fragen, gleich ob politische oder wirtschaftliche, wurden für alle im Sinne des Stalinismus gelöst. Ohne jeden Zweifel, aber auch ohne jegliches Verständnis folgten sie blindlings allen Aufforderungen der Partei. Dies war kein Zufall, sondern schon die erste Folge der Erziehung von frühester Kindheit an.

Vom ersten Schuljahr an wurden die Kinder dem Einfluß der Familie entzogen und in den Sowjetschulen zu künftigen Kommunisten erzogen. Für sie waren alle Probleme der Welt gelöst. Dieselbe kritiklose Einstellung konnte man auch bei den früheren Bauernsöhnen beobachten, die jetzt zu Spezialisten ausgebildet waren. In der Zeit der Zwangskollektivierung waren sie natürlich noch viel zu jung, um die Umwälzung begreifen zu können. In späteren Jahren, als sie nichts anderes als das eingeführte Kolchosen-System kannten, hatten sie dagegen nichts einzuwenden. Sie kannten auch die Sorgen früherer Zeiten nicht. Sie arbeiteten jetzt in einer Landwirtschaftsfabrik, und es war selbstverständlich, den Anweisungen der Kolchosenleitung zu folgen. Ja, sie fanden es sogar prächtig, auf diese Weise zu arbeiten. Vergleiche zu früher fehlten ihnen vollkommen.

Mit Gesang zog diese Jugend am frühen Morgen auf die Felder, die sie laut Vorschriften bearbeiten mußte. Sie fühlte sich sorgenfrei. Damit wurde ihr jegliches Verständnis für eine Privatwirtschaft und Privatinitiative entzogen. Diese jungen Menschen wurden zu Kollektivisten und verspotteten ihre eigenen Eltern, die für die neuen Methoden kein Verständnis aufbringen konnten.

Viele Jahre später wurde mir der Beweis erbracht, daß diese Entwicklung schon soweit fortgeschritten war, daß an eine Rückentwicklung zur Privatwirtschaft nicht mehr zu denken war: Nach den ersten Monaten der Eroberung der Ukraine durch die Armeen Hitlers brachte die deutsche illustrierte Propaganda sehr viele Bilder vom Leben der Bauern in den besetzten Gebieten. Man las überall: »Hitler vernichtet das Sklavensystem der Kolchosenwirtschaft!« – »Der ukrainische Bauer ist wieder frei und kann seinen eigenen Grund und Boden wieder selbst bewirtschaften!« Dies dauerte aber nicht lange, und schon sah man Photos von riesigen bestellten Feldern, die weiter im Kolchosensystem unter dem Hitlerregime geführt wurden. Als Begründung wurde erklärt, daß während des Krieges eine Umstellung auf die Privatwirtschaft nicht wichtig sei, es bleibe vorläufig beim alten. Für mich war aber der wahre Grund klar. Die Kollektivierung hatte damals schon so tiefe Wurzeln geschlagen, daß es nicht einmal Hitler wagen konnte, an eine Umstellung zu denken, ohne sich selbst dabei zu schaden. Es ist tatsächlich undenkbar geworden, daß der russische Kollektivbauer sofort den Weg zu einer freien Bauernwirtschaft finden könnte. Er, der bis heute noch nie als freier Bauer gearbeitet hatte, konnte selbstverständlich kein Verständnis für die Belange der Privatwirtschaft aufbringen.

Diejenigen, die dies von früher her kannten, sind heute bereits Greise. Die vielen Jahre, in denen die neuen Sowjetmenschen entstanden, völlig isoliert von der übrigen Welt, begünstigten die Entwicklung der Sowjetgeschichte. Der frühere russische Mensch existiert in Rußland nicht mehr. Es entstand eine neue, für die ganze Welt unbekannte Menschenrasse. Es erscheint uns im ersten Moment unglaubwürdig, daß man durch ein politisches System die Charaktereigenschaften und die Empfindungen eines solch großen Volkes total verändern kann. Und doch gelang dies alles im Laufe einer einzigen Generation!

Die totale Verneinung der Religion hat die neu entstandene Generation zu gottlosen Menschen erzogen. Von der früher sprichwörtlichen Frömmigkeit des russischen Volkes war keine Rede mehr. Bestimmt nicht nur aus dem Grunde, daß man eine neue Arbeitszeit einführen wollte, sondern auch aus antireligiösen Gründen wurde die sogenannte Sechstagewoche eingeführt. Die Bezeichnung »Sonntag« gab es nicht mehr. Niemand wußte mehr, welcher Wochentag es war. Jeder Sechste, Zwölfte, Achtzehnte, Vierundzwanzigste und Dreißigste war der sogenannte »Ausgangstag«, alle anderen – außer kommunistische – Feiertage wie zum Beispiel Weihnachten und Ostern existierten nicht mehr.

Die Begriffe Ehrgefühl und Kameradschaft waren auch aus dem Vokabular gestrichen. Einem Kameraden, selbst einem nahestehenden, durfte man seine persönliche Meinung oder Empfindung nicht anvertrauen. Es könnte »zum Nachteil des Staates« sein, und jedermann war verpflichtet, darüber Anzeige zu erstatten. Und das ist auch geschehen.

Verhältnisse innerhalb der Familie, Kindererziehung, gemeinsames Erleben von Freud und Leid, all das hatte sich vollkommen verändert. Die Ehe barg nichts mehr heiliges in sich, war einfacher Tatbestand physischer Neigung. Die Kindererziehung war sowjetisiert. Der weiche und sentimentale Charakter, die Seele, wurden dem russischen Menschen genommen und aus ihm der staatlich gelenkte Roboter gemacht.

Sogar seine Einstellung zum Geld hatte sich total verändert. Der Russe zur Stalinzeit betrachtete das Geld nur als sofortiges Zahlungsmittel. Sparsinn war ihm ein Fremdwort. Wozu sollte er auch sparen, da er nur für das Heute lebte. Die einzigen Ersparnisse dieses Volkes waren wertlose Zwangsanleihen der Regierung. Alle Arbeiter und Angestellten bestimmten selbst »freiwillig« den Prozentsatz, der ihnen dafür vom Einkommen monatlich abgezogen wurde. Dafür bekamen sie Quittungen oder Obligationen, die nach zehn oder zwanzig Jahren rück-zahlbar sein sollten. Sie waren praktisch wertlos, da nicht kotiert und sie von den Banken weder gekauft noch belehnt werden durften.

Obwohl mich meine Arbeit interessierte und ich eine bedeutende Stelle innehatte, hatte ich immer noch so viel vom früheren Leben Rußlands in mir, daß mich das ganze Dasein in diesem totalitären Staat immer wieder zu einem Gedanken brachte: »Wie könnte ich dieses sozialistische Paradies mit meiner Familie zusammen verlassen?« Meine zweijährige, erfolgreiche Tätigkeit in der Leichtindustrie und die Anwesenheit einer Menge aus-ländischer Spezialisten sollten mir einen Plan verwirklichen helfen, diesem Ziel näherzukommen.

Für meine Arbeit wurden mir zu meinen vierwöchigen Ferien noch zwei Zusatzwochen bewilligt. Ein Ausländer brachte mich auf die Idee, ein Gesuch bei der Inotdel zu stellen, mir die Ferien im Ausland zu bewilligen. Praktisch war damit eine Aus- und Wiedereinreise verbunden. Ausländische Ingenieure bekamen die Bewilligung ohne weiteres, sie besaßen aber Pässe, in denen das erste Einreisevisum eingetragen war. Dies war bei mir nicht der Fall. Dieses Visum war aber von ausschlaggebender Bedeutung, denn nur dadurch wurde ein Aus- und Einreisevisum erteilt. Von meinem Direktor erhielt ich einen offiziellen Brief zuhanden der Inotdel, in dem ersucht wurde, mir als »Auslandspezialisten« die nötige Bewilligung zu erteilen.

Meine damals durchlebte Nervosität und Spannung kann man sich leicht vorstellen. Wider Erwarten erhielt ich aber schon nach drei Tagen alle gewünschten Papiere. Ich konnte meinen Augen fast nicht trauen, als ich die Bestätigung meiner Auslandreise vor mir sah. Damals konnte ich mir dies nur durch ein Versehen dieser überlasteten Behörde erklären, die täglich unzählige Gesuche von Ausländern zu behandeln hatte.

Die Auslandreisen

An eine Ausreisebewilligung hatte ich, ehrlich gesagt, nicht geglaubt. Deshalb waren auch keinerlei Vorbereitungen für die Reise getroffen. Jetzt, wo dieser Traum Wirklichkeit wurde und mir gerade noch eine Woche bis zur Abreise blieb, begann ich, durch meine Bekannten Verbindungen im Ausland zu suchen.

Das Hauptziel meiner Reise sollte sein, für mich eine Existenzmöglichkeit bei einer späteren Umsiedlung zu finden. Außer meinem Großvater, der, wie ich wußte, in der Schweiz lebte, kannte ich keine weiteren Verwandten. Durch Zufall erhielt ich von einer Freundin unserer Familie eine Empfehlung an eine sehr gutsituierte Persönlichkeit der deutschen Schwerindustrie in Berlin. Näheres war mir nicht bekannt. Durch meine Cousine bekam ich ferner einen Brief an ihre Schulfreundin, die Tochter eines Weißgardisten, die in Paris in der Emigration lebte. Sie war mit einem Franzosen verheiratet, der mir eventuell helfen könnte.

Die größten Hoffnungen setzte ich aber auf Polen. Die Schwester meines verstorbenen Stiefvaters war mit einem Polen verheiratet, der es noch zur Zeit des Ersten Weltkrieges in Rußland zum Zivilgeneral gebracht hatte. Er war Ingenieur im Bahnwesen, ein hundertprozentiger polnischer Nationalist, der nach der Revolution bei der ersten besten Gelegenheit mit seiner Frau in das neu entstandene Polen emigrierte. Ich kannte ihn noch von früher her, wußte aber nicht, wo er sich heute aufhielt.

Nun stellte sich die Frage, welche Geldmittel ich brauchte, um die Reise überhaupt durchführen zu können. Der offizielle Umtausch des Rubels in irgendeine Währung war ausgeschlossen. Mit russischem Geld konnte ich aber gerade die Fahrkarte kaufen, und das nur bis zur russischen Grenze. Ich war deshalb gezwungen, auf dem schwarzen Markt nach Devisen Ausschau zu halten und sie mit großem Risiko über die Grenze zu schmuggeln. Hätte man diese bei mir gefunden, einige Jahre Sibirien wären mir sicher gewesen.

Die Tage bis zur Abreise verflogen wie im Traum und in schrecklicher Aufregung. In Eile mußte ich mir noch einen Anzug und Mantel anfertigen lassen, damit ich ein einigermaßen »ausländisches Aussehen« bekam. Was meine Freude, das rettende Ausland zu erblicken, trübte, war der Gedanke, daß ich ohne meine Frau fahren mußte. Für sie war meine Abreise noch viel schwerer zu ertragen, weil wir auf alles gefaßt sein mußten, sogar darauf, daß die Bewilligung nur eine Falle sein könnte.

Bald nahmen wir auf dem Belorusski-Bahnhof Abschied, und der luxuriöseste Zug der Sowjets, bestimmt für Ausländer und hohe Parteigenossen, sollte mich in Richtung Minsk – Warschau – Paris führen. Schon nach einer Stunde Fahrzeit wurde mir von einem Beamten der NKWD, wie die GPU jetzt neuerdings hieß, der Paß abgenommen.

Am nächsten Morgen erreichten wir Minsk, wo alle Parteigenossen ausstiegen. Der Zug rollte, nur mit Ausländern besetzt, zur Grenzstation Niegoreloie. Eine unheimliche Stille lag über dem ganzen menschenleeren Grenzgebiet. Bald darauf stand ich vor dem Zollamt. Eine Menge Gepäckträger, die ihre Uniformen so ungeschickt trugen, daß man sofort die Geheimdienst-Maskerade erkennen konnte, halfen uns, unser Handgepäck auf die Zollschranken zu stellen. Die nachfolgende Gepäckrevision verstärkte meine Befürchtungen und Angst, da ich immer noch nicht glauben konnte, daß ich so einfach ins Ausland reisen konnte. Direkt neben mir stand eine Dame mit ihrem geöffneten Koffer, bei der der Zoll- und NKWD-Beamte nach den Personalien fragte. Als sie ihm ihren Familiennamen angab, rief der NKWD einen der Gepäckträger und befahl, die Dame samt Koffer in den angrenzenden, verschlossenen Raum zu führen. Ein anderer NKWD-Beamter nahm sie in Empfang. Für mich war klar, daß sie schon von Moskau her beobachtet und angezeigt worden war.

Sie können mir glauben, daß ich jetzt zitternd und mit Herzklopfen vor diesen zwei Beamten stand. Mein kleiner Koffer war schnell durchsucht. Auf die Frage: »Haben Sie Valuta bei sich?« antwortete ich unter Aufbringung meiner letzten Kräfte und dem Versuch, zu lächeln: »Nun, von wo kann ich denn schon Devisen haben?« – »Ich mache Sie darauf aufmerksam«, antwortete er mir, »daß Sie auch kein Sowjetgeld ins Ausland ausführen dürfen. Falls Sie welches haben, können Sie es hier an der Kasse deponieren.« Dann verlangte der NKWD-Beamte auch noch meine Brieftasche, die aber außer der Fahrkarte leer war. »Sie arbeiten doch bei uns? Haben Sie dienstliche Papiere bei sich?« Das konnte ich ruhigen Gewissens verneinen und schon war der nächste Passagier an der Reihe.

Nach dieser Kontrolle fühlte ich mich wie ein Kind, das vom Sankt Nikolaus beschenkt worden ist. Zwei Stunden dauerten die Formalitäten, dann war ich wieder im Abteil. Langsam fuhren wir ab, und bald darauf wurde mir mein Paß wieder ausgehändigt. Auf dem Ausreisevisum war der Stempel »Grenzstation Niegoreloie passiert« angebracht. Der Zug blieb auf einmal stehen, und ich sah, daß wir unter dem hölzernen Bogen mit rotem Sowjetstern standen. Die NKWD-Beamten stiegen aus, der Zug fuhr hundert Meter weiter, blieb wieder stehen, und die elegant uniformierten polnischen Gendarmen übernahmen. Hier wickelte sich die Passkontrolle schon anders ab. Ein höfliches Begrüssen, flüchtige Kontrolle des nötigen polnischen Visums, und die Angelegenheit war erledigt.

Ich war im Ausland, in Freiheit! Wie ein Vogel, der zum ersten Mal aus einem Käfig wegfliegt. Die gleiche Luft, die gleiche

Sonne, die gleiche Natur, doch wie war alles anders! Endlich ein freier Mensch, kein »Genosse« mehr. Und ich sah deutlich, daß diese Empfindungen nicht nur von mir geteilt wurden. Alle Reisenden versammelten sich im Durchgang des Wagens. Ob bekannt oder nicht, alle fingen zu plaudern und zu lachen an. Es entstand eine wundervolle Stimmung.

Es fiel mir auf, daß meine Nachbarin bei der Zollkontrolle nicht anwesend war. Aber eine andere, ärmlich angezogene junge Frau saß da, die ich bereits während der Fahrt beobachtet hatte. Kaum hatten wir die Grenze überschritten, als bei ihr eine Veränderung eintrat, als sei sie verrückt geworden. Sie weinte, murmelte vor sich hin, jauchzte wieder auf, so daß sie einige Mitreisende zu beruhigen versuchten. Sie hatte einen der Ausländer geheiratet und den Antrag auf Ausbürgerung gestellt. Mehrere Monate vergingen. Als sie schon jegliche Hoffnung aufgegeben hatte, ihren Mann je wiederzusehen, bekam sie plötzlich den Ausbürgerungs-Bescheid und den Befehl, innert 24 Stunden auszureisen.

Wir mußten einen anderen Zug besteigen, da die Spurweite der russischen Züge größer ist als im übrigen Europa. Meine Aufregung und Neugier war so groß, daß ich während der ganzen Reise bis Warschau keine Minute in meinem Coupé sitzen blieb. Alles war für mich neu, eine neue Welt erschloß sich vor meinen Augen. Obwohl Polen, besonders der östliche Teil, primitiv ist, erschien mir alles auf einer unvergleichlich höheren Stufe als im soeben verlassenen Rußland. Besonders fielen mir die Menschen auf. Ich sah hier gutangezogene »bürgerliche« Damen und Herren, deren Aussehen für mich etwas außergewöhnliches darstellte, das ich aus der bereits verblaßten Zarenzeit her kannte. Ich bestaunte die Unmenge hocheleganter Militärs und verglich diese unwillkürlich mit dem so primitiven Aussehen der damaligen russischen Genossen.

Spät am Abend kam ich in Warschau an und versuchte, den Bahnhofsvorsteher nach dem Aufenthaltsort meines Onkels auszufragen. Zwar sprach damals fast jeder Pole russisch, wollte dies aber nicht zugeben. So blieb unsere Unterhaltung sehr einsilbig, bis ich den Namen »Gronowsky«, meinen Onkel, erwähnte. Da erinnerte sich der Beamte seiner Sprachkenntnisse, und es stellte sich heraus, daß dieser einen sehr hohen Posten im Ministerium für das Bahnwesen innehatte. Der Vorstand, auch ein früherer Ingenieur, der in Rußland studiert und gearbeitet hatte, kannte ihn sehr gut. Sofort erhielt ich seine Adresse. Er wohnte in der Marschal-Kowska-Straße, und ich nahm mir ein Taxi, das mich durch das beleuchtete Warschau führte. Die Lichtreklamen und der Verkehr machten einen großen Eindruck auf mich. Es war so ganz anders als zuhause. Kurz darauf läutete ich, und ein Dienstmädchen ließ mich eintreten. Herr und Frau G. waren an der Samstags-Bridgepartie bei Bekannten. Erst jetzt erfuhr ich überhaupt, daß es Samstag war. So gewöhnt war ich schon an die Sechstagewoche, bei der die Wochentage keine Bedeutung mehr hatten. Welch eine Überraschung war es für die beiden, als sie später nach Hause kamen und mich antrafen. Es waren ja so unendlich lange Jahre verflossen, seit wir uns das letzte Mal auf unserem Landgut gesehen hatten. Welch schwere Jahre hatten wir doch hinter uns! Diese Nacht schlief keiner von uns, denn sie wollten alles von mir wissen.

Einen besonders niederschmetternden Eindruck machte die Nachricht vom tragischen Ende ihres geliebten Bruders, meines Stiefvaters. Vieles war in Polen über die Zustände in der Sowjetunion bekannt. Aber die Folgen der Kollektivierung und Umerziehung der gesamten russischen Bevölkerung zu Kommunisten waren den Polen unverständlich. Die Polen waren sehr beunruhigt.

»Es ist auch bei uns nicht alles in Ordnung«, erzählte mir G. »Seit dem Tode von Marschall Pilsudski sind wir in ein abenteuerliches Militärfahrwasser gelangt. Der neue Marschall Rids-Smigli ist nur eine Marionette. In Wirklichkeit regieren die jungen polnischen Nationalisten. Das sind Draufgänger, die sogar in meinem Ministerium herumschnüffeln. Sie sind alle Mitglieder der Pilsudski-Partei, und allein das erlaubt ihnen, sich solche Rechte herauszunehmen. Es sieht überhaupt danach aus, als ob alles, selbst das Bahnwesen, militarisiert würde. Gewiß, das kann man mit Sicherheit nicht mit euren Verhältnissen vergleichen, aber ich sage dir ehrlich, ich erwarte täglich meine frühzeitige Pensionierung.«

Lächelnd erwiderte ich ihm, wie froh ich wäre, mit seinen Sorgen tauschen zu können. Ich orientierte ihn auch über meine Absicht, im Ausland eine neue Existenz aufzubauen, meine Familie aus Rußland mitzunehmen...

»Das ist wirklich fatal, mein Lieber«, antwortete er mir, »Du kannst mir glauben, daß ich alles durchgesetzt hätte, um euch zu helfen. Ich habe gewiß die Möglichkeiten, aber du übersiehst deine Staatsangehörigkeit. Als Schweizer kann ich dich nicht in meinem Ministerium beschäftigen. Wir leben leider in Zeiten, da der Chauvinismus jegliche Vernunft zum vornherein ausschließt. So schmerzlich es ist, muß ich dir doch den Rat geben, in deine Heimat, die Schweiz zu gehen.«

Das war mein erster Fehlschlag und gerade in dem Land, auf das ich meine größten Hoffnungen gesetzt hatte. Heute muß ich mich glücklich schätzen, da mir dadurch viel Leid durch den späteren Zweiten Weltkrieg erspart blieb.

Zwei Tage blieb ich noch in Warschau. Bei meinen Wanderungen durch die Straßen stellte ich bald fest, daß das äußere Glanzbild, welches im ersten Moment einen solchen Eindruck auf mich gemacht hatte, näherer Betrachtung nicht ganz standhielt. Ich sah genügend Arbeitslose, abgerissene und verarmte Menschen. Allein das jüdische Ghetto verpflichtete zum Nachdenken!

Da mein polnisches Durchreisevisum ablief, mußte ich Warschau schon am dritten Tag verlassen. Mit demselben Zug, der mich schon hergebracht hatte, fuhr ich jetzt weiter in Richtung Krakau – Frankfurt an der Oder – Berlin. Ermüdet von all dem Gesehenen schlief ich bald in meinem Coupé ein. An der Grenzstation Sbonschen weckte mich ein polnischer Gendarm und verlangte meine Papiere. Ich döste wieder ein, und als ich neuerdings erwachte, stand der Zug vor der deutschen Grenzstation. Bald darauf wurde die Coupétüre geöffnet, und ein deutscher Zollbeamter betrat mein Abteil. Er hob die Hand und begrüßte mich mit »Heil Hitler«.

Dies war also meine erste Begegnung mit dem Deutschland der Nationalsozialisten. Mein Schweizer Paß interessierte die Beamten am wenigsten. Sie öffneten ihn nicht einmal. Das Schweizer Kreuz hatte anscheinend genügt. Das konnte ich nicht verstehen. Ohne Visum oder eine spezielle Bewilligung konnte ich mir meine Fahrt durch fremde Länder überhaupt nicht vorstellen.

Inzwischen war es hell geworden. Ich stand am offenen Fenster und betrachtete die vorbeifliegende Gegend. Hier sah ich die deutschen Bauernhöfe wieder, die ich von den ehemaligen deutschen Kolonien in der Ukraine her so gut kannte. Bald danach fuhr der Zug in Frankfurt an der Oder ein. Eine Militärkapelle spielte, wie es schien, zu unserem Empfang. Dann klärte es sich aber auf: Der Empfang galt irgendeinem Parteibonzen. Eine Formation SA-Männer wartete mit Fahnen auf diesen Mann, der unserem Zug entstieg.

Im Bahnhof Zoo in Berlin angekommen, bestieg ich ein Taxi und fuhr direkt zur Adresse des Herrn J. in Halensee. Frau J., eine ehemalige Russin der jetzt aussterbenden Rasse der »früheren

Menschen«, war eine äußerst sympathische Dame. Ihr Mann, ein Deutscher, der seine Jugendzeit in Rußland verbracht hatte, war ein schlanker, gut aussehender Fünfziger, energisch und auch er sehr sympathisch. Ich wurde mit außergewöhnlicher Liebenswürdigkeit aufgenommen, und ich bemerkte sofort, daß mir das Ehepaar J. aufrichtige Freundschaft entgegenbrachte, sicher deswegen, weil wir alle immer noch das frühere Rußland im Herzen hatten.

Trotz der vielen Jahre in Berlin und erfolgreicher Tätigkeit als Direktor bei Krupp konnte sich seine Frau in Deutschland nicht wohlfühlen. Als ich erfuhr, daß Herr J. Krupp-Direktor war, wünschte ich, daß ich das Haus nie betreten hätte. Krupp war in Rußland als der größte Waffenfabrikant bekannt. Noch vom Ersten Weltkrieg her haßte man diesen Namen. Jetzt behaupteten die Sowjets, daß die kapitalistische Schwerindustrie unter Führung von Krupp Hitler zur Macht verholfen hätte, um erstens die kommunistische Revolution in Deutschland zu verhindern und zweitens an einem militärischen Wiederaufrüsten mehr als gut zu verdienen.

Ausgerechnet ich mußte das Pech haben, einem bedeutenden Vertreter dieser Staatsfeinde über den Weg zu laufen. Wenn Moskau dies erführe, würde mir niemand glauben, daß dies ein Zufall war. Nur meinem Endziel, der Auswanderung zuliebe, nahm ich diese Gefahr auf mich.

Auch hier wie in Warschau vergingen die ersten Tage mit langen Gesprächen über die russischen Verhältnisse. Ich sah sofort, daß die Familie J. ziemlich gut über die dortigen Zustände orientiert war. Dies war auch verständlich, als ich erfuhr, daß beide noch vor drei Jahren in Moskau gelebt hatten. Er reiste damals ständig zwischen Moskau und Berlin in Angelegenheiten seiner Firma, bis man plötzlich ohne Angaben von Gründen die Einreise-Visa verweigerte. Herr J. war ein versierter Geschäftsmann, der die gesamte Weltwirtschaft gut kannte.

Er gab mir einen Überblick über die damalige Wirtschaftslage, aus dem ich klar ersehen konnte, daß der Aufbau einer Existenz ohne Geld hier und anderswo sehr schwierig, wenn nicht fast aussichtslos war. »Sehen Sie, mein lieber Freund«, sagte er, »Sie wissen ja, welche Menge russischer Emigranten nirgends ein neues Heim finden konnten. Sehen Sie zum Beispiel den früheren Obersten der zaristischen Gendarmerie, der heute hier in Berlin mit russischen Zigaretten hausieren muß. Seinen Verdienst können Sie sich ja ausmalen. Deshalb war ich gar nicht erstaunt, als ich vor kurzem erfuhr, daß er heute im Dienste der Sowjetunion als kleiner Geheimagent tätig ist. Er bespitzelt seine eigenen Kameraden für ein paar Pfennige.

Sie dürfen nicht vergessen, daß in Deutschland bis vor kurzem eine schreckliche Arbeitslosigkeit herrschte. Daraus rekrutierten sich viele Kommunisten. Wir Industriellen in Deutschland betrachteten die Lage als aussichtslos. Mit dem Umsturz von 1933 änderte sich unsere wirtschaftliche und politische Lage vollkommen. Ehrlich gestanden habe ich von Anfang an Hitler und seinen Nationalsozialismus nur als ein Mittel zum Zweck gesehen. Diese ganze Bewegung war mir von Beginn an alles andere als sympathisch. Sie müssen mich richtig verstehen, ich bin keinesfalls ein Nationalsozialist und werde nie in die Partei eintreten. Aber die Tatsache ist nicht zu leugnen, daß Hitler das Deutsche Reich aus der wirtschaftlichen Katastrophe gerettet hat. Sehen Sie: Alles, was ich heute besitze, habe ich durch Mühe und langjährige Arbeit erworben. Dies wäre ohne Hitler heute nicht mehr mein Eigentum. Ich garantiere Ihnen, wir hätten heute dieselben Zustände wie in Rußland. Gewiss passen auch mir verschiedene Methoden dieser Herren nicht. Aber es ist mir lieber, die sechs Millionen Arbeitslosen in nationalsozialistischer Uniform zu sehen als unter dem roten Sowjetstern. Eine andere Wahl hat Deutschland gar nicht gehabt. –

Sie beabsichtigen, in die Schweiz zu fahren. Sie werden von diesem herrlichen Land begeistert sein. Man kann es als Muster für die politische Gestaltung der künftigen Welt ansehen. Ich befürchte aber, daß es ewig als einmaliges Muster bestehen wird. Ihr Vaterland besitzt kein Proletariat, und die Bevölkerung ist jeglichem Extremismus, ob von rechts oder links, abgeneigt. Das ist das politische Glück dieses Landes. Wirtschaftlich hat es ebenfalls mit größten Schwierigkeiten zu kämpfen. Ich glaube deshalb kaum, daß Sie sich dort eine neue Existenz aufbauen können.

Ich will Sie aber nicht beeinflußen, Sie werden selbst alles sehen. Glauben Sie mir, ich wünschen Ihnen von Herzen, daß Sie die Möglichkeit finden, sich eine neue Existenz aufzubauen. Das kann ich Ihnen aber sagen: Sollten alle Bemühungen ohne Erfolg sein, so können Sie für uns in Moskau tätig sein, da ich ja nicht mehr nach Moskau reisen kann. Ich weiß, daß das genau das Gegenteil Ihrer Wünsche ist, aber hier in Deutschland kann ich nichts tun, und ich befürchte, daß Sie sich hier ohne Geld kein neues Leben aufbauen können. Wäre aber Ihre Tätigkeit in Moskau für uns erfolgreich, so könnten Sie nach ein paar Jahren hier über genügend Geld verfügen.«

Ich ließ mir diese Angelegenheit durch den Kopf gehen. Immerhin war es das erste positive Ergebnis. So vereinbarte ich mit J., daß ich seinen Vorschlag überdenken und mich bei meiner Rückreise entscheiden würde.

In Berlin blieb ich eine ganze Woche. Den ganzen Tag hielt ich mich in der inneren Stadt auf und bestaunte die mir unbekannten Verhältnisse. Mit Beschämung stellte ich des öfteren fest, daß ich – wie ein Junge, der direkt aus dem Urwald kommt – die Lebensverhältnisse dieser Menschen bewunderte. Alles war für mich neu und teilweise unbegreiflich. Jetzt erkannte ich auch, wieso die Sowjets ihre Bürger so ungern ins Ausland reisen liessen!

Deutliche Unterschiede konnte man schon an der sauberen, adretten Kleidung der Leute beobachten. Auch die Reinlichkeit in den Straßen fiel mir auf. Selbst Warschau war im Vergleich zu Berlin armselig. Die Auswahl in den Warenhäusern überraschte mich. Man konnte vom Kragenknopf bis zum Automobil alles kaufen, für mich ein wahres Eldorado. Das Geld hatte viel mehr Kaufkraft als bei uns. Der gewöhnliche Arbeiter konnte mit seinem kleinen Lohn mehr einkaufen als ich in Moskau trotz meiner bedeutenden Stellung. Die Kinos begeisterten mich sehr. Auch Deutschland hatte eine Filmzensur, etwas weniger ausgeprägt als in Rußland. Dort hatte ich mir das Kinogehen schon längst abgewöhnt, da der hundertprozentige Propaganda-Inhalt nicht zum aushalten war.

Vor dieser ersten Deutschland-Reise konnte ich mir nicht vorstellen, daß ein Volk derart diszipliniert sein konnte. Ein Beispiel: Auf einer Seitenstraße des Kurfürstendamms, zur Stoßzeit, stand ich an einer Kreuzung. Die Verkehrsampel stand auf Rot. Obwohl weit und breit kein einziges Fahrzeug zu sehen war und sich kein Polizist dort aufhielt, warteten die Passanten geduldig auf beiden Seiten, bis die Ampel das Überqueren freigab. Kein einziger dieser Menschen überschritt vorzeitig die Straße. Für die Deutschen war das offensichtlich selbstverständlich, mich stimmte dieses Verhalten aber sehr nachdenklich.

An einem Sonntagnachmittag hielt ich mich in der Friedrichstraße auf, wo ich auf eine marschierende Abteilung SA-Männer aufmerksam wurde, die Hakenkreuzfahnen mit sich führten. Unwillkürlich blieb ich stehen und schaute dem Treiben zu. Auf einmal hörte ich ein lautes Rufen, schenkte dem aber keine Aufmerksamkeit. Da löste sich einer der SA-Leute aus der

Marschkolonne und kam direkt auf mich zu und schrie mich an: »Sie da, haben Sie bis jetzt den Hitlergruß nicht kennengelernt?!« Jetzt endlich bemerkte ich, daß alle Passanten die eine Hand zum Gruße erhoben hielten! Gott sei Dank hatte ich meinen Paß bei mir. Ich zeigte ihn dem SA-Mann, der daraufhin antwortete: »Nun, das ist etwas anderes, ich glaubte schon, Sie seien irgendein Jude, von denen wir hier ja immer noch genug haben.« Ich denke nur ungern an diese Episode zurück.

Ein überraschendes Erlebnis hatte ich, als ich eines Abends in der Nähe des Kurfürstendamms die Bezeichnung »Harlip« in großen, blauen Neonbuchstaben sah. Dieser Name weckte in mir Erinnerungen aus Odessa. Könnte es dieser Harlip sein? Im Parterre sah ich eine Menge Photographien ausgestellt. An erster Stelle prangte Luftmarschall Göring in voller Uniform, ordengeschmückt. Das war sicher nicht der Harlip, da dieser ja Jude war. Was sollte Hermann Göring bei einem jüdischen Photographen?

Um mich aber doch zu vergewissern, entschloß ich mich, das Atelier aufzusuchen. Es war Sonntag und der Laden geschlossen, doch in der angrenzenden Wohnung öffnete mir das Dienstmädchen. Und tatsächlich: Es war der mir bekannte Harlip, der seinerzeit in Odessa bei seinem Vater verborgen leben mußte, da er in der Verwaltung wegen Unterschlagungen gesucht wurde. Harlip erkannte mich sofort und ließ mich erfreut eintreten. »Was machen Sie denn hier, wie sind Sie denn überhaupt hierher gekommen? Wie war es Ihnen möglich, dieses verrückte Land zu verlassen? Sind Sie alleine hier, oder ist Ihre Frau auch mitgekommen?« So bestürmte er mich mit vielen Fragen. Ich erzählte ihm alles ausführlich, und dann hatte auch er meine Neugier auf seine Erlebnisse zu befriedigen.

»Ja, mein Lieber, das ist eine Geschichte, die genügend Stoff für eine Novelle gäbe. Nicht mehr als zwei Wochen nach unserer

Begegnung bei meinem Vater in Odessa startete ich zur Flucht aus der Sowjetunion. Nach Bessarabien konnte ich nicht gehen, das war zu gefährlich. Durch unsere jüdischen Zwischenmänner erfuhr ich, daß der einzige Weg über Lettland führte. Das war eine schreckliche Flucht. Nur in der Nacht konnte ich es riskieren, weiterzukommen. Tagsüber mußte ich mich versteckt halten. Es war kurz vor Tagesanbruch, als ich vollkommen ausgehungert und erschöpft in eine mir unbekannte, waldige Gegend kam. Ich wußte, daß die Grenze in der Nähe war. Wie immer im Leben, kurz vor dem Ziel schienen mich meine Kräfte verlassen zu wollen. Ich zog meine Jacke aus und warf sie auf den steinigen Boden, um mich darauf zu legen. Komme, was da kommen mag, ich konnte einfach nicht mehr weiter. Den Kopf preßte ich in die Jacke und klagte wie ein verwundetes Tier. Plötzlich fühlte ich, wie ein parfümartiger Duft in meine Nase strömte. Erinnern Sie sich noch an den kleinen Talisman, der mir Ihre Frau zum Abschied schenkte, die Parfümflasche? Ich hatte sie ungewollt zerbrochen und das Parfüm floß aus. Der Duft brachte mich wieder in die Wirklichkeit zurück und gab mir die Kraft, das rettende Ausland doch noch zu erreichen. Sehen Sie, Ihre Frau hat mir indirekt das Leben gerettet.

Die ersten Jahre meines Lebens im Ausland als jüdischer, paßloser Emigrant waren entsetzlich schwer. Manchmal zweifelte ich daran, ob die Flucht richtig war. Endlich gelang es mir, nach Berlin zu kommen. Dies geschah noch zur Vor-Hitler-Zeit. Hier sollte ich mein großes Los ziehen. Wissen Sie, einige Jahre arbeitete ich als Straßenphotograph am Kurfürstendamm und hatte nicht einmal Geld für einen Photoapparat; ein anständiger Mensch gab mir zu diesem Zweck ein Darlehen.

Meine Jugend, die ungeheure Energie und achtzehn Stunden Arbeit am Tag liessen mich stufenweise emporklimmen. Dann heiratete ich, und Sie sehen, daß ich heute zu den führenden

Photographen Berlins gehöre. Mein Hauptgeschäft ist aber meine Postkarten-Fabrik, in der ich sogar einige russische Emigranten beschäftige.

Schloß Sumarokov-Elston, 1936

Jetzt aber sehe ich deutlich, daß das weitere Verbleiben in Deutschland für mich von Tag zu Tag aussichtsloser wird. Dieser tolle Hund, den Göring, habe ich da unten nur als Aushängeschild ausgestellt. Sie können sich gar nicht vorstellen, wieviel es mich gekostet hat, bis ich diesen Popanz photographieren und ausstellen durfte. Ich versuche jetzt, alle Sachwerte wie beispielsweise dieses Haus zu liquidieren. Wir wollen nach London übersiedeln, und ich habe schon meine Beziehungen geknüpft.«

Gerade in diesem Augenblick betrat eine ältere Dame das Zimmer. Sie war sehr modern, aber geschmacklos angezogen. Unangenehm fiel mir auf, daß sie die Hände mit Schmuck überladen hatte. H. stellte mich ihr vor. Es war seine Frau, eine gebürtige Berlinerin.

Beim Tee erzählte ich den Vorfall mit der SA-Kolonne in der Friedrichstraße. Lachend erwiderte H.: »Nun, mein Lieber, Sie wissen gar nicht, wieviel Glück Sie gehabt haben. Hätten Sie Ihren Schweizer Paß nicht zufällig bei sich, so würden Sie jetzt nicht hier sitzen. Sie können sich gar nicht vorstellen, wie diese Bande uns behandelt. Ich kann Ihnen nur einen Rat geben: Sollte Ihnen allen die Ausreise aus Rußland gelingen, so gehen Sie in Ihre Heimat und denken Sie nicht daran, hier zu bleiben. Dieses Regime muß schlecht enden, und Sie würden dabei nur vom Regen in die Traufe geraten!«

Ich beendete meinen Berlin-Aufenthalt und fuhr in die Schweiz. So wunderschön habe ich mir die Heimat meiner Väter selbst im Traum nicht vorgestellt. Das ganze Land erschien mir wie ein großer Kurort, vom Panorama schneebedeckter Berge umgeben. Die prachtvollen Chalets, ausgezeichneten Straßen, selbst die klare, staubfreie Luft übten auf mich große Wirkung aus. Alles war so gepflegt, daß es selbst die Verhältnisse in Deutschland in den Schatten stellte.

Ich wußte, daß mein Großvater in Lugano lebte, und so war dies mein erstes Reiseziel. Ich hatte ihm aus Berlin eine Postkarte gesandt und meine Ankunft angekündigt. So war es für meine Großeltern keine Überraschung mehr, und trotzdem war dieses Zusammentreffen nach all den Jahren herzzerreissend.

Ich war schon vollkommen heiser vom stundenlangen Berichten über mein Leben seit 1917. Die Großeltern weinten wie Kinder, und ich merkte bald, daß sie, obwohl es ihnen finanziell sehr gut ging, immer noch an Rußland hingen. Mein Großvater hat ja die

Schweiz als ganz junger Mann verlassen, und es war klar, daß er, der fast sein ganzes Leben dort verbracht hatte, dieses frühere Rußland liebgewonnen hatte.

Meine Großeltern berichteten mir auch von meiner Schwester, die hier gut verheiratet wäre. Sie machten mich aber gleich darauf aufmerksam, daß ihr Gatte ein Eigenbrötler wäre, dessen Devise sei: »Ich habe dich geheiratet und nicht deine Familie.« Was er ihnen auch schon deutlich klargemacht habe. Außer meinen Großeltern kannte ich niemanden hier und konnte deshalb auch mit keiner Hilfe rechnen. Die wirtschaftliche Lage in der Schweiz war damals, wie von Herrn J. prophezeit, nicht erfreulich. Ich erkannte, daß ich wenig Chancen hatte, hier ein neues Leben aufzubauen. So blieb ich nur eine Woche in der Schweiz und fuhr dann nach Paris weiter. Ein Erlebnis hat sich mir ganz besonders eingeprägt:

An einem der letzten Tage, in Zürich, fing es plötzlich in Strömen zu regnen an. Ich befand mich gerade zur größten Verkehrszeit auf dem Paradeplatz. Für jeden Westeuropäer geschah nun etwas selbstverständliches, für mich aber war es eine noch nie gesehene Sensation: Die Menge spannte ihre Schirme auf, es sah aus wie ein eigentliches Schirm-Meer, und alle Trottoirs waren plötzlich »unter Dach«. In Moskau hätte man damals an einer Hand vorhandene Schirme zählen können. Solche Erlebnisse haben mich immer wieder nachdenklich gestimmt. Was haben die Bolschewisten in so kurzer Zeit aus Rußland gemacht?

An einem Vormittag traf ich im Gare de l'Est in Paris ein. Irgendein russischer Offiziers-Emigrant fuhr mich in seinem Taxi nach Vincennes. Ich hatte aus der Schweiz meine Ankunft gemeldet und erwartete eigentlich nur, die Freundin meiner Cousine anzutreffen. Das erste, was ich sah, war ein kleines, schäbiges, dreistöckiges Häuschen, in dessen zweitem Stock die Familie wohnte. Wider Erwarten fand ich die ganze Familie zu

Hause vor. Herr W., ein sehr netter, etwa vierzigjähriger Mann, begrüßte mich mit solcher Begeisterung, daß ich im ersten Augenblick direkt kopfscheu wurde. Seine Frau, eine junge, blonde und sympathische Russin, machte einen müden und abgearbeiteten Eindruck. Allein das fünfjährige Töchterchen war voller Übermut. Die Wohnung war ärmlich möbliert. Obwohl W. nie in Rußland gewesen war, hatte er von seiner Frau russisch gelernt und sprach es leidlich gut.

Sehr bald stellte ich die Ursache seiner großen Freude fest. Er war ein begeisterter Kommunist. So erwartete er, in mir einen Genossen gefunden zu haben, der ihm viel aus dem Leben des Sowjetparadieses, seiner ganzen Hoffnung, erzählen würde! Er stammte aus kleinbürgerlichen Verhältnissen und mußte noch kurz vor Friedensschluß 1918 zum Militär. Bei der Verteidigung von Verdun kam er mit einem blauen Auge davon, immerhin kostete es ihn drei Finger seiner linken Hand. Nach Kriegsende war er in den Renault-Werken als Mechaniker tätig. Bei den ersten Anzeichen eines Geschäftsrückganges wurde er mit vielen anderen entlassen. Monatelang blieb er arbeitslos.

»Sehen Sie«, sagte er zu mir, »ich habe diese drei Finger für das Vaterland geopfert. Sie können mir glauben, daß diese Behinderung bei der Arbeit genügte, um mich immer wieder zu entlassen oder erst gar nicht anzustellen. Die kapitalistische Bande kennt kein Erbarmen mit einem kriegsgeschädigten Proletarier. Sie werfen uns ein paar Brosamen in Form von Unterstützung vor die Füsse. Dabei ist es ihnen gleichgültig, ob man davon leben kann oder nicht. Ich habe das System durchschaut und bin deshalb Anhänger der kommunistischen Partei, die unsere Interessen wirkungsvoll unterstützt. Um den Kapitalismus zu beseitigen, bin ich jederzeit bereit, mein Leben hinzugeben. Natürlich hat die russische Revolution sehr viele Opfer gekostet, auch weiß ich, daß die früher herrschende

Klasse Rußlands brutal behandelt wurde. Das finde ich aber vollkommen in Ordnung, die hat gar nichts besseres verdient. Deswegen führe ich einen ewigen Streit mit meinem Schwiegervater, der ja zu dieser Klasse gehörte.»

Was sollte ich nun tun? Ich entschloß mich, ihm die Augen über »sein« Sowjetparadies zu öffnen. Stundenlang legte ich ihm dar, wie die bolschewistische Entwicklung mit all ihren Widersprüchen ablief. Aus Emigrantenzeitungen war ihm vieles davon bekannt. Trotzdem konnte ich ihn nicht von seiner Meinung abbringen. Er brauchte offensichtlich die Illusion, daß die Sowjetunion die Rettung der Arbeiter sei. Und meine Cousine in Rußland beneidete ihre Freundin in Paris für das Leben, das sie führen durfte! Ein paar Tage blieb ich noch in Paris, um mir diese Weltstadt anzusehen. Herr W. begleitete mich, nachdem er ja sowieso nichts zu tun hatte. Hier erlebte ich, daß eine Steigerung des schon riesigen Verkehrs von Berlin noch möglich war. Auch hier sah ich, daß ich bestenfalls ein Emigrantenleben à la russe führen müßte, wenn ich mich ohne Beziehungen und Geld hier niederlassen würde. So entschloß ich mich, die Rückreise anzutreten.

Wieder in Berlin angekommen, verbrachte ich noch zwei herrliche, gastfreundliche Wochen bei der Familie J. Herr J. war sich seiner Sache so sicher, daß ich seinem Vorschlag, ihn in Moskau zu vertreten, zusagen würde. Er informierte mich eingehend über meine Aufgaben. Dabei erfuhr ich, daß er außer der Firma Krupp noch andere Firmen wie zum Beispiel die Borsig AG vertrat. Zu dieser Zeit konnte ein Ausländer aber nur eine Fabrik in Rußland repräsentieren.

Herr J. gab mir aus freien Stücken einige hundert Mark Vorschuß, den ich benützte, um mich neu einzukleiden und soviel für meine Frau und meine Familie einzukaufen wie nur möglich. Mit Bangen sah ich dem Ablauf meines Visums entgegen. Als

freier Mensch stieg ich am Bahnhof Zoo in den Luxuszug Paris –
Niegorieloie und wußte nur zu genau, was mich am Ende der
Reise wieder erwartete. Hätte ich in Rußland nicht alle Lieben
zurückgelassen, man hätte mich nur mit Gewalt zurückbringen
können.

Meine Rückreise gab mir genügend Zeit, das Erlebte nochmals zu
überdenken und Bilanz zu ziehen. Eines war mir klar geworden:
Selbst wenn der Plan J. gelingen würde, so war an eine Ausreise
meiner Familie erst in weiter Ferne zu denken.

Deutschland kam für mich als Zukunftsland kaum in Frage, da ich
von einer Diktatur genug hatte und nicht noch unter einer
zweiten weiterleben wollte. Die Schweiz war das Land, in dem
ich gerne leben wollte; mit leeren Händen konnte ich aber nicht
dorthin kommen. Paris hatte mir, vielleicht wegen der Diskus-
sionen mit W., einen nachteiligen Eindruck hinterlassen. Bis zu
meiner Auslandreise haben wir in Rußland nie geglaubt, daß es
in Westeuropa eine solche Anzahl überzeugter Kommunisten
geben würde. Die Meldungen darüber in der Sowjetpresse
wurden bei uns immer als Propaganda betrachtet. Wir konnten
es uns überhaupt nicht vorstellen, daß jemand freiwillig einem
solchen System beizutreten wünschte.

Daß Herr W. kein Einzelfall war, sah ich deutlich. Der Kapitalismus und die Weltwirtschaftskrise hatten viele Menschen, die
nicht am Wohlstand teilnehmen konnten, ins Lager der Kommunisten getrieben. Unwillkürlich stellte ich mir die Frage, ob die
Bolschewisten doch recht hatten, indem sie durch die radikalste
Revolution aller Zeiten die sozialen Unterschiede auszurotten
versuchten. Diese sozialen Unterschiede waren aber sehr bald
auch im Sowjetstaat wieder zutage getreten.

Eine neue Kaste von Parteimitgliedern und hochgestellten
Intellektuellen entstand, die von neuen Privilegien profitierten
und auf höherem Niveau lebten als die große Masse der

Bevölkerung. Anstatt zu erreichen, daß die Ärmsten der Armen zum Mittelstand aufstiegen, erreichte man, daß der Großteil der Bevölkerung auf den niedrigsten Lebensstandard herabsank. Und dafür hat man Millionen von Menschen umgebracht oder Hungers sterben lassen!

Unglaublich schnell, viel zu schnell, rollte mein Zug der Grenze zu. Je näher diese kam, umso leerer wurde er. An der letzten Station, in Stolpzé, war der Zug fast leer. So gelangte ich wieder an die berühmte Pforte mit der Inschrift »Proletarier aller Länder vereinigt Euch!«

Schon beim Anblick des ersten russischen Militärs fühlte ich mich wieder einem Gefängnis nahe. Genauso wie ein Gefangener dauernder Beobachtung ausgesetzt ist, so wurde ausnahmslos jeder Ausländer, sobald er die Sowjetgrenze überschritt, bespitzelt. Ich hatte mich ja im Ausland neu eingekleidet und mein Aussehen unterschied mich derart von der Bevölkerung, daß man mich von weitem schon als Ausländer erkannte. Selbst meine Frau, die mich am Bahnhof in Moskau erwartete, erkannte mich kaum. Ich bemerkte, wie sie erschrak, da auch sie fühlte, wie mich die Menge anstarrte. Glaubten sie, ich sei der persönliche Bote von Churchill? Mit Mühe und Not konnten wir ein Taxi auftreiben und fuhren heim. Obwohl ich nur einen Monat abwesend war und das Moskauer Stadtbild gewiß gut kannte, erdrückte mich die Armut, das Elend und der Schmutz der russischen Metropole.

Unwillkürlich drängten sich mir Vergleiche meiner Eindrücke mit dem Auslande auf. Wenn es für mich schon vorher hart war, das Sowjetleben zu ertragen, jetzt war mein Leben vollends vergiftet. Eine Woche lang dauerten meine Ferien noch, die ich mit meiner Frau und meiner Mutter, die aus Odessa zu Besuch gekommen war, verbrachte.

Meinem Erlebnisbericht lauschten sie wie Kinder, denen man Märchen erzählt. Meine kleinen Geschenke wurden als Sensationen bewundert. Ein Lippenstift, den ich für 50 Pfennige bei Woolworth in Berlin gekauft hatte, wurde als einmalige Rarität betrachtet. Die allgemeine Lage hatte sich während meiner Abwesenheit kaum verändert, aber auf politischem Gebiet war eine Verschärfung der Methoden eingetreten. Wie ich jetzt erfuhr, hörte man des öfteren, daß selbst Parteigenossen in Bedrängnis gerieten. Stalins Politik nicht befolgen oder nicht verstehen hieß, in Schwierigkeiten zu geraten. Die Revolution begann, ihre eigenen Kinder zu fressen!

Ich brauchte noch einige Zeit, um mich wieder an meine Arbeit zu gewöhnen. Mein Direktor und die Angestellten begrüßten mich herzlich, und der Alltag begann wieder. Des öfteren fragten mich besonders die jungen, begeisterten Kommunisten nach den Eindrücken meiner Auslandreise. Ich wich so diplomatisch wie möglich aus. Persönliche Eindrücke gab ich keine, sondern beantwortete nur Fragen, die mit der Produktionskapazität des Auslands zusammenhingen. Einzig meine französische Begegnung konnte ich ihnen mit gutem Gewissen erzählen.

Jetzt war es an der Zeit, mich für die Geschäfte des Herrn J. zu bemühen, eine äusserst heikle Angelegenheit. Denn als Ingenieur im Dienste der Sowjetunion war es undenkbar, daß ich auch noch Vertreter irgendeiner ausländischen, kapitalistischen Firma sein konnte. Und doch versuchte ich, mich mit dem Narkomwneschtorg in Verbindung zu setzen.

Ich stellte mich dort als Vertreter der Firma Borsig vor, ohne meine Hauptbeschäftigung zu erwähnen. Schnell wurde mir klar, wie schwierig die Verhandlungen waren. Nur bei meinem ersten Besuch wurde ich sofort empfangen. Bei allen späteren ließ man mich stundenlang warten. Trotzdem erhielt ich keine definitiven Auskünfte oder man empfing mich überhaupt nicht. Die Antwort in diesen Fällen war immer gleich: »Hinterlassen Sie Ihre Telefonnummer, wir werden Sie anrufen!« Ein solcher Rückruf erfolgte jedoch nie.

Die Zeiten, in denen die ausländischen Vertreter den Narkomwneschtorg belagerten, waren längst vorüber. Nur eine kleine Anzahl war noch in Moskau verblieben, während die Mehrzahl, wie seinerzeit Herr J., das Land verlassen mußten. Ich schrieb meinen Mißerfolg dem Umstand zu, daß ich eine deutsche, also eine Nazi-Firma, zur Vertretung übernommen hatte. Die Sowjetpresse behauptete damals, mit deutschen Firmen so gut wie keine Geschäfte zu tätigen. Es erschien mir damals so, als ob meine Träume, durch erfolgreiche Vermittlergeschäfte einen finanziellen Grundstock für später zu erarbeiten, unerfüllbar blieben. Mein Ziel, mit meiner Familie ins Ausland zu übersiedeln, wollte ich trotzdem hartnäckig weiter verfolgen.

Inzwischen veränderten sich die Lebensbedingungen in Moskau radikal. Zum größten Erstaunen der Bevölkerung wurden zahlreiche neue staatliche Lebensmittelläden eröffnet, die sogar den Namen »Gastronom« führten und dieses Namens auch absolut würdig waren. Man konnte dort jede Delikatesse, aber auch andere Lebensmittel in guter Qualität kaufen. Sogar der frühere Delikatessenpalast »Jelisejeff« in der Twerskaier-Straße, der seit der Revolution nur als Verteiler für die NKWD galt, war in alter Pracht wieder eröffnet worden. Nach all dem Hunger, den die russische Bevölkerung jahrzehntelang erleiden mußte, war diese Änderung verblüffend. Aber für die große Masse waren die Preise in diesen Läden unerschwinglich. Kartoffeln, Brot und Wodka blieb die Hauptnahrung der Sowjetmenschen. Zu dieser Zeit wurden sogar schon die Torgsin-Läden liquidiert.

Aber nicht nur das Lebensniveau veränderte sich, es begann auch eine vollständige Reorganisation der Roten Armee. Die abgerissenen, schmutzigen Gestalten der Rotarmisten verschwanden, und statt dessen sah man neu ausstaffierte Soldaten. Die Uniformen und Rangabzeichen waren, wenn auch weniger prunkvoll, so doch ähnlich der früheren zaristischen. Im Zweiten Weltkrieg entschloß man sich dann, zur Steigerung der Kampflust der Soldaten die gleichen Rangabzeichen wie zur Zarenzeit einzuführen.

Moskau, 1936

Auch im privaten Leben, ganz besonders in Angestelltenkreisen, vollzog sich eine Evolution. Die unrasierten Genossengesichter mit ungepflegter Kleidung verschwanden immer mehr aus dem Straßenbild. Jeder Angestellte war verpflichtet, sich täglich zu rasieren und sauber sowie anständig angezogen zur Arbeit zu erscheinen. Es setzte sogar eine Art Höflichkeitspropaganda ein. Das alles hat sich im Laufe eines halben Jahres vollzogen.

Zu dieser Zeit besuchte mich meine Cousine, die mich bat, eine alte Frau aus ihrem Bekanntenkreis aufzusuchen. Sie sei auf die Hilfe ihrer in der Schweiz lebenden Tochter angewiesen. So benützte ich meinen nächsten freien Tag, um sie kennenzulernen. Die alte Dame aus der früheren Gesellschaft, deren Mann längst gestorben war, bat mich, bei meiner nächsten Reise ihrer Tochter mitzuteilen, in welch erbärmlicher Lage sie sich befinde. Durch Auflösung der Torgsin-Geschäfte konnte sie das Schweizer Geld, welches sie von ihr bekam, nur noch zum offiziellen Kurs umtauschen. Aus diesem Erlös konnte sie fast nichts mehr kaufen. Sie erzählte mir, daß ihre Tochter seinerzeit den Sohn des bekannten Schweizer Bankiers A. geheiratet hat. Mehrere Jahre später wurde diese Ehe geschieden und ihre Tochter verheiratete sich wieder mit einem bekannten Schweizer Industriellen, Ingenieur F.

So verging wieder fast ein Jahr, und meine Ferienzeit rückte näher. Es war mein Direktor, der mich diesmal förmlich zu einer Auslandreise animierte. Zuerst war es mir gar nicht klar, woher das Interesse an meiner Reise kam. Bald aber lüftete sich das Geheimnis, als er mich ersuchte, ihm persönlich einige Sachen aus dem Ausland mitzubringen.

Wie das erste Mal wurden mir meine Visa ohne weiteres bewilligt, und ich durfte abreisen. Wieder blieb ich zwei Tage in Warschau bei Herrn Gronowsky, dann reiste ich nach Berlin weiter. Meine Ankunft hatte ich Herrn J. nicht mitgeteilt, da ich ihn überraschen wollte.

Es war im Jahre 1936, gerade zur Zeit der Berliner Olympiade. Dieses internationale Sportereignis wurde in der Sowjetpresse überhaupt nicht erwähnt, da sich Rußland nicht daran beteiligte. Ich fuhr direkt zur Villa J., seine Frau empfing mich sehr herzlich.

»Wie schön, Sie wiederzusehen. Mein Mann ist momentan nicht zu Hause. Ich erwarte ihn aber jeden Augenblick. Er kommt mit zwei Genossen von Euch zum Mittagessen. Sie müssen aber nicht erschrecken, obwohl einer von ihnen ein hoher Kommissar ist. Sie sind uns beide sehr gut gesinnt. Genosse B. ist der Vorsitzende des roten Sports in Moskau und weilt gegenwärtig inoffiziell mit seinem Sekretär hier wegen der Olympiade.«

Noch während Frau J. mir das sagte, hatte ich nur einen Gedanken: Schnell weg, ja nicht dem »gutgesinnten« Genossen begegnen. Zu meinem Leidwesen war es schon zu spät dazu. In der Türe erschien Herr J. mit den zwei Russen. Sehr erfreut und doch, wie es schien, etwas verlegen, begrüsste er mich und stellte mich gleichzeitig seinen Gästen vor.

Bei der Vorstellung waren diese beiden sehr freundlich. Als sie aber erfuhren, daß ich soeben aus Moskau kam, merkte ich, wie sie sich anblickten. Mit dieser Begegnung war die ganze Reise schon verdorben. Ich konnte mir gar nicht vorstellen, daß ein hohes Parteimitglied wie Genosse B. dem Herrn J. gegenüber »gutgesinnt« sein konnte. Und nun zu mir. Was mußte dieser von mir denken, als er mich in dieser kapitalistischen Gesellschaft antraf!? Wer die Sowjetverhältnisse so gut kennt wie ich, weiß, daß damit die ganze Zukunft auf dem Spiel stand! Konnte ich mir denn etwas anderes denken, als daß Genosse B. sofort den NKWD verständigte? Denn ich mußte annehmen, daß sein Besuch nicht grundlos war.

Nach dem Essen zog sich Herr J. mit den zwei Genossen ins Herrenzimmer zurück. Ich blieb mit Frau J. allein. Sie bemerkte meine bedrückte Stimmung und versuchte, mich abzulenken und aufzuheitern. »Machen Sie sich doch keine Sorgen. Die beiden Herren sind hochanständig. Daß B. ein alter Parteigenosse ist, spielt keine Rolle. Seine Gesinnung ist uns gut bekannt. Wir sind schon lange befreundet. Trotz seines hohen Amtes ist er alles andere als ein begeisterter Anhänger des rücksichtslosen politischen Weges, den die Komintern heute eingeschlagen hat. Sorgen Sie sich nicht, daß Sie angezeigt werden. Mein Gatte wird schon dafür sorgen.« Trotz ihren Beteuerungen konnte sie mich nicht überzeugen.

Nach einigen Stunden verabschiedeten sich die beiden Herren und fuhren mit J. noch in die Stadt. So konnte ich ihn erst am nächsten Tage sprechen. Ich war gerade im Begriff, ihm mein Bedauern darüber auszusprechen, daß es mir bis jetzt nicht gelungen sei, für ihn irgendwelche Bestellungen zu erhalten, als er mir zuvorkam und sagte: »Sie haben ausgezeichnete Arbeit geleistet in Moskau. Es sind bereits verschiedene Bestellungen und sogar Nachbestellungen erteilt worden. Ihr Provisionskonto beträgt bereits einige tausend Mark.« Dies war die zweite Überraschung in Berlin! Mich hatte man über diese Bestellungen überhaupt nicht orientiert. Wie ich jetzt merkte, wollten die Sowjets nicht, daß ihre Geschäfte mit dem faschistischen Ausland bekannt wurden.

Nach einigen gastfreundlichen Tagen reiste ich in die Schweiz mit dem Ziel, mich mit schweizer Industriellen in Verbindung zu setzen, um Vertretungen in Rußland zu erhalten. Eine Zeitlang blieb ich in Zürich und setzte mich mit den verschiedensten Firmen in Verbindung. Trotz der damals nicht gerade glänzenden wirtschaftlichen Lage der Schweiz stellte ich mit Erstaunen fest, daß die allgemeine Stimmung gegen Wirtschaftsbeziehungen mit Rußland war. Dies lag hauptsächlich am Mangel an Vertrauen, obwohl mir bis heute kein Fall bekannt ist, wo die Sowjets ihren Zahlungsverpflichtungen gegenüber privaten Auslandslieferanten nicht nachgekommen wären. Ganz große Konzerne wie Bührle und Brown-Boveri arbeiteten seit Jahren erfolgreich mit der Sowjetunion. Ich betrachtete die Lage bereits als aussichtslos, als ich den versprochenen Besuch bei Frau F. abstattete.

Wieder traf ich hier eine Frau, die zu den »früheren Menschen« Rußlands gehörte und die trotz jahrzehntelangem Leben in der Schweiz den russischen Charme nicht verloren hatte. Ich sah deutlich, wie ihr die Angelegenheit ihrer alten, kranken Mutter großen Kummer bereitete. Die letzte Entwicklung war ihr noch nicht bekannt. Sie wußte keinen Weg, wie sie ihre Mutter sinnvoll unterstützen sollte. Es wäre natürlich am einfachsten gewesen, die notwendigen Mittel in Schweizerfranken zum offiziellen Kurs zu überweisen. Dieser Kurs war aber so schlecht, daß die Frau nur einen Bruchteil des echten Wertes erhalten hätte.

So fragte sie mich, ob es mir nicht möglich wäre, ihrer Mutter einen monatlichen Betrag in Rubel auszuzahlen. Ich erklärte mich einverstanden, und wir vereinbarten einen für sie günstigen Wechselkurs. Bei diesem Besuch stellte ich fest, daß ihr Mann ein bedeutender Industrieller der Schweiz war und bereits früher mit der Sowjetunion gearbeitet hatte. In letzter Zeit war das Geschäft aber stark zurückgegangen. Trotz Abwertung des Schweizerfrankens erhielt er keine weiteren Bestellungen mehr. Frau F. lud mich zum Essen ein. Bei dieser Gelegenheit besprachen wir die Möglichkeiten der Zusammenarbeit. Herr F. versprach, über mein Angebot nachzudenken und mir nach Moskau zu schreiben.

Einige Tage später war ich wieder in Berlin. Das Geld, welches auf meinem Provisionskonto hinterlegt war, konnte ich als Ausländer nur mit den größten Schwierigkeiten abheben. Die amtliche Stelle, die mir schließlich die Bewilligung dazu erteilte, machte mich darauf aufmerksam, daß ich keinesfalls Deutsche Mark mit ins Ausland nehmen dürfe. So war ich gezwungen, mit dem Geld einiges anzuschaffen, darunter einen wunderschönen Occasion-Packard, den ich durch eine Speditionsfirma nach Rußland senden ließ. Nach einer weiteren herrlichen Woche bei J. verließ ich Deutschland und kehrte nach Rußland zurück.

Picknick mit Freunden, 1937, Packard im Hintergrund

Nur einen Monat war ich abwesend, und schon hatte sich das politische Bild wieder verändert! Erstaunt stellte ich fest, daß jetzt in Rußland eine Wiedergeburt des Nationalismus entstanden war. Dieselben Kommunisten, die sich immer als Internationalisten ausgaben, änderten plötzlich ihre Einstellung. Zu allen kommunistischen wurden jetzt auch noch nationale Parolen verkündet. Die ganze Weltgeschichte, Revolutionen, Erfindungen, ja selbst die kommunistische Lehre durften jetzt nur russischen Ursprungs sein. An und für sich konnte mir das gleichgültig sein. Aber dieser wiedererwachte Nationalismus führte auch zu einer neuen Einstellung den Ausländern gegenüber. Noch vor kurzem waren Ausländer willkommen, jetzt nicht mehr. Die ausländischen Spezialisten wies man fast alle in ihre Heimatländer aus. Die wenigen, die man daließ, bekamen keine Valuta mehr. Den in Rußland geborenen Ausländern aber setzte man das Messer an die Kehle. Einer nach dem anderen erhielt die Aufforderung, entweder die russische Staatsbürgerschaft anzunehmen oder das Land zu verlassen. Was aber mit den russischen Familien dieser Leute geschehen sollte, war noch ungeklärt. So erwartete auch ich jeden Tag, daß man von mir eine Entscheidung verlangen würde.

Die Aufgaben meiner Abteilung waren inzwischen noch mehr angewachsen. Ich war dadurch gezwungen, dem Betrieb meine ganze Arbeitskraft zur Verfügung zu stellen, und es blieb mir nicht einmal die Zeit, um für Herrn F. aus der Schweiz gewiße Erkundigungen einzuholen. Er schrieb, daß er auf meine Vorschläge eingehen wolle. Einzig für Herrn J. verhandelte ich telefonisch mit dem Narkomwneschtorg.

Zwei Wochen nach meiner Rückkehr traf auch mein Wagen ein. Die erste Schwierigkeit bestand darin, eine Garage zu finden. Dies war für Privatpersonen eigentlich unmöglich. Nur meinem Direktor hatte ich es zu verdanken, daß ich in unserer Dienstgarage einen Platz erhielt. Allerdings mußte ich jedesmal von dort 20 Minuten mit der Straßenbahn nach Hause fahren... Die zweite Problematik war die Beschaffung des Benzins, da dieses rationiert war. Da es damals keine Privatwagen gab, war ich von der Rationierung ausgeschlossen.

Zuerst war es mir rätselhaft, wie die wenigen motorisierten Ausländer zu ihrem Treibstoff kamen. Doch bald sollte ich das Rätsel lösen. Fast an jeder Tankstelle, besonders aber in abgelegenen Stadtvierteln Moskaus, konnte man beim Sowjetaufseher Benzin schwarz zum Preise eines Rubels pro Liter kaufen. Dieses Geld wanderte in seine eigene Tasche. Wie er das Manko in seiner Abrechnung deckte, ist mir schleierhaft.

Mein Wagen, ein schöner Packard Sedan, Modell 1932, machte Furore in der Garage. Unsere Chauffeure konnten mir nicht glauben, daß der Motor noch plombiert war. Der Zähler stand auf über 60'000 Kilometer. In unserer Garage standen drei Sowjetautos vom Typ Ford 1932, deren Produktion vor kurzem in Rußland aufgenommen worden war. Einen Monat zuvor hatte mein Direktor den dritten, fabrikneuen Wagen erhalten. Dauernd mußten daran kleine Reparaturen ausgeführt werden, so mangelhaft wurden diese von der Fabrik geliefert. Nach ihren Darstellungen mußte man den Motor bereits nach 5'000 Kilometer überholen lassen. Daß ein Wagen es über 60'000 Kilometer ohne Motorrevision schaffte, hielten sie für schlicht unmöglich.

An meinen freien Tagen und Abenden nahm ich bei meinem Chauffeur einige Fahrstunden und machte schon nach zwei Wochen die Fahrprüfung. Das Fahren eines Autos unterlag in Moskau anderen Gesetzen als in der übrigen Welt. Bei einem Unfall war in jedem Fall der Autolenker schuldig. Wenn beispielsweise ein Passant angefahren wurde und starb, so konnte der

Autolenker sogar zur Höchststrafe verurteilt werden, der Todes-
strafe!

Von diesem Augenblick an benutzten wir jede Minute unserer
Freizeit, um mit dem Wagen in die nähere Umgebung zu fahren,
gleichgültig ob Sommer oder Winter, ob gutes oder schlechtes
Wetter. Diese Ausflugsmöglichkeiten waren aber sehr begrenzt,
da – mit wenigen Ausnahmen – die Straßen nur dreißig bis
fünfzig Kilometer weit befahrbar waren. Die beste Straße war
die Mojaisk-Chaussee. Sie war die Straße Stalins. Da diese jedoch
von einer Menge uniformierter NKWD-Leute bewacht wurde,
zog man es vor, ihr auszuweichen.

Drei Monate lang fuhr ich noch mit der alten, schon in
Deutschland annullierten Berliner Nummer. Sie hatte eine
Nummer über 90'000, was bestaunt wurde, da damals die Zahl
der Moskauer Fahrzeuge 30'000 nicht überstieg, was ungefähr
zehn Prozent der Berliner Fahrzeuge entsprach.

Die Anwerbung durch den NKWD

Eines Nachmittags, im Herbst 1937, berichtete mir mein Sekretär, daß mich eine Persönlichkeit aus dem Ministerium für
Schwerindustrie telefonisch zu sprechen wünsche. Die Mitteilung
war klar und deutlich: »Sie werden höflich ersucht, sich heute
abend um acht Uhr im Ministerium für Schwerindustrie zu einer
Sitzung einzufinden. Der Passierschein liegt beim Portier«. Diese
Nachricht stimmte mich nachdenklich, hatte ich doch bisher noch
nie mit diesem Ministerium zu tun gehabt. Punkt acht Uhr
erschien ich mit meinem Wagen vor dem Portal des um diese
Zeit schon dunklen Gebäudes auf dem Norginplatz. Nach
Namensnennung erhielt ich den Passierschein. Mit Beunruhigung
stellte ich fest, daß die Sitzung im Personalamt stattfinden sollte.
Es war eine allgemein bekannte Tatsache, daß das Personalamt

in jedem Ministerium nichts anderes als eine offizielle Abteilung der Geheimpolizei war.

Im angegebenen Sitzungszimmer erwartete mich eine einzige Person. Ohne Namensnennung, aber sehr höflich, wurde ich von ihr empfangen. »Genosse, wir sind sehr gut orientiert über ihre Tätigkeit bei uns und wissen dies zu schätzen. Nun möchten wir aber nicht nur Ihre technischen Kenntnisse, sondern auch Ihre Einstellung und Sympathie der Sowjetunion gegenüber in Anspruch nehmen. Wir wissen alles von Ihnen, das werden Sie sich ja wohl denken können. Als intelligenter Mensch werden Sie uns auf diesem Gebiet vielleicht noch größere Dienste leisten können...«

Bis dahin war es mir nicht klar, was man eigentlich von mir wollte, und so fragte ich: »Ich möchte gerne wissen, ob diese Tätigkeit das Fortsetzen meiner bisherigen Arbeit erlauben würde?«

»Aber selbstverständlich, Genosse, alles bleibt beim alten. Überlegen Sie sich meinen Vorschlag. Ich ersuche Sie aber, nicht einmal Ihrer Frau von unserem Gespräch zu erzählen. In zwei Stunden erwarte ich Ihre Antwort. Kommen Sie Punkt elf ins Hotel Metropol und melden Sie sich im Zimmer des Genossen Krause...«

Erst als ich wieder am Steuer meines Wagen saß, wurde mir die ganze Tragweite dieser Unterredung klar. Das also war die Aufforderung, für den Geheimdienst der NKWD tätig zu sein. Mit einem Schlag brach mein ganzes Dasein zusammen, denn ich erkannte, daß es hier kein Entrinnen gab. Die Verhältnisse waren mir ja zur Genüge bekannt. Seinerzeit hat meine Frau die gleiche Aufforderung erhalten. Nur durch Flucht aus Odessa konnten wir uns damals aus dieser Falle befreien. Jetzt war dies nicht mehr möglich. Die NKWD-Kontrolle war zu scharf geworden. Mir blieb gar keine Wahl, und das wußten die Genossen genau. Hätte ich dieses »Angebot« abgelehnt, wären meine Frau und ich als Feinde deportiert worden. Der Schweizerpaß hätte mir dabei überhaupt nichts genützt. Aus Erfahrung wußte ich aber auch, daß Geheimagenten, die nichts Neues mehr bringen können oder zuviel wissen, erledigt wurden.

Eine Stunde durchquerte ich Moskau und brachte den Mut nicht auf, nach Hause zurückzukehren. Meine Frau merkte mir sofort an, daß etwas nicht in Ordnung war. Ich bat sie, mit mir unverzüglich eine Spazierfahrt zu unternehmen, weil ich wußte, daß bei uns sogar die Wände Ohren hatten. Wir fuhren schleunigst aus der Stadt und verliessen den Wagen in der Nähe des Hodinka-Feldes.

Was war eigentlich zu besprechen? Unsere Lage war so schwierig, weil meine Frau immer noch nicht im Besitze ihres Schweizer Passes war. Sie konnte aus Angst vor Repressalien nie wagen, das Ausbürgerungsgesuch zu stellen. Einzige Chance blieb, ein kleiner Rettungsanker, daß ich sie vielleicht einmal bei einer Auslandreise mitnehmen könnte. Diese würden wir dann zur Flucht benützen. Die Gefühle, mit denen ich zum Rendez-vous um elf Uhr antrat, sind unbeschreiblich. Im alten Hotel Metropol auf dem Theaterplatz sollte sich unsere Zukunft entscheiden.

Was hatte sich dort schon alles abgespielt! Es war eines der wenigen Hotels, das Ausländern zugänglich war. Auf mein Klopfen an der Zimmertür des merkwürdigen Herrn Krause öffnete der mir bereits bekannte Genosse. Diesmal war er nicht allein. An einem kleinen Schreibtisch des altmodisch eingerichteten Hotelzimmers saß ein anderer Genosse in voller Obersten-Uniform des NKWD. – »Nun, was bringen Sie uns für eine Antwort?« fragte mich mein »Gastgeber«. Mit letzter Kraft und in einer Art von Galgenhumor antwortete ich: »Was kann ich Ihnen schon für eine Antwort geben? Ich bin doch bereits fünfzehn Jahre lang im Dienste der Sowjets, wenn auch als Ingenieur. Ich bezweifle, daß ausgerechnet ich derjenige sein kann, der Ihnen von irgendeinem Nutzen sein kann. Sicher haben Sie sich in meiner Kandidatur geirrt.« Belustigt schaute mich mein Gegenüber an, während der NKWD-Mann mich ohne eine Miene zu verziehen mit stechenden Augen anstarrte, hinter einer Lampe versteckt, die mich anstrahlte.

»So, Genosse«, antwortete der erste, »da haben Sie ein Stück Papier, die Feder liegt auf dem Schreibtisch. Schreiben Sie jetzt, was ich Ihnen diktiere.«

»Ich, der Unterzeichnete, bestätige hiermit, daß ich allen Befehlen und Verordnungen der mir von heute an bekannten Stelle Folge zu leisten habe und mir der Verantwortung und deren Folgen voll bewußt bin.«

Das war alles, was ich zu schreiben hatte. Kein Wort von NKWD, kein Wort von Geheimdienst, und doch kam es meinem Todesurteil gleich. »So, jetzt unterschreiben Sie das. Wir wissen besser als Sie, ob Sie zu dieser Tätigkeit zu gebrauchen sind oder nicht.« Ich unterschrieb, da jedes weitere Wort zwecklos gewesen wäre.

Ganz unerwartet, blitzschnell und schockartig holte der NKWD-Oberst einen Browning aus der Tasche, legte ihn neben sich auf den Tisch und schrie mich in rabiatem Ton an. Zwischen seinen Drohungen entfaltete sich mein ganzer Lebenslauf in der Sowjetunion, von dem ich bis dato annahm, er sei nur mir bekannt.

Es waren ihm kleinste Details aus meinem Leben bekannt, ganz besonders aus der Zeit, als ich noch nicht für die Sowjets tätig war. Er kannte alle meine Familienangehörigen. Er wurde noch gereizter, weil ich kein Wort erwiderte. Zum Abschluß seiner Tirade nahm er die Pistole in die Hand und drohte mir, mich persönlich über den Haufen zu schießen, falls ich den Versuch unternehmen sollte, den Anweisungen des NKWD nicht genauestens Folge zu leisten. Oder indem ich gar falsche Berichte abgäbe oder zu fliehen versuchte.

»Sind Sie uns aber treu und willig, so werden wir Ihre Leistungen anerkennen, und wir werden im Ausland irgendwo noch ein paar Flaschen guten Burgunders zusammen austrinken, Genosse.«

Erst jetzt verstand ich, daß meine Arbeit für den Geheimdienst nicht innerhalb Rußlands bestimmt war... Auf meinem Gesicht spiegelte sich sehr wahrscheinlich mein Entsetzen so deutlich ab, daß der erste Genosse es für nötig befand, mich zu beruhigen: »Nun, es ist schließlich alles gut erledigt worden. Sie können jetzt ruhig nach Hause fahren. Machen Sie sich keine unnötigen Gedanken, ich werde in Kürze bei Ihnen anrufen, um einen Termin für die nächste Zusammenkunft mitzuteilen.«

Das Gespräch war beendet. Ich fuhr nach Hause zurück und war nicht einmal im Stande, den Wagen in die Garage zu bringen, sondern ließ ihn auf der Straße stehen. Wie von Sinnen traf ich in der Wohnung ein. Meiner Frau mußte ich nichts mehr erzählen, sie konnte mir alles ansehen.

In dieser Nacht begann für mich ein neues Leben. Meine berufliche Tätigkeit, meine privaten Interessen wurden zur Nebensächlichkeit. Mein ganzes Tun und Denken konzentrierten sich auf das eine: Was wird geschehen, was bringt die Zukunft? Ich zermarterte mir zudem den Kopf, wie es möglich war, daß der Geheimdienst unsere beiden Leben bis in die kleinsten Details kannte. Wer waren diejenigen, die diese Behörde über uns orientiert hatten? Der Umstand, niemandem mehr trauen zu können, machte uns das Leben zur Qual.

Mehr als eine Woche verging, bis der Genosse mich anrief und mich wieder aufforderte, ins Metropol zu kommen. »Genosse, nun muß ich mit Ihnen eine längere Unterredung über Ihre zukünftige Tätigkeit halten«, waren die Begrüssungsworte. Allein und scheinbar in bester Laune bot er mir eine Zigarette an. »Wir wissen genau, daß in gewißen Teilen unseres Volkes die Tendenz besteht, unseren Geheimdienst als unmenschlich, brutal und hinterlistig darzustellen. Ich appelliere an Ihre Intelligenz. Ich glaube nicht, daß Sie zu diesem kleinen Teil unseres Volkes gehören, der das glaubt. Wir wollen auch gar nicht, daß Sie für uns andere Menschen ausspionieren, sich hinterlistig benehmen oder andere erpressen. Denn wir kämpfen für ein großes Ideal und betrachten solche Methoden als unwürdig!

Sie dürfen nie vergessen, daß wir um Aufbau und Sieg in unserem Land und der ganzen Welt kämpfen. Sie waren oft im Ausland, so daß Sie die grotesken Zustände im Kapitalismus kennen sollten. Vorläufig ist unsere Hauptaufgabe die Abwehr gegen jede Gefahr, die uns seitens des im Sterben begriffenen Kapitalismus droht. Um die Agonie, in der sich dieser befindet, zu verlängern, versuchen diese Leute mit allen Mitteln, unsere junge Sowjetmacht innerlich zu untergraben. Sie wissen genau, daß wir der einzige Gegner sind, die ihnen den Todesstoß versetzen können.

Sie versuchen unser Land durch Verräter und Spione zu überfluten, wirtschaftlich wie militärisch. Da ist es nun die Aufgabe der dritten Abteilung der NKWD, der höchsten und bedeutendsten des Geheimdienstes, dies um jeden Preis zu verhindern. Dementsprechend wird sich Ihr Tätigkeitsfeld hauptsächlich im Ausland befinden. Wir machen Sie darauf aufmerksam, daß wir über jeden Ihrer Schritte orientiert sein werden. Vergessen Sie bitte nicht, daß wir jedermann im kapitalistischen System kaufen können!

Bevor Sie Ihre Hauptaufgabe antreten können, müssen Sie uns Ihren ganzen Bekanntenkreis in Moskau beschreiben. Ich verlange keine Denunziation, aber einen klaren, kurzen Tatsachenbericht, welches die Kreise sind, in denen Sie verkehren. Sie werden es mir in Rapporten schildern mit Unterschrift Ihres neuen Decknamens.« So wurde ich zum Genossen Deadin.

Das war meine erste Lektion in der Schule des sowjetischen Geheimdienstes. Die nächste sollte in vierzehn Tagen stattfinden... Man stelle sich vor, ich sollte meinen Bekanntenkreis preisgeben! Keinen durfte ich verheimlichen, schon deshalb nicht, weil er ja auch zu diesem Verein gehören konnte.

Pünktlich am vierzehnten Tag erschien ich wieder im Metropol. Diesmal war wieder der Oberst dabei. Ich übergab ihnen das Papier mit den Namen meiner Bekannten. Wie zwei Geier, die sich auf einen Kadaver stürzen, griffen sie nach meinen Angaben. Keine einzige Bemerkung fiel. Dann übergab mir der Oberst einen neuen Bogen und sagte: »Seien Sie so gut, Genosse, und schreiben Sie mir bitte alle Namen auf mit den dazugehörigen Adressen der Leute, die Sie auf Ihren zwei Auslandreisen kennengelernt und getroffen haben. Und vergessen Sie nichts und niemanden, selbst für Sie unbedeutende Vorfälle.« Auch hier blieb mir nichts anderes übrig, als chronologisch alles niederzuschreiben. Während ich damit beschäftigt war, ging mir fortwährend nur ein Gedanke im Kopf herum: Wer von meinen Bekannten hat mich verraten? Als ich beim Namen J. auf meiner zweiten Reise anlangte, fiel es mir wie Schuppen von den Augen. Die russischen Genossen! Wie einfältig waren die Versicherungen der Frau J. gewesen, dachte ich im Stillen.

Es war gegen elf Uhr nachts, als ich meine Aufstellung den wartenden Genossen übergab. Wieder stürzten sie sich mit großer Neugier auf das Dokument, diesmal aber nicht ohne Kommentar: »Ja, sind Sie wirklich sicher, daß es der Genosse B. war, den Sie bei J. getroffen haben?«

Ich konnte mir nicht erklären, ob diese Frage echt oder gestellt war. Hatte Frau J. vielleicht doch recht, und es waren dann nicht die beiden Russen, die mich denunziert hatten?

»Es dürfte Ihnen ja nicht schwerfallen, festzustellen, ob der Genosse B. an der Olympiade in Berlin war«, war meine Antwort. »Ob er mit J. bekannt ist und mich dort gesehen hat, können Sie ihn ja selbst fragen.«

Sofort wurde mir klar, daß meine zufällige Begegnung mit dem Genossen B. bei der Familie J. eine sehr große Bedeutung für die NKWD hatte. Das wurde mir auch noch dadurch bestätigt, als der Oberst sich sofort telefonisch mit irgend jemandem, wahrscheinlich seinem Vorgesetzten, unterhielt. Mich entließ man mit der Bemerkung, ich solle in acht Tagen zur gleichen Zeit wieder erscheinen. Schon am nächsten Morgen aber meldete mir mein Sekretär einen Anruf des Ministeriums für Schwerindustrie. Die mir bekannte Stimme sagte mir, daß ich sofort im Metropol erscheinen müsse, ich würde erwartet. Beunruhigt fuhr ich dort hin und betrat das »Krausezimmer«. Diesmal waren es gleich drei Genossen, die mich empfingen.

Nebst den mir bekannten beiden Herren lernte ich nun den so berüchtigten Chef der dritten Abteilung des NKWD persönlich kennen. Unter seiner Führung wurden sogar die höchsten Persönlichkeiten der NKWD kontrolliert, selbst ein so mächtiger Mann wie Jagoda wurde durch ihn beseitigt. Dessen Unterschriftenstempel in meinem Paß existierte noch, während er schon längst erschossen war. Der Chef der dritten Abteilung der NKWD überlebte sie alle.

Noch einmal mußte ich alle Begegnungen bei meinen Auslandreisen, diesmal mündlich, wiederholen. Zum Schluß sagte mir der berüchtigte Geheimdienst-Leiter:

»Ich bin mit Ihrer Tätigkeit bis jetzt zufrieden. Nun sagen Sie einmal selber, wie Sie Ihre weiteren Aufgaben für uns lösen wollen. Wir sind fortschrittliche Menschen und arbeiten in solchen Fällen nicht nach Schema F, sondern sind sehr großzügig und geben Ihnen auch Vollmachten. Wenn Sie es für notwendig erachten, können wir Sie sogar als kommerziellen Vertreter irgendeiner ausländischen Weltfirma bei uns anerkennen. Ich überlasse es Ihnen, alle weiteren Einzelheiten mit den zwei Genossen zu besprechen.«

Mir war völlig unklar, worin meine Leistung bestanden hatte, die den Chef der dritten Abteilung so zufrieden machte. Erst einige Wochen später war es mir möglich, die Zusammenhänge zu erkennen.

Wenige Tage später liessen mich die zwei Genossen wieder ins Metropol kommen. Ich befürchtete schon, sie wollten von mir Vorschläge hören, wie dies ihr Chef angedeutet hatte. Davon war aber nicht die Rede, denn sie legten mir ihren Aktionsplan vor, der im wesentlichen aus zwei Zielen bestand: Aus meinem Bericht hatten sie entnommen, daß ich mit der Frau des Schweizer Großindustriellen F. bekannt war. Bei dieser Gelegenheit konnte ich feststellen, daß sogar deren Privatleben aus der Moskauer Zeit bekannt war. Sie war sehr religiös und gründete eine russisch-orthodoxe Kirche in der Schweiz. Die NKWD vermutete, daß sie enge Beziehungen zu russischen Emigrantenkreisen in Genf unterhielt. Mein erstes Ziel war, durch Frau F. das Vertrauen dieser Kreise zu gewinnen. Die Hauptsache aber war meine Verbindung zu Herrn J. in Berlin.

Einer der Genossen sagte: »Der J. ist ein ganz gemeiner Nazispion! Seine Aufgabe besteht darin, mit allen ihm zur Verfügung stehenden Mitteln, und die sind wahrlich nicht gering, unsere junge Sowjetrepublik mit Hilfe von Landesverrätern zu stürzen.«

Ich blickte ihn daraufhin wahrscheinlich so ungläubig an, daß er mir, im Tonfall eines Lehrers, der zu einem unvernünftigen Kind spricht, sagte: »Nun gut, ich sehe, daß Sie mir nicht glauben. Ich will Sie auch gar nicht überzeugen. Machen wir es anders. Nehmen wir an, er ist kein Spion. Bitte bearbeiten Sie den Fall selbst, und Sie werden ganz allein zu den gleichen Schlüssen kommen.«

Sehr bald zeigte sich, daß meine weitere Tätigkeit in führender Position in der Leichtindustrie undurchführbar wurde, sobald ich die offizielle Vertretung einer ausländischen Firma innehatte. Es wäre für jeden klar ersichtlich gewesen, daß alles höheren Orts arrangiert war. Die beiden Genossen machten mich darauf aufmerksam, daß es ihnen am liebsten wäre, wenn ich die Vertretung einer bedeutenden Schweizer Firma übernähme. So kam die Diskussion auf die Firma F. »An und für sich«, sagte der Oberst, »haben wir an der Firma selber kein Interesse, denn wir haben genügend Offerten von Konkurrenzunternehmen. Aber in Ihrem Fall werden wir diese bevorzugen. Übrigens muß ich Ihnen sagen, daß ohne Einverständnis der dritten Abteilung keine ausländische Firma einen Auftrag erhalten kann. Unsere Auswahl wird nach politischen und wirtschaftlichen Überlegungen getroffen. Sie müssen jetzt wieder Ferien machen und die gewohnte Route bis in die Schweiz nehmen. Sagen Sie mir, wann Sie in der Schweiz sind. Wir werden dann veranlassen, daß Sie die gewünschte Vertretung erhalten.«

Ich verstand die letzte Bemerkung nicht, da ich mir nicht vorstellen konnte, welchen Einfluß die NKWD auf eine private Schweizer Firma haben könnte.

Kurz vor meiner Abreise bekam ich von meinem Führungsoffizier einen schrecklichen Befehl: Ich sollte den hohen Kommissar B. aufsuchen, um ihm mitzuteilen, daß ich bald Herrn J. wiedersehen werde. Gleichzeitig sollte ich ihn fragen, ob ich ihm irgend etwas ausrichten solle. Jetzt war mir die Tatsache klar, daß sich der Genosse B. ohne Wissen seiner Partei und Regierung bei J. aufgehalten hatte. Also war die Information von Frau J. doch richtig gewesen, und ich hatte durch das mir aufgezwungene Handeln unbewußt einen Menschen verraten. Nun verstand ich auch, warum der Chef der dritten Abteilung des NKWD so zufrieden mit mir war.

Ich stellte die Frage, ob er wirklich glaube, daß mir Genosse B. eine vertrauliche Mitteilung machen würde. »Machen Sie sich keine Sorgen. Wir wissen schon, warum wir Sie dorthin schicken. Natürlich wird er Ihnen nichts anvertrauen, so dumm ist er ja nicht. Wir haben aber unsere eigenen Methoden. Sie sollten eher beunruhigt sein, ob nicht J. erfahren wird, daß Sie in unserem Auftrag zum Genossen B. kamen. Aber auch das ist nicht der Rede wert, wir haben schon unsere Maßnahmen getroffen. Sie können beruhigt sein.«

Zu einem Geheimagenten muß man geboren sein. Ich war alles andere als geeignet für diese Tätigkeit. Ganz abgesehen davon, daß ich unter Zwang in diese Rolle getrieben wurde. Meine ganze Erziehung und die Ideale, denen ich als junger Mann anhing, widersprachen dieser heimtückischen und menschenverachtenden Art, die hier von mir gefordert wurde. Und doch blieb mir nichts anderes übrig, als einstweilen den Anweisungen Folge zu leisten.

Mit Widerwillen und Ekel machte ich mich auf den Weg zum Genossen B. Ich betrat das Empfangszimmer, wo sein Sekretär, den ich sofort wiedererkannte, hinter einem Schreibtisch saß. Außer uns beiden befand sich niemand im Zimmer. Auch er erkannte mich sofort und wurde leichenblaß, stand nervös von seinem Sessel auf und begrüßte mich mit einem Lächeln, das zur Grimasse wurde.

Sein Blick war der eines Kaninchens, das die Kobra erblickt. Er konnte sein Entsetzen noch weniger unterdrücken, als ich den Genossen B. zu sprechen wünschte. Dann verschwand er sofort, und es vergingen ganze zwanzig Minuten, ehe er wieder zurückkam. Während der ganzen Zeit war ich der einzige Besucher. Lebhaft konnte ich mir vorstellen, wie die beiden verzweifelt nach einem Ausweg suchten. Aber was konnten sie schon finden?

Schließlich führte mich der Sekretär in das prächtig eingerichtete Zimmer des Genossen B. Dieser erwartete mich stehend hinter seinem riesigen Diplomatenschreibtisch. Wie anders sah er jetzt aus als bei unserem ersten Zusammentreffen in Berlin. Obwohl er ja schon zwanzig Minuten Zeit hatte, sich mit meinem Kommen auseinanderzusetzen, verriet sein ganzes Aussehen und Benehmen die Verwirrung, die mein Besuch bei ihm hervorrief. Mit nervösen Händen zündete er sich eine Zigarette an, um sie nach dem ersten Zug sofort wieder auszudrücken. In seinem Blick lag Erstaunen und die Frage, was ich wohl von ihm wolle. Ich richtete ihm aus, was ich mit dem NKWD-Offizier vereinbart hatte. Mein Satz war noch nicht zuende, als die zweite Zigarette im Aschenbecher verschwand. Es vergingen Minuten, ehe ich eine Antwort erhielt.

»Ich danke Ihnen für Ihre Bemühungen. Richten Sie bitte Herrn J. Grüße von mir aus. Sonst hätte ich ihm nichts mitzuteilen.« Und wie entschuldigend fügte er noch hinzu: »Wir sind ja nur alte Jagdkameraden und haben weiter keine näheren Beziehungen.«

Ich verabschiedete mich von ihm und ging langsam auf die Ausgangstüre zu. Auf der Schwelle drehte ich mich noch einmal um und bemerkte, daß mich B., der mein plötzliches Umdrehen nicht erwartet hatte, haßerfüllt anstarrte, immer noch unbeweglich hinter seinem Schreibtisch stehend.

Gleichentags traf ich wieder meine NKWD-Leute, es sollte die letzte Zusammenkunft vor meiner Abreise sein. Sie wollten noch jedes Detail meiner Besprechung mit B. kennen. Letzteren sollte ich nie mehr wiedersehen. Einige Monate später versuchte ich verschiedene Male vergeblich, festzustellen, ob er in seinem Amt zu erreichen sei. Von der Amtstelle erfuhr ich, daß weder er noch sein Sekretär mehr dort tätig waren. Auch in seiner

Wohnung meldete sich niemand, trotz mehrmaligen Anrufen. Wie ein Verbrecher, den es immer wieder an den Tatort zieht, so zwang mich eine innere Stimme, die Frage abzuklären, ob ich wirklich diese beiden Menschen auf dem Gewissen hatte.

Es war die Zeit der ganz großen Säuberungen in der Partei. Persönlichkeiten wie zum Beispiel Marschall Tuchatschewsky und Tausende anderer wurden von Stalins Schergen, der NKWD, umgebracht. Unter anderem wurden auch die fähigsten Kommandeure der Roten Armee liquidiert, ein Umstand, der Stalin später fast den Krieg verlieren ließ.

Im Dienste der NKWD als Geheimagent im Ausland

Endlich war ich soweit, daß ich meine dritte Auslandreise antreten konnte. Ich hatte mich bisher immer auf diese Reisen gefreut. Dieses Mal lastete jedoch ein so großer moralischer Druck auf mir, daß mir schon alles gleichgültig war.

Die NKWD-Genossen an der Grenze, die sonst für mich ein Symbol des Schreckens und der Angst waren, betrachtete ich jetzt mit Gleichmut, denn ich war nun einer der ihren geworden. Und diese Tatsache bedrückte mich.

Wieder kam ich in Berlin an und mußte diesmal die Familie J. aufsuchen. Bis jetzt hatte ich sie immer freudig und mit ehrlichem Gewissen begrüßt. Von nun an sollte ich die Gastfreundschaft mißbrauchen. Meine Aufgabe sollte es ja sein, diese Familie auszuspionieren. Es war mir vollkommen gleichgültig, ob J. ein Spion war oder nicht. Ich hatte ja für beide Regimes nichts übrig. Mein Gewissen wurde nur vom menschlichen Standpunkt aus belastet. Sogar den Genossen B., der bestimmt vieles auf sein Gewissen geladen hatte, konnte ich nicht als Feind betrachten, und nie hätte ich ihn aus freiem Entschluß ans Messer geliefert. Herr J. teilte mir mit, daß inzwischen aus der Schweiz Nachfragen über mich gestellt wurden. Er hätte mich Ingenieur

F. als einen erfolgreichen und zuverlässigen Vertreter empfohlen. Dann lud er mich ein, mit ihm in die Stadt zu fahren. Ich fühlte, daß er mit mir alleine sprechen wollte. Beängstigt von den gemachten Erfahrungen vermied ich jetzt jegliche politische Diskussion und versuchte überhaupt allem auszuweichen, von dem ich annehmen mußte, damit neues Material für meine Moskauer Genossen zu liefern.

In Berlin 1936

Als er mir während der Fahrt plötzlich etwas anvertrauen wollte, erschrak ich sehr. Doch stellte sich bald heraus, daß es sich wirklich um eine ganz private Angelegenheit handelte. »Sehen Sie, mein Lieber, wir sind ja Männer unter uns. Auch mir sind gewiße Dummheiten nicht fremd. Vor einigen Jahren lernte ich hier zufällig ein nettes, junges Mädchen kennen. Nun, Sie wissen ja, wie das so geht. Es entwickelte sich eine Freundschaft daraus. Wir trafen uns öfters, fuhren sogar einige Male zusammen auf die Jagd, als sich plötzlich Schwierigkeiten einstellten.

Das Mädchen ist eine gebürtige Berlinerin russischer Nationalität. Ihre Eltern sind Juden und wanderten seinerzeit aus Rußland aus. Ihr Vater war hier in Berlin Lehrer an einem Gymnasium. Nach der Revolution gehörte er zu den ersten, die vom neueröffneten Konsulat in Berlin einen Sowjetpaß ausgehändigt erhielten. Seit der Machtübernahme Hitlers gestaltete sich selbstverständlich das Leben für diese Leute immer schwieriger. Da er aber ein Ausländer ist, blieb er einstweilen verschont.

Dies dauerte so lange, bis er selbst eine Dummheit beging. Vor einigen Wochen besuchte er die SA-Ausstellung in der Friedrichstraße, in der Photos und verschiedene Beweisdokumente der russischen Grausamkeiten ausgestellt waren. Mit Empörung schaute er sich alles an. Anstatt sich zu beherrschen, fing er zum Schluß an, seiner Empörung lautstark Ausdruck zu geben. Das Resultat war, daß ihn zwei anwesende SA-Jünglinge aus dem Lokal herausholten und ihm die Brille vom Gesicht schlugen. Dann beging er die zweite Dummheit, weil er direkt zum Polizeipräsidenten fuhr. Er wurde tatsächlich auch von diesem empfangen und reichte eine Klage ein. Er finde das Verhalten gegenüber Ausländern unerhört und verlange die Bewilligung zum Tragen eines Revolvers, da er sich künftig schützen müsse. Sehr bald bekam er die Antwort. Sie lautete: ›Sie haben innerhalb von 24 Stunden das deutsche Reichsgebiet zu verlassen!‹

Sie können sich vorstellen, daß ich alles unternommen habe, um diese Familie vor der Ausweisung zu retten.

Das einzige, was ich wenigstens noch erreichen konnte, war, daß man die Ausweisung meiner Freundin und ihrer Mutter zweimal verschob. Der Vater hingegen ist schon längst in Moskau und schreibt von dort täglich Jammerbriefe. Er lebt in irgendeinem Vorort in einem Gartenschopf. Was er im Winter tun soll, kann er sich überhaupt nicht vorstellen. Eine Anstellung kann er nicht erhalten, da er, obwohl Jude, aus Nazideutschland gekommen ist. Sehen Sie, sogar gegen solche Leute ist man bei euch mißtrauisch.

Nun habe ich eine große Bitte auf dem Herzen. Es gelang mir heute zum letztenmal, die Ausweisung um zwei Wochen zu verzögern. Aber dann müssen sie endgültig ausreisen. Sie können nirgends in Rußland unterkommen. Wäre es Ihnen nicht möglich, diese beiden in Ihrer Moskauer Wohnung aufzunehmen, bis sie etwas gefunden haben? Und erzählen Sie bitte meiner Frau nichts von der ganzen Geschichte...« Mir war diese ganze Angelegenheit schon wegen meiner Gattin sehr peinlich. Trotzdem sagte ich zu.

Kurz darauf fuhr ich in die Schweiz. Die Familie F. empfing mich wieder sehr herzlich. Trotzdem schien es mir, als ob sich Ingenieur F., trotz der guten Auskunft aus Berlin, noch nicht entschlossen hatte, mir die Vertretung zu übergeben. Es vergingen noch einige Tage, und man ließ mich noch immer im Ungewissen. Ich hatte ja vor meiner Abreise aus Rußland den NKWD-Beamten meinen genauen Besuchstermin bei Ingenieur F. bekanntgeben müssen.

Genau an diesem Tag wurde mir die Vertretung übergeben. Gleichzeitig legte mir Ingenieur F. ein soeben eingegangenes Telegramm vor, in dem ihm der Stanko-Import (eine Organisation des Narkomwneschtorgs, die speziell zum Ankauf von

Maschinen aus dem Ausland befugt war) mitteilte: »Schicken Sie sofort Ihren bevollmächtigten Vertreter zwecks Verhandlung und Abschluß eines Kaufvertrags für eine Anzahl Ihrer Maschinen nach Moskau.« Daß das kein Zufall war, wurde mir sofort klar. Ich sah auch, welche Macht die NKWD ausübte.

Die Firma führte mich sofort in alle zur Verhandlung notwendigen Einzelheiten ein. Ingenieur F. war an diesem Geschäft sehr interessiert und bat mich, umgehend nach Moskau zurückzukehren. Mir hätten eigentlich noch zwei Wochen Ferien im Ausland zur Verfügung gestanden. Bei meinen früheren Reisen hatte ich nicht nur den letzten Tag, sondern die letzte Minute meiner Freiheit ausgekostet. Diesmal aber war ich froh, so schnell als irgend möglich zurückkehren zu können. Ich hatte schon direkt Angstgefühle, von der Familie F. Einzelheiten zu erfahren, die eventuell zu Emigrantenkreisen in Genf hätten führen können.

Auf der Rückreise suchte ich Herrn J. noch einmal kurz auf und fuhr dann sofort nach Moskau zurück. Als sich der Zug der russischen Grenze näherte, kreisten meine Gedanken nur um die Frage, was ich den NKWD-Genossen nun mitteilen sollte und wie diese meine ersten Schritte in ihren Diensten beurteilen würden. Die einzig richtige Antwort wäre gewesen, aus dem Zug auszusteigen und nie mehr sowjetischen Boden zu betreten. Ich stand wie unter Hypnose und war zu diesem Entschluß noch nicht fähig.

Die Lage spitzt sich zu

So landete ich wieder im »Krausezimmer« des Hotels Metropol. Es war mir nicht klar, welche Nachrichten die Genossen von mir eigentlich erwarteten. Ich merkte, daß sie vom Erfolg meiner Reise absolut nicht zufrieden waren. »Blut« wollten sie sehen; ich hätte ihnen wieder ein Opfer bringen müssen. Da das nicht der Fall war, wurde meine Lage prekär. Zum Schluß gaben sie mir zu verstehen, daß ich meine nächste Reise bedeutend ernsthafter anpacken müsse.

Ich begann jetzt meine Aufgabe im Stanko-Import. Es zeigte sich aber sofort, daß diese Aufgabe viel schwieriger war, als ich sie mir vorgestellt hatte. Ein richtiger Kuhhandel begann. Ich mußte tagelang mit den Genossen des Stanko-Import verhandeln, so daß mir für meine Ingenieur-Tätigkeit in der Leichtindustrie keine Zeit mehr blieb. So war ich zu meinem Leidwesen gezwungen, meinem Direktor die Kündigung einzureichen. Dies wäre eigentlich gar nicht so einfach gewesen, da ich aber mit der NKWD in Verbindung stand, wurde auch dieses möglich.

Das Verlassen dieses Unternehmens war für mich sehr schmerzlich, denn ich liebte meine Arbeit. Zudem hatte ich meine Abteilung mühsam selber aufgebaut und nach meinen Wünschen organisiert. Das alles sollte ich jetzt aufgeben.

Gerade zu dieser Zeit kam die aus Deutschland ausgewiesene Freundin des Herrn J. samt Mutter zu uns. Wenige Wochen genügten, um ihnen zu zeigen, wie das Sowjetleben wirklich war. Niedergeschlagen und ohne Arbeit, ohne Hoffnungen für die Zukunft, lebten sie bei uns. Bei allen Amtsstellen, die sie um Hilfe angingen, fanden sie nur Mißtrauen. Die junge Frau konnte dieses Leben nicht mehr ertragen und wünschte die Rückkehr nach Berlin. Sie haßte ihren Vater, der die Ausweisung provoziert hatte. Der arme durfte nicht einmal bei uns erscheinen. Zu unserem Glück fanden die beiden Frauen schließlich doch eine Unterkunft bei einer entfernten Verwandten in einem Vorort von Moskau, und wir waren wieder allein.

Alle vierzehn Tage mußte ich, wie gewohnt, meinen NKWD-Genossen berichten. Sie wollten von mir nicht nur Plaudereien hören, sondern »brauchbares« Material. Immer wieder drängten sie mich, über unseren Bekanntenkreis schriftliche Rapporte anzufertigen. Zu meinem Glück besaßen wir aber schon gar keine Bekannten mehr, da sich einer nach dem andern von uns zurückgezogen hatte. Ich war jetzt für diese ein richtiger Ausländer, der nicht einmal in einer Sowjetorganisation arbeitete, ein »Vertreter des ausländischen Kapitalismus«.

Mein seelisches Befinden verschlechterte sich rapide von Tag zu Tag. Öfters fragte ich mich im geheimen, ob es nicht besser wäre, alle Hoffnungen aufzugeben und auf ein Dasein im Ausland überhaupt zu verzichten. Ich hätte den NKWD-Genossen gerne gesagt: »Macht mit mir, was ihr wollt. Ich kann nicht mehr, ich gebe auf.« Andererseits war ich noch jung und körperlich gesund. So blieb immer ein Rest Hoffnung in mir bestehen. Ich glaubte fest daran, für meine Frau und mich doch noch einen Ausweg zu finden.

Ich habe Olga meine Erlebnisse nie detailliert erzählt. Sie spürte aber instinktiv, daß ich mich in einem unhaltbaren Zustand befand, einer Katastrophe nahe war. Dazu kam noch die niederdrückende Nachricht über meinen Vater. Jahrelang hatte ich ihn ja schon nicht mehr gesehen. Hie und da hörte ich aber von der Schwester meiner Frau, die in Moskau lebte, wie es ihm gehe. Bis jetzt war immer alles in Ordnung gewesen.

Nun vernahmen wir aber zu unserem Entsetzen, daß mein Vater verhaftet und zu drei Jahren Gefängnis verurteilt war! Der Grund war, daß er endlich erkannt hatte, daß mit den Sowjets auf die Dauer keine Beziehungen möglich waren. Er war ja geschäftlich sehr scharfblickend und hatte große Erfahrung im Umgang mit ihnen. Insgeheim faßte er den Entschluß, alle Vorbereitungen zu treffen, sein beachtliches Vermögen aus Rußland zu retten.

Selbstverständlich gab es für ihn keine legale Möglichkeit dazu. So versuchte er, seine wertvollen Kunstschätze in Brillanten und Devisen umzuwandeln, um diese dann auf geheimen Wegen ins Ausland zu transferieren. Gleich der erste Versuch aber sollte scheitern, und, wie später festgestellt wurde, auf raffinierteste Weise.

Mein Vater war in Leningrad bei allen Antiquitätenhändlern bekannt als leidenschaftlicher Liebhaber und Kenner des alten China-Porzellans. So wurde ihm plötzlich unter der Hand eine prachtvolle alte Chinavase von unschätzbarem Wert zu einem Spottpreis offeriert. Er kaufte sie natürlich sofort und stellte zu Hause mit Erstaunen fest, daß diese einen äußerst ausgeklügelten eingebauten doppelten Boden hatte, der nur von einem außergewöhnlich versierten Experten überhaupt entdeckt werden konnte. Nichts war naheliegender, als daß ihm die unglückliche Idee kam, diese Vase als Schmuggelobjekt für seine Wertgegenstände zu benützen. Er wollte versuchen, mit dieser Vase eine Fahrt ins Ausland zu unternehmen. Er sandte sie deshalb ans Zollamt. Auch bekam er ohne weiteres Aus- und Wiedereinreisevisa.

Endlich kam der Tag, an dem er mit einem Schiff von Leningrad aus ins Ausland wegfahren wollte. Er befand sich bereits mitsamt seinem Gepäck auf dem Schiff und seine Frau winkte ihm schon zum Abschied zu, als ihn plötzlich zwei NKWD-Beamte samt Gepäck vom Schiff herunterholten und verhafteten. Vor seinen Augen wurde der doppelte Boden geöffnet. Mein Vater wurde des Schmuggelversuches angeklagt. Das Urteil lautete:

Erstens: Konfiskation des gesamten Vermögens
Zweitens: 50 000 Rubel Busse
Drittens: drei Jahre Gefängnis

Da konnte kein Mensch mehr helfen. So endete sein Lebenswerk in der Sowjetunion. Er wurde zum zweiten und letzten Mal ruiniert. Es war klar, daß die NKWD ihm mit der Vase eine Falle gestellt hatten.

Bei der nächsten Zusammenkunft mit dem NKWD versuchte ich, irgend etwas zu unternehmen, um das Schicksal meines Vaters wenigstens erleichtern zu können. Zu meiner Überraschung kannten sie ihn, denn sie sagten mir: »Ja, ja, den Iwan Iwanowitsch kennen wir sehr gut. Ein interessanter Lebemann. Er hat es aber zu weit getrieben. Was er sich da eingebrockt hat, muß er jetzt selber auslöffeln. Wir können gar nichts für ihn tun.«

Ende aller Illusionen

Ich sah deutlich, daß ich in dieser Sache überhaupt keinen Einfluß auf die Genossen hatte. Dadurch verschlimmerte sich mein seelischer Zustand immer mehr. Ich muß zugeben: Es war mit mir wirklich nicht mehr zum Aushalten. Die einzige Freude, die wir noch besaßen, war unsere Bekanntschaft mit der Mutter von Frau F. Trotz des großen Altersunterschieds hatte sich eine enge Freundschaft entwickelt. Mindestens dreimal pro Woche besuchten wir sie in einem Vorort Moskaus, wo sie in ihrer ehemaligen Datscha im Parterre ein kleines Zimmer zur Verfügung hatte.

Möbliert mit den Resten ihrer früheren, luxuriösen Einrichtung lebte sie dort zusammen mit einer ihrer ehemaligen Dienstmägde. Diese war eine typisch russische Njanja aus vergangenen Zeiten, der Frau W. treu ergeben. Auch nach der Revolution blieb sie unentgeltlich bei ihr. Jetzt pflegte sie die alte Dame, die bettlägerig war, als ob es ihre eigene Mutter wäre.

Ganz eigenartig war die Atmosphäre dieses kleinen Heimes. In der Ecke, gegenüber dem Ruhelager, brannte die russische Lampada unter unzähligen Ikonen. Man vergaß in diesem Raum, in welchem Jahrhundert, in welchem Land und unter welch grausamen Verhältnissen wir alle leben mußten. Stundenlang plauderten wir zusammen. Frau W., tief religiös, besaß eine ganz andere Weltauffassung als die übrige heutige Menschheit. Sie nahm alle Ungerechtigkeiten, die man ihr und ihrem Kreise zugefügt hatte, mit verzeihendem, echt christlichen Gleichmut entgegen.

Eines Tages erhielt ich einen Anruf, daß Frau W. uns bäte, sie doch umgehend aufzusuchen. Beunruhigt kamen wir dieser Bitte sofort nach. Ihr Gesundheitszustand hatte sich rapide verschlechtert, sie hatte in der Nacht einen schweren Anfall und fühlte sich sehr geschwächt. In einer Art mystischer Vorahnung, daß sie bald sterben würde, wollte sie uns unbedingt nochmals sehen. Mit schwacher Stimme verabschiedete sie sich von uns, rief die Njanja und bat sie, das Taufkreuz abzunehmen. Dieses gab sie mir und bat mich feierlich, es ihrer Enkelin zu übergeben. »Bringen Sie ihr und meiner Tochter meinen letzten Segen.« Schon am nächsten Tag erhielten wir die schmerzliche Nachricht ihres Todes. Schnell wurden die Vorbereitungen zum Begräbnis getroffen. Noch bevor die Leiche abtransportiert war, versuchten schon andere Genossen, die Njanja aus dem Zimmer herauszuekeln, um es für sich zu beschlagnahmen.

Frau W. wurde auf dem uralten, berühmten Waganekoff-Friedhof begraben. Wir begleiteten sie auf ihrer letzten Reise. Es war für mich das erste und auch das letzte Mal, daß ich das Begräbnis eines »früheren Menschen« nach alter, russischer Sitte sah. Außer uns waren wenige Personen anwesend, nur die noch am Leben gebliebenen Verwandten und Freunde. Ein armseliger Pope, der verstohlen unter seinem langen, abgetragenen Mantel die Priesterkleidung trug, zelebrierte die Messe. Nach diesem Begräbnis kamen wir vollkommen verzweifelt nach Hause. Jetzt hatten wir die letzte Freundin zu Grabe getragen.

Es vergingen einige Monate, und ich sollte wieder geschäftlich in die Schweiz fahren. Ich erhielt entsprechende Instruktionen von der NKWD. Da kam es zu einer Aussprache mit meiner Frau, die den herrschenden Zustand nicht mehr ertragen konnte. Denn es war zu deutlich, daß wir beide moralisch zugrunde gingen.

Sie sagte mir, daß es so nicht weitergehen könne, wir müßten eine Entscheidung treffen. »Und da gibt es nur einen Weg. Du darfst und kannst nicht zurückkehren! Solange Du hier bist, kann ich auch gar nicht um meine Ausbürgerung ansuchen, da ich uns beide gefährden würde. Fahre lieber weg, lassen wir eine gewiße Zeit verstreichen, und vielleicht gelingt es mir dann, Dir zu folgen.«

Dies sollte also das bittere Ende all meiner Illusionen sein. Deutlich erkannte ich aber, daß meine Frau recht hatte. So begannen jetzt die schlimmsten Tage meines Lebens in Rußland, da ich meine Frau bewußt zurücklassen mußte, ohne jegliche Sicherheit, ob ich sie je im Leben wiedersehen würde. Dies war nicht nur mir, sondern auch ihr klar.

Ich weiß nicht mehr, wie ich über die letzten Tage hinwegkam. Eine einzige Erinnerung wird mir jedoch immer vor Augen sein: Wie bei meiner ersten Reise begleitete mich meine Frau auch diesmal zum Bahnhof. Wir standen beide auf dem Perron vor meinem Abteil. Beide brachten wir nicht die Kraft auf, ein Wort zu sprechen. Wie hypnotisiert blickten wir uns in die Augen. weiß wie Schnee war ihr Gesicht. Deutlich sah ich, daß sie nur noch mich sah und die gesamte Umwelt für sie versank.

Ich bemerkte nicht einmal, daß sich der Zug inzwischen in Bewegung gesetzt hatte. Meine Frau war es, die mich zur Wagentüre drängte, und das letzte, was ich sah, war, wie sie mit zitternd erhobenen Händen wie ein kleines Kind zu mir emporblickte, während ihr Tränen unaufhaltsam über ihr Gesicht liefen. Wenige Sekunden später war der Bahnhof meinen Blicken entschwunden. Die Gestalt meiner Frau hatte sich im Nebel verloren.

Flucht

Früh am Morgen des nächsten Tages passierte ich die Grenze. Erst jetzt begriff ich die ganze Tragweite unseres Entschlusses! Nie, auch nicht mit dem leisesten Gedanken, habe ich mir gewünscht, so meine Freiheit zu erhalten, um diesen Preis!

Alle meine Lieben mußten in der Sowjetunion bleiben. Ich würde sie nie mehr im Leben sehen, denn ich wußte zu genau, daß es für sie dort kein Entrinnen gab. Ich glaubte auch nicht, daß es meiner Frau gelingen würde, als Schweizer Bürgerin anerkannt zu werden. Wie konnte ich sie verlassen, die so viel Leid in der Revolutionszeit durchmachen mußte, mit der ich eine so schöne Zeit verbringen durfte?

Noch hatte ich nicht alle Brücken abgebrochen, konnte ja eine Zeitlang nach Rußland zurückkehren. Diese Zeit der endgültigen Entscheidung, zu bleiben oder zurückzukehren, war für mich schlimmer als alles andere. Schließlich gab den Ausschlag, daß ich nie Kommunist werden konnte, denn zuviel hatte ich in meinem Leben gesehen und erlebt. Ich war in der Lage, klar Vorteile und Nachteile beider Welten, die der sogenannt kapitalistischen wie der kommunistischen, abzuwägen. Das Leben unter ewigem Terror war unerträglich.

Die aufgezwungene Tätigkeit für den Geheimdienst wollte ich unter keinen Umständen weiterführen! Ich wußte nur zu genau, daß sich die Genossen über meine Einstellung im klaren waren. Ich war für sie so lange von Interesse und geduldet, als meine Tätigkeit für sie von Nutzen war. Sollte das nicht mehr der Fall sein, so wäre ich natürlich wie alle anderen erledigt. Lebhafte Beispiele stiegen aus meiner Erinnerung empor. Auch wollte ich mich nicht zum Sowjet-Menschen, einem Roboter des Systems, abstempeln lassen. Ein Automat des politischen Systems, der nur die Gedanken haben darf, die ihm sein »Konstrukteur« bewilligt.

Kein Gefühl für Freiheit mehr zu besitzen, wie die Menschen fast der ganzen restlichen Welt.

Allen Schicksalsschlägen zum Trotz blieb ich ein Mensch, der seine persönliche Freiheit brauchte. Und doch konnte und wollte ich zu guter Letzt doch nicht meinem Schicksal entrinnen und war drauf und dran, wieder in die Sowjetunion zurückzukehren, als mir überraschend eine Nachricht meiner Mutter zuging. Sie teilte mir mit, daß meine Frau in Moskau die Scheidung eingereicht hatte. Ob aus Angst oder um sich zu schützen, konnte ich damals nicht beantworten.

Der Zweite Weltkrieg brach aus, und die Welt stand in Flammen. Meine persönliche Tragödie versank im Leid von Millionen von Menschen. Für mich schienen alle Hoffnungen, meine Familie je wiederzusehen, für immer verloren.

Einige Jahre später wurde auch Rußland in den Krieg hineingezogen, und die deutsche Wehrmacht besetzte die Ukraine. Nach langer Zeit konnte ich wieder hoffen, etwas über das Schicksal meiner Familie zu erfahren, da ja meine Mutter und mein Bruder nach wie vor in der Ukraine lebten.

Kurz vor dem Zusammenbruch des Dritten Reiches gelang es den beiden noch, von dort zu fliehen, und ich hatte das Glück, sie wieder in meine Arme zu schliessen. Endlich erfuhr ich auch den für mich seinerzeit unerklärlichen Scheidungsentschluß meiner Frau. Das war das letzte, aber auch das größte Opfer, das diese tapfere Frau mir gebracht hatte. Sie sah deutlich, daß ihr Wunsch, zu mir in die Schweiz zu kommen, unerfüllbar war. Mich wollte sie aber von meinem Entschluß, zurückzukehren, abbringen. Sie wußte, ich wäre nur ihretwegen zurückgekehrt. Kurz darauf verschwand von ihr jede Spur. Auch alle Abklärungen des Roten Kreuzes waren erfolglos. Meine Mutter konnte über ihr weiteres Schicksal nie mehr etwas in Erfahrung bringen.

NACHWORT

Der Verfasser dieses Tatsachenberichtes, Eugen Bohny, ließ sich kurz vor dem Ausbruch des Zweiten Weltkrieges in der Schweiz nieder. Er war damals fast vierzigjährig, der deutschen Sprache kaum mächtig und mußte sich ein weiteres Mal eine neue Existenz aufbauen.

Eine Stelle als Ingenieur-Geologe, die seiner Position in Rußland und seinen großen Fähigkeiten entsprochen hätte, konnte er trotz großer Bemühungen in der Schweiz nicht finden.

Nachdem er eine Zeitlang von Ersparnissen und Gelegenheitsaufträgen gelebt hatte, trat er eine Stelle bei der Eidgenössischen Verwaltung an, wo er bis zu seiner Pensionierung tätig war. In der Kriegszeit lernte er seine zweite Frau kennen, eine Schweizerin. Mit ihr gründete er eine neue Familie, die fortan sein ganzer Lebensinhalt wurde.

In der Schweiz konnte er sich endlich auch das Projektil herausoperieren lassen, das seit seiner Verwundung in der Revolutionszeit immer noch im Rücken steckte, nur Zentimeter vom Rückgrat entfernt!

Bei Kriegsende besuchte ihn ganz überraschend ein amerikanischer Offizier, der ihm eröffnete, daß seine russische Familie in einem Auffanglager bei Stuttgart eine Einreise in die Schweiz beantrage. Es handelte sich um seine Mutter Eugenie Rustanovitch, seinen Halbbruder Wowa (Wladimir) und dessen Frau mit Kindern. Sie waren noch vor dem Zusammenbruch der deutschen Armee aus Odessa geflüchtet.

Unser Vater reiste sofort ins zerbombte Stuttgart, wo er schnell feststellte, daß sich seine Familie in schlechtem gesundheitlichen Zustand befand. Vor allem die Kinder seines Bruders litten unter Mangelerscheinungen. Er beantragte deshalb die Einreise unserer Verwandten in die Schweiz, hatte dabei aber nicht mit der

Schweizer Bürokratie und der damaligen Flüchtlingspolitik gerechnet.

Mutter Eugenie in Stuttgart 1948

Wir lebten zu dieser Zeit in einer kleinen Zweizimmer-Wohnung. Das Einkommen war niedrig, Ersparnisse waren keine mehr vorhanden. Wie hätte er die von den Behörden geforderte Existenz-Garantie abgeben können? So begann eine weitere, bittere Erfahrung für ihn.

Die Behörden und das eingeschaltete Rote Kreuz hätten zur Not die Einreise seiner alten, kranken Mutter erlaubt (sie war zwar staatenlos, aber immerhin die Mutter eines Schweizers...). Für den Halbbruder unseres Vaters und dessen Familie aber wurde keine Bewilligung erteilt. Die wären, so befand man, nur der Allgemeinheit zur Last gefallen. So sagten die Schweizer Behörden: »njet«. In der Not wandte sich Vater an seine Schwester Vera M., die mit einem bekannten und begüterten Anwalt in Zürich verheiratet war. Das Unfaßbare geschah: Der machte seinen ganzen Einfluß geltend, damit das Einreisegesuch schließlich definitiv abgelehnt wurde. Zu groß war seine Angst, die Familie würde ihm dann nur auf der Tasche liegen.

Im Rahmen eines USA-Hilfeabkommens wurden damals vielen »Displaced Persons« eine Überfahrt nach Venezuela ermöglicht. Unsere russische Verwandtschaft emigrierte daraufhin nach Caracas. Die Großmutter folgte ihnen nach, enttäuscht über die harte Haltung der Behörden. Vater hat ihr nie mitgeteilt, wie herzlos sich ihre eigene Tochter verhalten hatte.

Großmutter starb nach einigen Jahren. Wir haben sie leider nie kennengelernt. Nach Aussagen der Leute, die sie noch gekannt haben, muß sie eine hochgebildete, sehr musikalische Frau gewesen sein, die fliessend vier Sprachen sprach. Eine Kassette mit sämtlichen Besitzurkunden von Häusern und Grundstücken aus der Zarenzeit hat sie bis zuletzt aufbewahrt. Sie glaubte noch bis zu ihrem Tode, daß das kommunistische Regime irgendwann stürzen müsse. Für diesen Tag hatte sie diese Dokumente um die halbe Welt getragen.

Davos 1942

Kurz vor dem Tode unseres Vaters, etwa 1960, erhielt er überraschend auf Umwegen einen Brief seiner ersten Frau. Sie lebte in Moskau, offensichtlich aber nicht in besten Verhältnissen. Dieser Brief hat ihn verständlicherweise sehr berührt. Er hat Rußland während seines ganzen Lebens in der Schweiz nicht vergessen können. Zu lange hatte er dort gelebt. Trotz all seiner Erlebnisse blieb er zeitlebens der russischen Sprache und Kultur verbunden. In seiner Freizeit betätigte er sich auch als Übersetzer und Sprachlehrer.

Wladimirs Tochter Nathalia und Sohn Wowa, Stuttgart 1948

Seinen Bruder Wladimir haben wir in den achtziger Jahren besucht. Er lebte inmitten einer großen Verwandtschaft im Zentrum Venezuelas. Seine sechs Kinder hatten sich verheiratet, er war auch schon Urgroßvater. Aus seinem ereignisreichen Leben erzählte er uns unter anderem, daß er in Odessa aus purem Überlebenswillen Mitglied der kommunistischen Partei geworden war. Als die deutsche Armee in Odessa einmarschierte, hat er »noch zur selben Stunde den Parteiausweis zerrissen und der Kanalisation übergeben«.

Er stellte dann aber sehr rasch fest, wessen Geistes die »Befreier« waren. Seine erste Frau, eine Jüdin, wurde von Mitbewohnern denunziert (wie sich doch die Systeme gleichen!) und eines Tages vor seinen Augen auf einen Lastwagen gestossen, deportiert und von den Deutschen umgebracht. Die Tochter aus gemeinsamer Ehe konnte er mit viel Glück retten und bei unserer Großmutter unterbringen. Sie überlebte die Besatzungszeit und ist heute selbst mehrfache Großmutter. Onkel Wladimir hat den Zusammenbruch der Deutschen geahnt und ist 1944 mit Mutter und Tochter über Polen in den Westen geflüchtet.

Keiner der im Exil lebenden Russen hat die Methoden und den langen Arm der Sowjets vergessen. Selbst in den achziger Jahren hatten die Überlebenden Angst vor dem KGB. Obwohl Onkel Wladimir in Venezuela eine Fabrik und die notwendigen finanziellen Mittel besaß, wäre es ihm nie in den Sinn gekommen, nach Europa zurückzukehren, nicht einmal besuchsweise. Wieso? »Zu gefährlich! Die Sowjets sind zu nahe!« Diese Aussage datiert aus dem Jahre 1982. Welch Hohn der Geschichte: Bei Drucklegung dieses Buches herrscht in Venezuela der Présidente Hugo Chavéz, Busenfreund von Fidel Castro, dem kommunistischen Urgestein. Dieser möchte den Kuba-Kommunismus auch in Venezuela einführen. Nur gut, daß Onkel Wladimir das nicht mehr erleben mußte.

Wir, die Nachkommen, haben weder Angst noch Brutalität kennengelernt. Begriffe wie »Hunger«, »Folter« und »Deportation« kennen wir nur vom Hörensagen. Deshalb ist unser Verhältnis zur Geschichte, Gegenwart und Zukunft weniger belastet. Wir wünschen uns, daß solche unmenschlichen Systeme verschwinden und die Vernunft Einzug hält.

Unser Vater Eugen Bohny hat die heutige Wende in der russischen Politik nicht mehr erlebt. Es würde ihn sicher mit Freude erfüllen zu sehen, daß die russische Jugend nach all den sowjetischen Umerziehungsmethoden auf den Ursprung dessen zurückkommt, was seinerzeit ausgerottet hätte werden sollen: die Freiheit des Individuums, den Wunsch nach mehr Demokratie und die Wahrung der Menschenrechte, das Recht auf freie Meinungsäußerung, die Ehrfurcht vor Andersdenkenden, der Schutz von Minderheiten. Und weiter wäre er wohl erstaunt zu sehen, daß die den Russen angeborene Religiosität trotz all den Repressalien heute wieder in voller Blüte steht. Sie konnte nicht dauerhaft unterdrückt werden.

Auch wenn das heutige Präsidialsystem noch weit entfernt von unserem Demokratieverständnis zu sein scheint, ist es doch eine wesentliche Verbesserung zu früheren Sowjetverhältnissen. Daß die seinerzeitige Sowjetpolitik Schiffbruch erlitten hat, sollte uns jetzt aber nicht mit hämischer Schadenfreude erfüllen, denn zu viele Opfer und Leiden sind dafür gebracht worden. Und auch wir »Kapitalisten« sollten uns die Frage stellen, wie es mit unserem Selbstverständnis den erwähnten Grundwerten gegenüber bestellt ist.

Gattin Elisabeth und neues Glück, Eugen II., 1943

Weihnachten 1944, Zürich

Eines der letzten Familienbilder, 1960

Infolio éditions & Editions de Penthes
Reihe: Schweizer in der Welt

Produziert in Europa und gedruckt
im Herbst 2012
bei Fareso SA in Madrid
für Infolio éditions & Editions de Penthes